5/90

W0176259

M3

MARTIN HEIDEGGER
UND DAS 'DRITTE REICH'

MARTIN HEIDEGGER UND DAS 'DRITTE REICH'

Ein Kompendium

Herausgegeben von
BERND MARTIN

WISSENSCHAFTLICHE BUCHGESELLSCHAFT
DARMSTADT

CIP-Titelaufnahme der Deutschen Bibliothek

Martin Heidegger und das 'Dritte Reich':
ein Kompendium / hrsg. von Bernd Martin. –
Darmstadt: Wiss. Buchges., 1989
   ISBN 3-534-10929-5
NE: Martin, Bernd [Hrsg.]

 Bestellnummer 10929-5

© 1989 by Wissenschaftliche Buchgesellschaft, Darmstadt
Satz: Maschinensetzerei Janß, Pfungstadt
Druck und Einband: Wissenschaftliche Buchgesellschaft, Darmstadt
Printed in Germany
Schrift: Linotype Times, 9.5/11

ISBN 3-534-10929-5

INHALT

Historische Dokumente

VORBEMERKUNG

Auf Anregung des damaligen Rektors der Albert-Ludwigs-Universität, Professor Dr. Volker Schupp, widmeten die Freiburger Universitätsblätter im Juni 1986 das Heft 92 dem Thema ›Martin Heidegger. Ein Philosoph und die Politik‹. Das Heft fand unerwartet große Resonanz und war binnen kurzem vergriffen. Mittlerweile haben jedoch weitere Publikationen über Heidegger neue Fakten zu seinem politischen Handeln dargeboten und die Diskussion über Zusammenhänge seiner Politik mit seiner Philosophie weiter vorangetrieben. Das dieser Entwicklung entsprechend konzipierte, hier vorgelegte Kompendium sucht eine neue Form der Vermittlung, die sowohl dem augenblicklichen Informationsstand entspricht als auch dem Bedürfnis nach einer geordneten sowie bündigen Präsentation des komplexen Falles Heidegger entgegenkommt. Die historischen und philosophischen Abhandlungen wurden entweder völlig neu geschrieben (Martin, Pöggeler) oder gründlich überarbeitet (Schmidt). Sie verstehen sich als geraffte Hin-Führung zum Thema ›Heidegger und das 'Dritte Reich'‹, das dann in Form einer doppelten Dokumentation – subjektive Aussagen von Zeitzeugen und objektive historische Dokumente (z. T. unveröffentlichte Texte) – präsentiert wird. Auf diese Weise soll dem Leser eine eigenständige Urteilsfindung erleichtert werden, statt ihn – wie bislang – zur Verdammnis oder Apologie des großen Philosophen zu verleiten.

Horben bei Freiburg im Breisgau, Herbst 1988   Bernd Martin

I. TEXTTEIL

EINFÜHRUNG:
„ALLES GROSSE IST AUCH GEFÄHRDET" –
DER FALL HEIDEGGER(S)

Von BERND MARTIN

„τὰ[δὲ]μεγάλα πάντα ἐπισφαδῆ",[1] mit diesen Worten des Sokrates aus Platons Politeia beendete Martin Heidegger am 27. Mai 1933 seine Rede ›Die Selbstbehauptung der deutschen Universität‹[2] zur feierlichen Übernahme des Rektorats an der Albert-Ludwigs-Universität. Bevor die Festversammlung sich zum Deutschlandlied erhob, den Worten des nationalsozialistischen Studentenvertreters lauschte und schließlich den rechten Arm reckte, um gemeinsam unter der musikalischen Begleitung des Stadttheater-Orchesters die Hymne auf den Märtyrer der Sturmabteilungen, das Horst-Wessel-Lied, zu intonieren,[3] lieferte der Philosoph noch für das des Griechischen wohl meist unkundige Auditorium die Übersetzung nach: „Alles Große steht im Sturm." Diese eigenwillige, im Grunde falsche Übertragung hat Heidegger fast soviel Kritik eingebracht wie seine philosophische Weihe der nationalsozialistischen Volksgemeinschaft in seinen Ausführungen über die Einheit von Arbeits-, Wehr- und Wissensdienst.

Warum hat Heidegger, der gern und fließend die griechischen Philosophen im Original las, dieses Zitat in sinnentstellter Form für den Schluß seiner Rede gewählt? Die klassische Übersetzung der Platon-Stelle durch Schleiermacher „Denn alles Große ist auch bedenklich"[4] verbot sich freilich als möglicher staatspolitischer Affront in einer Zeit wiedererwachter und laufend beschworener nationaler Größe. Eine spätere, vom nationalsozialistischen Jargon beeinflußte Übersetzung „Alles Große ist ja leicht der Entartung ausgesetzt"[5] zeugt gleichfalls von zeitgebundener Einbindung der Sprache – denn inzwischen wurden die „Entarteten" und die „Minderwertigen" ausgemerzt. Sie wäre Heidegger, der den Biologismus und Rassismus ablehnte,[6] auch nicht in den Sinn gekommen. Die philologisch einwandfreie deutsche Fassung „Denn alles Große ist auch gefährdet"[7] oder „verfällt leicht"[8] (wörtlich ἐπισφαλής = zum Fallen geneigt[9]) stand dem damals größten deutschen philosophischen Denker, der wegen seiner eigensinnigen Übertragungen aus dem Griechischen in den Seminaren gefürchtet war, als zu blaß, als ungeeignet nicht an.[10]

Was hatte Heidegger mit den Worten „Alles Große" im Sinn? Den großartigen, nationalen Aufbruch oder sein großes philosophisches, auf dem

Welterfolg von ›Sein und Zeit‹ begründetes Renommee, oder identifizierte er sogar das eine mit dem anderen? Hat Heidegger mit diesem Rekurs auf das platonische Staatsideal vom Philosophen als dem berufenen Herrscher seine zukünftige große Rolle, die deutsche Universität von Grund auf zu reformieren und zumindest im geistigen Bereich den Führer zu führen, andeuten wollen?

Sah er in seinem italienischen Fachkollegen Giovanni Gentile,[11] den Mussolini nach dem Machtantritt der Faschisten 1922 zum Erziehungsminister bestellt hatte, ein nachahmenswertes Vorbild? Gentiles Philosophie der Tat („aktualistischer Idealismus"), sein pädagogisches Konzept vom gemeinsamen Lernen der Schüler und Lehrer und nicht zuletzt seine maßgebliche Mitarbeit an der erst 1932 erfolgten Ausformulierung der theoretischen Grundlagen des italienischen Faschismus (›La dottrina del fascismo‹) weisen viele verwandte Züge zu Heideggers Vorstellungen auf.

Hat schließlich Heidegger den zweifachen Widerstand, dem auch schon Gentile ausgesetzt war, nämlich den der konservativen Talarträger und den der radikalen Parteimitglieder, kommen sehen? Denn die Zahl seiner Widersacher sollte sich durch sein öffentliches Auftreten als Rektor, der sich oftmals nationalsozialistischer als die Nazis gebärdete, und seine Amtshandlungen noch weiter vermehren und nach dem Zusammenbruch dieser völkisch-abendländischen Wiedergeburts-Ideologie in den Trümmern des Reiches 1945 sich vehement zu Wort melden.

Hat Heidegger mit seiner Rede und ihrem betont völkischen Vokabular wie mit dem zeitgenössisch gern gebrauchten Begriff 'Sturm' nur die jungen SA-Männer, erstmals bei einer akademischen Feier in Uniform zugegen, ansprechen wollen[12] und mit der Auslegung des Zitates nur eine Überleitung zu dem nationalsozialistischen, unakademischen Klamauk gesucht? Dieser Deutung würden die scharfsinnigen Beobachtungen eines Augenzeugen, des Historikers Hermann Heimpel, zuwiderlaufen: Die Neu-Mächtigen hätten sich während der Rede gelangweilt, auf ihre nach vorn gestreckten braunen Stiefel gestarrt und den kleinen Mann da oben auf dem Katheder im akademischen Hermelin nicht als den Ihren angesehen.[13]

Im nachhinein sah auch Karl Jaspers in dem Zitatbild „Gebärde und Pathetik, nicht Wahrheit. Das ist Kruppzeug, das steht im Sturm",[14] und das, obgleich der Heidegger noch am nächsten stehende Jaspers dem Freiburger Kollegen im August 1933, als die Rede bereits in gedruckter Broschur vorlag, in einem Brief überwiegend Lob gespendet hatte.[15] Zum Vorwurf des Jargons der Eigentlichkeit,[16] des sprachlichen Banausentums oder der scholastischen Wortklauberei des Theologen aus Meßkirch[17] war es dann kein weiter Schritt mehr. Doch die heute schwer verständliche, hintergründige und stark lautmalerische Sprache hatte Heidegger mit vielen seiner Zeitgenossen gemein, von Martin Buber bis zu Ernst Jünger. Weder lassen sich Heideggers Philosophie noch sein politisches Handeln auf vermeintlich inhaltsloses Pathos der Sprache verkürzen. Ein solcher Ansatz erklärt auch nicht die bis heute anhaltende Ausstrahlungskraft seiner Philosophie, geschweige denn Heideggers Motive, das höchste Amt der Universität zu erstreben und neu zu gestalten.

War Heideggers Bekenntnis zum Nationalsozialismus – in der damaligen Zeit kein Einzelfall – nur ein vorübergehender Irrtum? Die neuen Machthaber hatten, wie so oft, zwar kein stringentes Konzept einer Hochschulreform anzubieten,[18] aber keinesfalls das im Sinn, was Heidegger vorschwebte: Die Selbstbehauptung und Selbsterneuerung der deutschen Universität, um als Hort des Geisteslebens die an die Macht gekommene Bewegung zu läutern.[19] Wie konnte ein hochbedeutender Philosoph sich so gründlich, so fatal irren? Hier kam verschiedenes zusammen. Manches spielte hinein, was für Heidegger allein charakteristisch war. Dem großen, visionären Denker sollte zeitlebens seine Herkunft aus kleinen Verhältnissen mit engen politischen Horizonten anhaften.[20] Manches wiederum war zeittypisch. Wie viele andere Professoren erlag auch Heidegger der Versuchung der Macht und dem Sog einer nationalen Begeisterung für einen Neubeginn, für einen Aufbruch in eine großartige Zukunft. Die Änderung der als verkrustet und verstaubt angesehenen Institution der Universität, jenes in der Weimarer Zeit morsch gewordenen Gebäudes, schwebte ihm seit langem vor. Der von den Nationalsozialisten entfachte Sturm bot eine gute Gelegenheit, dieses große Werk in Angriff zu nehmen.

Oft genug war der *homo novus* in einer traditionsbewußten, großbürgerlichen Professorenschaft – schon vom äußeren Habitus seiner volkstümlichen Kleidung her[21] – bei standesbewußten Kollegen angeeckt. Zusammen mit den gegen das System von Weimar und die Hochschulstruktur aufbegehrenden Studenten[22] wollte Heidegger 1933 mit der Übernahme des Rektorates auch die Neuordnung der Universität gegen die alten wie gegen die neuen Machthaber durchsetzen. Seine heftigen, sogar öffentlichen Ausfälle gegen die sogenannte akademische Freiheit und die im Traditionellen verharrenden, für die Erziehung der neuen Jugend ungeeigneten Professoren[23] spiegeln die unbefriedigenden damaligen Hochschulverhältnisse gleichermaßen wider wie das stürmische Drängen eines sich zum geistigen Führer dieser Reform berufen fühlenden Gelehrten.

Die 'braune Vergangenheit' der Universität ist zwar stärker der seit Ende 1931 nationalsozialistisch ausgerichteten deutschen Studentenschaft[24] als den sich erst allmählich 1933 zur „nationalen Revolution" bekennenden Professoren anzulasten, sie lastet aber bis heute auf den deutschen Hochschulen. Mangelnde Einsicht in die Tatsache, daß die deutsche Universität sich im Jahre 1933 nicht anders verhielt bzw. gar nicht viel anders verhalten konnte als die übrige Gesellschaft und sich wie Parteien, Gewerkschaften und Verbände schließlich selbst gleichschaltete (Bracher),[25] hat dazu geführt, daß die zwölf Jahre völkischer Eingliederung und völkischer Wissenschaft als peinliches Zwischenspiel empfunden und folglich ausgeklammert werden. Weder läßt sich bei den der Universitätsspitze unterstehenden Archivaren, in der Bundesrepublik wie in der DDR, große Bereitschaft erkennen, das universitäre Schriftgut jener Zeit vollständig der Forschung zur Verfügung zu stellen,[26] noch scheinen Historiker Interesse daran zu haben, die 'Sünden der Väter' aufzuarbeiten und dabei obendrein die besonders starke Anfälligkeit ihrer Disziplin gegenüber damaligen Verheißungen machtstaatlicher Größe enthüllen zu müssen.[27]

Die bislang einzige zusammenhängende Geschichte der deutschen Universitäten im Nationalsozialismus wurde im vierten Jahr der Herrschaft Hitlers von einem amerikanischen Soziologen vorgelegt und behandelt folglich nur die Anpassung der Hochschulen an den neuen Staat und seine Ideologie.[28] Auch existieren erst seit jüngstem Einzelstudien zu den Universitäten im Dritten Reich.[29] Für die Geschichte der Freiburger Universität unter dem Nationalsozialismus bietet lediglich ein 1960 gedruckter Vortrag einige schüttere Informationen, allerdings weniger über Heideggers Wirken als vielmehr über den sich während des Krieges formierenden Widerstandskreis innerhalb der Professorenschaft.[30]

Können andere Universitäten im Rückblick auf eine stolze Vergangenheit, wie jüngst Heidelberg, die finsteren Jahre der Barbarei weitgehend ausklammern[31] und das spektakuläre 550jährige Jubiläum von 1936 einfach vergessen,[32] so gelingt ein solches Verdrängen in Freiburg schwerlich. Mit Martin Heidegger als Rektor stand die Albert-Ludwigs-Universität 1933 im Rampenlicht des öffentlichen akademischen Interesses, und sie steht dort heute noch immer, wenn es um die Bewältigung dieser Vergangenheit geht. Der an die Adresse Heideggers gerichtete Vorwurf, einer doppelten Verantwortung ausgewichen zu sein, nämlich für das, was er 1933 gesagt, und für das, was er nach 1945 zu sagen sich enthalten hat,[33] berührt auch die Freiburger Universität. Vor nunmehr dreizehn Jahren, anläßlich der Gedenkveranstaltung für den am 26. Mai 1976 verstorbenen großen Denker, erinnerte der damalige Rektor Engler daran, daß es zu Lebzeiten Heideggers nicht gelungen sei, mit der Vergangenheit gänzlich fertig zu werden. Die Universität könne Heidegger erst dann wieder als ihren berühmten Sohn betrachten, wenn der unbewältigte Rest verschwunden sei.[34]

Nach einem Jahrzehnt hat sich die Situation der Forschung nicht grundlegend geändert und das konfliktgeladene Verhältnis der Universität zu dem 1951 wegen seiner politischen Verfehlungen zwangsemeritierten Philosophen kaum entspannt. Ganz im Sinne Heideggers, dem biographische Bekenntnisse zuwider waren und der sein eigenes Leben gern unter der lapidaren, einst von ihm selbst Aristoteles zugedachten Formel „Er wurde geboren, arbeitete und starb"[35] ganz hinter seinem Werk zurücktreten lassen wollte, fehlt nach wie vor eine Biographie. Ansätze sind mittlerweile gemacht mit zwei – notgedrungen unvollständigen – Skizzen des wissenschaftlichen Werdegangs Heideggers.[36] Auch zum politischen Wirken in nationalsozialistischer Zeit liegen nunmehr neben zahlreichen verstreuten Aufsätzen zwei Monographien vor: eine apologetische unveröffentlichte amerikanische Dissertation von Moehling[37] und das materialreiche, in seinen Interpretationen jedoch zu Recht umstrittene Werk des Chilenen Farias.[38] Es überwiegen Erinnerungswerke, verfaßt von Schülern und Freunden,[39] die nicht selten in Ehrfurcht vor der Größe des Meisters erstarren und zur Legendenbildung[40] über den „alemannischen Sokrates"[41] kräftig beigetragen haben. Lediglich der Zusammenhang von Philosophie und Politik im Leben Heideggers ist durch die Werke von Hühnerfeld[42] und Schwan[43] sowie durch die grundlegenden Arbeiten Pöggelers,[44] wenn auch nach wie vor kontrovers, so doch wenigstens abgehandelt worden.

Das Nachdenken über Heideggers Rektorat und sein hochschulpolitisches, selbststilisiertes Führertum wurde allzu lang durch die Dokumentation ›Nachlese zu Heidegger‹[45] in einseitige Bahnen gelenkt. In dieser Quellensammlung werden nahezu ausschließlich zeitgenössische Zeitungsberichte wiedergegeben. Folglich entspricht das entworfene Heidegger-Bild eher den damaligen propagandistischen Wunschvorstellungen der Nationalsozialisten von der neuen politischen Universität und ihrem Führer als den Realitäten oder etwa gar den eigentlichen Absichten des vom Meßkircher Mesnersohn zum Rektor avancierten Philosophieprofessors.

Es ist daher das Verdienst des Freiburger Sozial- und Wirtschaftshistorikers Hugo Ott,[46] in mehreren Aufsätzen über das Rektorat Heideggers und einer Abhandlung zur Entnazifizierung des Gelehrten erstmals neue Quellen in den Archiven erschlossen und das – vorerst noch bruchstückhafte – Unterfangen begonnen zu haben, zu zeigen, wie es gewesen ist. Den zaghaften Versuchen Heideggers, seine politische Tätigkeit zu rechtfertigen, wie dieser sie nach dem Zusammenbruch in einem Rechenschaftsbericht unternahm oder publikumswirksam in einem postum veröffentlichten ›Spiegel‹-Interview[47] anstrebte, konnte Ott mit einer Fülle neuer Fakten begegnen. Diese anklagenden Enthüllungen lassen im Grunde nur die beiden Schlüsse zu, der berühmte Philosoph sei entweder politisch unbelehrbar, geradezu rechthaberisch-verbohrt oder ein vollständiger politischer Ignorant gewesen.

Die unterschiedlichen Beiträge des vorliegenden Bandes und die im Dokumententeil wiedergegebenen Stellungnahmen von Weggefährten sowie kritischen Zeitgenossen werden das 'Rätsel Heidegger' sicherlich auch nicht entschlüsseln können. Allzumenschliches an Subjektivität verbaut nur

zu oft den Blick für Objektivität; in der Philosophie womöglich noch in stärkerem Maße als in der Historie, wo bestimmte Tatsachen oftmals kaum
noch Raum für Interpretationen lassen. Das Faktische in Heideggers politischem Tun, das er stets als unpolitisch, da philosophisch empfand, wiegt daher in historischer Perspektive schwerer als das Philosophische. Umgekehrt
verleitet eine immanent philosophische Sichtweise dazu, die Zeit des Rektorates als belanglosen Fehltritt eines in jeder Hinsicht und in jeder Situation geistig über den Niederungen der Politik schwebenden großen Philosophen abzutun.

Ob sich die „historia" mit ihrem vermessenen Anspruch, Lehrmeisterin
des Lebens zu sein, und die „philosophia" mit dem gleichfalls vermessenen
wissenschaftlich-geistigen Führungsanspruch so zusammenführen lassen,
wie er im Falle Heidegger zu wünschen wäre, erscheint nur möglich, wenn
die extremen Postulate aufgegeben werden. Geschichtswissenschaft hat
nicht anzuklagen und zu richten, schon gar nicht über den fachfremden Heidegger, der sich nicht „schuldiger" gemacht hat als viele seiner Historiker-
Kollegen, die weit willfähriger und rücksichtsloser den Belangen der Partei
entsprochen haben. Geschichtswissenschaft kann letztlich auch nur versuchen, zu verstehen, nachdem die Fakten von ihr ans Tageslicht gebracht
worden sind. Im gemeinsamen Bemühen um das Verstehen des Menschen,
ohne gleich Verständnis suggerieren zu müssen, liegen die Berührungs-
punkte von Philosophie und Geschichte.

Es wurde daher von den Autoren in ihren Beiträgen wie bei der Auswahl
der Dokumente angestrebt, das Umfeld der Tätigkeit von Heideggers Rektoratszeit ein wenig aufzuhellen, die der damaligen Situation innewohnen-
den menschlichen Verstrickungen aufzuzeigen und somit wenigstens eine
Tür aufzustoßen, um diesen Zeitabschnitt im Leben Heideggers und in der
Geschichte der Freiburger Universität in Zukunft weniger emotionsgeladen
zu betrachten.

Der Historiker verbindet diese Anliegen mit dem Plädoyer dafür, daß
endlich eine objektive Abhandlung über die Geschichte der Albert-Ludwigs-Universität in der Zeit des Nationalsozialismus anhand aller verfügbaren Archivalien und vor dem Hintergrund der damaligen gesamtpolitischen
sowie hochschulinternen Entwicklung von berufener Feder verfaßt wird.

Nur durch ein solches historisches Verstehen wird der politische Fall Heidegger auf das ihm innewohnende menschliche Normalmaß eines wenn
auch schuldhaften, so doch wenigstens erklärbaren Fehlverhaltens reduziert und der Mythos seiner Person, im positiven wie im negativen Sinne,
abgebaut werden können. Die von Heidegger selbst in der Unbeirrbarkeit
des der Wirklichkeit entrückten, großen Philosophen angebotene Erklärung für sein Handeln „Wer groß denkt, muß groß irren"[48] reicht nicht hin.
Sie vermag die Realität der nationalsozialistischen Willkürherrschaft, mit

welcher der neue Rektor laufend konfrontiert war, nicht einfach als belangloses Übergangsphänomen zur von der Technik bedingten Apokalypse der Menschheit abzutun. Die bündige Formulierung erinnert statt dessen fatal an ein beliebtes Diktum der Nationalsozialisten in jener Zeit der nationalen Revolution des Jahres 1933: „Wo gehobelt wird, da fallen Späne". Wäre dies am Ende vielleicht sogar die passende, da Heideggers Mittun am besten erfassende Übertragung des berühmten Platon-Zitates am Schluß der Rektoratsrede: „τὰ . . . μεγάλα πάντα ἐπισφαλῆ?"

Anmerkungen

[1] VI. Buch, 497 d, 9.

[2] Breslau 1933. Wiederabdruck zusammen mit der Niederschrift: Das Rektorat 1933/34. Tatsachen und Gedanken, hrsg. von Hermann Heidegger, Frankfurt a. M. 1983.

[3] Universitätsarchiv Freiburg im Breisgau (fortan: UAF) II 1–32, Feierlichkeiten, Rektoratsübergabe: Programm der Feier vom 27. Mai 1933.

[4] Hrsg. von Ernesto Grassi in der Übersetzung von Friedrich Schleiermacher, Hamburg 1958. Schleiermacher, 1768–1834, übersetzte die Politeia in den Jahren 1804 bis 1810, als Preußen – 1806 – unter dem revolutionären Ansturm der napoleonischen Herausforderung zusammenbrach. Eine hervorragende, wenn auch polemische Auseinandersetzung mit der Rede und speziell dem Platon-Zitat in seinen verschiedenen Übersetzungsvarianten findet sich in dem Artikel von Dolf Sternberger: Die großen Worte des Rektors Heidegger. Eine philologische Untersuchung, in: Frankfurter Allgemeine Zeitung, 2. März 1984.

[5] Übersetzung von August Horneffer, eingeleitet von Kurt Hildebrandt, Stuttgart 1943.

[6] Diese Ablehnung verband ihn mit dem Freiburger Professor für Pathologie, Franz Büchner, der in seinem unerschrockenen öffentlichen Auftreten gegen die Euthanasie sich auf Heideggers philosophische Auseinandersetzungen mit dem Phänomen des Todes bezog (Der Eid des Hippokrates. Die Grundgesetze der ärztlichen Ethik, Vortrag gehalten in der Universität Freiburg i. Br. am 18. November 1941, Freiburg 1945, S. 29).

[7] Hrsg. von Olof Gigon in der Übersetzung von Rudolf Rufener, Zürich 1958.

[8] Hrsg. und übersetzt von Karl Vretska, Stuttgart 1958.

[9] Das Griechisch-Deutsche Schul-Wörterbuch von Gustav Eduard Benseler (Leipzig [4]1872) und das Griechisch-Deutsche Handwörterbuch von W. Pape (Graz [3]1954) geben an erster Stelle diese Übersetzung, Pape sogar unter ausdrücklichem Bezug auf die Platon-Stelle. Vgl. auch die englischen Übersetzungen: "All great attempts are attended with risk" (The Dialogues of Plato. Translated into English by B. Jowett, Oxford [3]1892) oder "For all great things are precarious" (The Republic. Translation by Paul Shorey, Oxford 1970). Auf Latein liest sich die Stelle „nam magna quaelibet fallacia esse solent" (Platonis Dialogi. Graece et Latine. Ex recensione Immanuelis Bekkeri, Berlin 1817).

[10] Max Müller bot am 10. Dezember 1985 eine weitere philologische, stärker den Kontext einbeziehende Version: „Im Streit um die Rektoratsrede von 1933 ist Heideggers Übersetzung des platonischen τὰ μεγάλα πάντα ἐπισφαλῆ oft und meiner Ansicht nach zu Recht angegriffen worden. Aber die Angreifer haben, genauso wie Heidegger, diesen Satzpartikel, losgelöst aus dem Zusammenhang, wohl falsch verstanden und daher ebenso unrichtig übersetzt, indem sie das ἐπισφαλῆ auf πολιτεία, das staatlich geformte Volk also, bezogen. Wie aber der Gesamtzusammenhang ergibt, bezieht sich die Aussage nicht auf die πολιτεία, sondern auf den λόγος τῆς πολιτείας, auf die Rede also über ein so großes und schwieriges Thema. Und dieser Rede, so meint Plato, könne es leicht passieren, daß sie, diese Rede also, ἐπισφαλῆ ist, d. h. (z. B. zitiert nach Benseler) ‚zum Fallen geneigt, hinfällig, unsicher, gefährlich‘ wird. Genau dies aber scheint mir sowohl in Heideggers Rede wie aber auch in den kritischen Reden über die Rede sich ereignet zu haben."

[11] Gentile (1875–1944, von Partisanen erschossen) war bis etwa 1935 der maßgebliche Philosoph des italienischen Faschismus. In seiner Amtszeit als Erziehungsminister führte er eine grundlegende Reform des gesamten Bildungswesens durch. Dabei spielten organisatorisch-strukturell das Führerprinzip und inhaltlich die geistige Erneuerung auf humanistisch-klassischen Grundlagen eine wichtige Rolle (vgl. H. S. Harris, The Social Philosophy of Giovanni Gentile, London 1966; G. Gentile, Philosophie und Pädagogik, Paderborn 1970). Die möglichen Parallelen zwischen Heidegger und Gentile sind bislang nicht vertieft worden. Lediglich Benedetto Croce, Gentiles philosophischer Gegenpart, und der deutsche Romanist Karl Vossler haben sich in einem Briefwechsel über die Ähnlichkeiten mokiert (Auszüge abgedruckt bei Schneeberger, Anm. 21, Dok. Nr. 93).

[12] Karl Löwith, den Heidegger in seiner Marburger Zeit habilitiert hatte, bemerkte dazu: „Alles Große steht im Sturm – und welcher SS-Junge [gemeint: SA-Junge] hätte sich nicht davon angesprochen gefühlt und den griechischen Nimbus dieses sehr deutschen Stürmens durchschauen können" (Der okkasionelle Dezisionismus von C. Schmitt, in: Ders., Gesammelte Abhandlungen. Zur Kritik der geschichtlichen Existenz, Stuttgart 1969, S. 122f.).

[13] Hermann Heimpel (1901–1989), 1927 Habilitation in Freiburg, von 1931 bis 1934 Professor für Geschichte in Freiburg: Der gute Zuhörer, in: Erinnerung an Martin Heidegger, hrsg. von Günther Neske, Pfullingen 1977, S. 116. Siehe auch bei den ›Verlautbarungen‹ u. S. 148.

[14] Karl Jaspers, Notizen zu Martin Heidegger, hrsg. von Hans Saner, München 1978, S. 45.

[15] Ebd., S. 311.

[16] Theodor W. Adorno, Der Jargon der Eigentlichkeit. Zur deutschen Ideologie, Frankfurt a. M. 1964.

[17] Walter Jens, Nachruf der Akademie der Künste Berlin, in: Neske, S. 150, Anm. 13.

[18] Zur Konzeptionslosigkeit der nationalsozialistischen Hochschulpolitik, die dem 'organisierten Chaos' in fast allen anderen staatlichen Bereichen entsprach, am Beispiel der Führerverfassung: Hellmut Seier, Der Rektor als Führer. Zur Hochschulpolitik des Reichserziehungsministeriums 1934–1945, in: Vierteljahreshefte für Zeitgeschichte 12 (1964), S. 105–146.

[19] „Was wäre geschehen und was wäre verhütet worden, wenn um 1933 alle ver-
mögenden Kräfte sich aufgemacht hätten, um langsam in geheimem Zusammenhalt
die an die Macht gekommene ‚Bewegung‘ zu läutern und zu mäßigen?" So Heidegger in seiner Rechtfertigungsschrift 1945, s. o., Anm. 2, S. 25. Dort auch Belege für
seine Reformpläne.

[20] Dazu vom philosophischen Standpunkt: Rainer Marten, Heideggers Heimat –
Eine philosophische Herausforderung, in: Ute Guzzoni (Hrsg.), Nachdenken über
Heidegger. Eine Bestandsaufnahme, Hildesheim 1980, S. 136–159.

[21] In Marburg soll Heidegger sogar eine Vorlesung über das Skilaufen gehalten
und zu Demonstrationszwecken in Skifahrerkluft, zum Entsetzen von Nicolai Hartmann, ins Kolleg gegangen sein. Normalerweise soll er sich in Marburg in einem gesondert angefertigten Anzug bewegt haben, der den Vorstellungen von Otto Ubbe-
lohde (dem hessischen Heimatmaler, 1921 gestorben) entsprach und an die Hessen-
tracht erinnerte. Bei den Studenten hieß dieser Habit „der existentielle Anzug". In
Freiburg bewegte er sich gern in einer Kluft, die der schwarzwälderischen Tracht
ähneln sollte (vgl. Paul Hühnerfeld, In Sachen Heidegger. Versuch über ein deutsches Genie, Hamburg 1959, S. 55, und die Abbildungen bei Walter Biemel, Martin
Heidegger in Selbstzeugnissen und Dokumenten, Reinbek 1973). Bei einem Vortrag in Heidelberg am 30. Juni 1933 soll er sogar in kurzen Hosen und mit offenem
Hemd aufgetreten sein (Guido Schneeberger, Nachlese zu Heidegger, Bern 1962,
S. 75).

[22] Zur Radikalisierung der Freiburger Studentenschaft in den letzten Jahren der
Weimarer Republik: Wolfgang Kreutzberger, Studenten und Politik 1918. Der Fall
Freiburg im Breisgau, Göttingen 1972. Allgemein: Michael H. Kater, Studenten-
schaft und Rechtsradikalismus in Deutschland 1918–1933, Hamburg 1975.

[23] Vor allem die Heidelberger Rede (Anm. 19). Vgl. dazu auch die Bemerkungen
von Karl Jaspers (Anm. 13), S. 182f., S. 252. Siehe auch die Erinnerungen von Gerd
Tellenbach, Aus erinnerter Zeitgeschichte, Freiburg im Breisgau 1981, S. 40, bzw. u.
bei den ›Verlautbarungen‹, S. 160.

[24] Anselm Faust, Der Nationalsozialistische Deutsche Studentenbund. Studenten
und Nationalsozialismus in der Weimarer Republik, 2 Bde., Düsseldorf 1973, S. 17ff.

[25] Karl-Dietrich Bracher, Wolfgang Sauer und Eberhard Schulz, Nationalsozialistische Machtergreifung, Köln 1960, S. 319.

[26] Vgl. die Reaktion der einzelnen Hochschulen und ihrer Archive auf die Um-
frage des Vf. nach der zeitgenössischen Resonanz Heideggers in den Universitäten
im Beitrag des Vf.: Heidegger und die Reform der deutschen Universität 1933, in:
Freiburger Universitätsblätter 92 (Juni 1986), S. 49–70.

[27] Eine Monographie zur deutschen Professorenschaft in der nationalsozialistischen Zeit fehlt. Zur Rolle der Universität in jener Zeit existieren nur gedruckte Vor-
lesungsreihen, die nicht auf Archivstudien beruhen: Andreas Flitner (Hrsg.), Deutsches Geistesleben und Nationalsozialismus. Eine Vortragsreihe der Universität
Tübingen, Tübingen 1965; Helmut Kuhn (Hrsg.), Die deutsche Universität im Dritten Reich. Eine Vortragsreihe der Universität München, München 1966; Nationalsozialismus und die deutsche Universität (Vorträge anläßlich der Universitätstage
1966), Berlin (Freie Universität) 1966.

[28] Edward Yarnell Hartshorne, The German Universities and National Socialism,

London 1937 (Hartshorne wurde 1946 Universitäts-Offizier der amerikanischen
Besatzungsmacht in Groß-Hessen).

²⁹ *Gießen:* Frontabschnitt Hochschule. Die Gießener Universität im Nationalsozialismus, Gießen 1982 (nicht immer ganz zutreffend für den allgemeinpolitischen
Rahmen); *Göttingen:* Die Universität Göttingen unter dem Nationalsozialismus.
Das verdrängte Kapitel ihrer 250jährigen Geschichte, hrsg. von H. Becker, München 1987; *Hamburg:* Hochschulalltag im Dritten Reich. Die Hamburger Universität 1933 bis 1945, hrsg. von E. Krause u. a., Berlin 1986. *Heidelberg:* Eike Wolgast,
Die Universität Heidelberg in der Zeit des Nationalsozialismus, in: Zeitschrift für
die Geschichte des Oberrheins 135 (1987), S. 359–406. *Köln:* Frank Golczewski, Die
Universität Köln und der Nationalsozialismus, Bd. 1: Darstellung, Bd. 2: Dokumente, Köln 1987; *Münster:* Bernward Vieten, Die Westfälische Wilhelms-Universität beim Übergang zum Faschismus. Zum Verhältnis von Politik und Wissenschaft
1929–1935, in: Zweihundert Jahre zwischen Dom und Schloß. Ein Lesebuch zur Vergangenheit und Gegenwart der Westfälischen Wilhelms-Universität Münster, hrsg.
von Lothar Kurz, Münster 1980 (einseitige Schilderung); *Rostock:* Ruth Carlsen,
Zum Prozeß der Faschisierung und den Auswirkungen der faschistischen Diktatur
auf die Universität Rostock (1932–1935), Phil. Diss. MS, Rostock 1965; *Tübingen:*
Uwe Dietrich Adam, Hochschule und Nationalsozialismus. Die Universität Tübingen im Dritten Reich, Tübingen 1977, „Treu und fest hinter dem Führer". Die Anfänge des Nationalsozialismus an der Universität Tübingen 1926–1934, Werkschriften des Universitätsarchivs, Reihe 2, Heft 10, Tübingen 1983.

³⁰ Constantin von Dietze, Die Universität Freiburg im Dritten Reich, in: Mitteilungen der List-Gesellschaft 3 (1960–62), S. 95–105.

³¹ Semper apertus. Sechshundert Jahre Ruprecht-Karls-Universität Heidelberg
1386–1986, Festschrift in sechs Bänden, bearbeitet von Wilhelm Doerr, Bd. III: Das
20. Jahrhundert, Heidelberg 1986; vgl. die Anti-Festschrift: Auch eine Geschichte
der Universität Heidelberg, hrsg. von Karin Buselmeier u. a., Heidelberg 1986.

³² Die programmatischen Reden von Reichserziehungsminister Rust und dem damaligen Heidelberger Rektor Krieck, zugleich einer der herausragenden nationalsozialistischen Pädagogen, sind, obgleich damals sofort gedruckt, heute in den Beständen der badischen Hochschulen nicht mehr zu finden (Das nationalsozialistische
Deutschland und die Wissenschaft. Heidelberger Reden von Reichsminister Rust
und Professor Ernst Krieck, Hamburg 1936).

³³ Der französische Germanist Robert Minder im Februarheft 1967 der Zeitschrift
›Critique‹: A propos de Heidegger, wiederabgedruckt bei Beda Allemann, Martin
Heidegger und die Politik, in: Merkur 21 (1967), S. 962–976; vgl. auch die Eintragung von Paul Celan 1955 in das Hüttenbuch in Todtnauberg: „Hoffnung auf ein
kommendes Wort" (zu den Ereignissen von 1933). Siehe auch unten bei den ›Verlautbarungen‹, S. 143f.

³⁴ Hans-Georg Gadamer u. a., Heidegger. Freiburger Universitätsvorträge zu seinem Gedenken. Im Auftrag der Albert-Ludwigs-Universität herausgegeben von
Werner Marx. Mit einer Einführung des Rektors, Freiburg i. Br. 1977, S. 7f.

³⁵ Zitiert bei Hans-Martin Gerlach, Martin Heidegger. Denk- und Irrwege eines
spätbürgerlichen Philosophen, Berlin (Ost) 1982, S. 31.

³⁶ Thomas J. Sheehan, Heidegger's Early Years: Fragments for a Philosophical

Biography, in: Listening. Journal of Religion and Culture 12 (1977), S. 3–20, und neuerdings Hugo Ott, Der junge Martin Heidegger. Gymnasial-, Konviktszeit und Studium, in: Freiburger Diözesarchiv 104 (1984), S. 315–325. Ende 1988 erschien die Biographie von Hugo Ott, Martin Heidegger. Unterwegs zu seiner Biographie, Frankfurt a. M.

[37] Karl A. Moehling, Martin Heidegger and the Nazi Party. An Examination, Ph. Dissertation (unveröffentlicht) Northern Illinois University 1973. Kurzfassung unter dem Titel: Heidegger and the Nazis, in: Listening (Anm. 36), S. 92–105.

[38] Victor Farias, Heidegger et le Nazisme, Paris 1987.

[39] Neben Neske (Anm. 13) die Bücher von Wiegand Petzet, Auf einen Stern zugehen, Frankfurt a. M. 1983, und Richard Wisser (Hrsg.), Martin Heidegger im Gespräch, Freiburg i. Br. 1970.

[40] Das häufig zitierte Bonmot Schadewaldts, demzufolge dieser Heidegger nach dessen Rücktritt als Rektor in der Straßenbahn angesprochen haben will: „Nun, Herr Heidegger, sind Sie aus Syracus zurück?" (Neske, Anm. 13, S. 246, hier von Carl Friedrich von Weizsäcker kolportiert), hätte der Altphilologe, der Heidegger im Bekenntnis zum Nationalsozialismus in nichts nachstand, zumindest auf sich selbst und seinen Philosophie-Kollegen beziehen müssen. Mit Heideggers Demission waren auch die von ihm eingesetzten Dekane, u. a. Schadewaldt, am 23. April 1934 zurückgetreten.

[41] So Walter Jens (Anm. 17).

[42] Siehe Anm. 21.

[43] Alexander Schwan, Politische Philosophie im Denken Martin Heideggers, Köln 1965, 2., um einen 'Nachtrag 1988' erw. Aufl. Opladen 1989.

[44] Philosophie und Politik bei Heidegger, Freiburg i. Br. [2]1974; Heidegger, Perspektiven zur Deutung seines Werkes, Köln 1969, und jüngst der Aufsatz: Den Führer führen? Heidegger und kein Ende, in: Philosophische Rundschau 32 (1985), S. 26–67. Vgl. auch den jüngsten Forschungsstand in dem Sammelwerk: Heidegger und die praktische Philosophie, hrsg. von Annemarie Gethmann-Siefert und Otto Pöggeler, Frankfurt a. M. 1988.

[45] Vgl. Anm. 21.

[46] Martin Heidegger als Rektor der Universität Freiburg i. Br. 1933/34: I. Die Übernahme des Rektorats der Universität Freiburg i. Br. durch Martin Heidegger im April 1933. II. Die Zeit des Rektorats von Martin Heidegger (23. April 1933 bis 23. April 1934). Beide in: Zeitschrift des Breisgauer Geschichtsvereins 102 (1983), S. 121–136, bzw. 103 (1984), S. 107–130; Martin Heidegger als Rektor der Universität Freiburg 1933/34, in: Zeitschrift für die Geschichte des Oberrheins 132 (1984), S. 343–358; Martin Heidegger und die Universität Freiburg nach 1945. Ein Beispiel für die Auseinandersetzung mit der politischen Vergangenheit, in: Historisches Jahrbuch 105 (1985), S. 95–128; Martin Heidegger und der Nationalsozialismus, in: Gethmann-Siefert/Pöggeler (Anm. 44), S. 64–77.

[47] Zur Rechtfertigungsschrift von 1945, die 1983 erstmals veröffentlicht wurde, s. o. Anm. 2: Nur noch ein Gott kann uns retten, ›Spiegel‹-Gespräch mit Martin Heidegger am 23. September 1966. Postum veröffentlicht im ›Spiegel‹ 23 (1976), S. 193–219.

[48] Martin Heidegger, Aus der Erfahrung des Denkens, Pfullingen 1954, S. 17.

MARTIN HEIDEGGER UND DER NATIONALSOZIALISMUS –
DER HISTORISCHE RAHMEN *

Von Bernd Martin

„Weder arm noch reich"[1] war das Elternhaus, in welches Martin Heidegger am 26. September 1889 im oberschwäbisch kleinstädtischen Meßkirch hineingeboren wurde. Der bodenständig kleine Handwerksbetrieb des Vaters, er arbeitete daheim als Küfer, und dessen zusätzliche Tätigkeit als Mesner in dem barocküberladenen stattlichen Gotteshaus „St. Martin" bildeten zwei prägende Bezugspunkte im Leben des Kindes: Hier geordnete Enge und dort großartige – transzendentale – Weite. Vom Stadtpfarrer zum Beruf des Geistlichen bestimmt, besuchte der Jugendliche eine katholische Internatsschule in Konstanz. Der dortige Rektor und Stadtpfarrer Gröber, nachmals Erzbischof in Freiburg, weckte das Interesse des jungen Heidegger für die Philosophie und besorgte die Übersiedlung des zukünftigen Amtsbruders an das erzbischöfliche Generalkonvikt in Freiburg.

Als Stipendiat einer kirchlichen Stiftung legte Heidegger 1909 das Abitur ab und studierte nach einem schnell wieder abgebrochenen Noviziat zwei Jahre lang Theologie an der Albert-Ludwigs-Universität. Es folgte ein Stu-

* Die folgenden Ausführungen sind als Zusammenfassung gedacht. Sie basieren auf Quellenstudien, die der Vf. selbst, dessen Kollege Hugo Ott und Victor Farias anderenorts publiziert haben. Auf diese Darstellungen, wo sich die archivalischen Belege finden, wird daher im folgenden verwiesen. Im einzelnen handelt es sich um die Arbeiten: Victor Farias, Heidegger et le nazisme, Paris (Verdier) 1987; Hugo Ott, Martin Heidegger als Rektor der Universität Freiburg 1933/34, in: Zeitschrift für die Geschichte des Oberrheins 132 (1984), S. 343–358 (*zitiert:* Ott I); ders., Martin Heidegger als Rektor der Universität Freiburg i. Br. 1933/34, I. Die Übernahme des Rektorats der Universität Freiburg i. Br. durch Martin Heidegger im April 1933 (*zitiert:* Ott II), II. Die Zeit des Rektorats von Martin Heidegger (23. April 1933 bis 23. April 1934) (*zitiert:* Ott III), beide in: Zeitschrift des Breisgauer Geschichtsvereins 102 (1983), S. 121–136, bzw. 103 (1984), S. 107–130; ders., Martin Heidegger und die Universität Freiburg nach 1945. Ein Beitrag für die Auseinandersetzung mit der politischen Vergangenheit, in: Historisches Jahrbuch 105 (1985), S. 95–128 (*zitiert:* Ott IV); Bernd Martin, Heidegger und die Reform der deutschen Universität 1933, in: Freiburger Universitätsblätter 92 (Juni 1986), S. 49–69 (*zitiert:* Martin I); ders., Die Universität Freiburg im Breisgau im Jahr 1933. Eine Nachlese zu Heideggers Rektorat, in: Zeitschrift für die Geschichte des Oberrheins 136 (1988), S. 445–477 (*zitiert:* Martin II).

dium an der mathematisch-naturwissenschaftlichen Abteilung und, über die engen Grenzen des Faches hinaus, der aristotelisch-scholastischen Philosophie, das er – nunmehr weitgehend mittellos – rasch nach vier Semestern mit einer Dissertation (Die Lehre vom Urteil des Psychologismus) abschloß. Das Studieren, ohnehin keine Selbstverständlichkeit bei seiner sozialen Herkunft, wurde zusätzlich noch durch den Fachwechsel zum entbehrungsreichen Wagnis für den jungen Heidegger und dürfte die Auffassungen des späteren Rektors von einer Reform entscheidend mitgeprägt haben. Weder zielte sein Studium auf einen lukrativen akademischen Beruf ab, noch diente es dem persönlichen Sich-Ausleben in der Ungebundenheit akademisch-studentischer Freiheiten, sondern es konnte nur als Verpflichtung gegenüber seiner Herkunft und als Dienst am Ganzen, der Wissenschaft schlechthin, gerechtfertigt werden – einer „universitas", in deren Mittelpunkt damals vom Anspruch und der Wirklichkeit der Pflichtvorlesungen her die Philosophie stand.

Heidegger habilitierte sich bereits zwei Jahre nach der Promotion mit einer Arbeit in Philosophie (Die Kategorien und Bedeutungslehre des Duns Scotus), in welcher er die zentrale Stellung dieser Disziplin schon für das Denken im Mittelalter mit Hilfe der modernen Philosophie, auch der Phänomenologie, zu belegen suchte.[2] Mit 26 Jahren Privatdozent und engster Schüler des 1916 nach Freiburg berufenen Edmund Husserl, trat Heidegger eine glänzende akademische und wissenschaftliche Karriere an, die jedoch immer unter dem Schatten eines singulären persönlichen Werdegangs und einer – nach dem für Deutschland verlorenen Weltkrieg – ebenso singulären zeitbedingten Entwicklung stand.

Nach wiederholter Fürsprache seines neuen geistigen Mentors Husserl und einer auf Anforderung hin erstellten Manuskriptstudie über Aristoteles wurde Heidegger schließlich 1923, beim dritten Anlauf,[3] auf ein Extraordinariat für Philosophie nach Marburg berufen. Während der relativ stabilen Phase der Weimarer Republik lehrte Heidegger an der stark protestantisch geprägten hessischen Universität, lebte jedoch weiter in seiner angestammten alemannischen Heimat. Dort entstand auf der Hütte im Schwarzwald (Todtnauberg) 1926 das epochale Werk ›Sein und Zeit‹, das Heidegger unter sanftem Druck des für Marburg damals zuständigen preußischen Kultusministeriums verfaßte, um das begehrte Ordinariat zu erlangen.[4]

Zum 1. Oktober 1928[5] nahm er den an ihn nach Emeritierung Husserls ergangenen Ruf auf den Freiburger Lehrstuhl für Philosophie an, eine der damals auch international geachtetsten philosophischen Lehrkanzeln, und kehrte damit für immer an die Stätte seiner wissenschaftlichen Herkunft zurück. Die Wiederaufnahme seiner Tätigkeit an der ihm vertrauten Universität fiel zeitlich mit politischen und wirtschaftlichen Erschütterungen in Deutschland zusammen. Wegen ihrer Radikalität und des vermeintlichen

Versagens der demokratischen Instanzen gingen diese Ereignisse an den sich unpolitisch wähnenden Hochschulen und auch an Martin Heidegger, der sich nie parteipolitisch betätigt hatte, nicht ohne Rückwirkungen vorüber.

Hochschule und Politik am Ende Weimars: Autoritäre Reformbestrebungen

Seit der Gründung des heiß herbeigesehnten Deutschen Reiches verstand sich die deutsche Professorenschaft[6] als geistiger Gralshüter eines gesunden deutschen Nationalgefühls, als Erzieher eines unreifen, ungefestigten Volkes. Die von den Hochschullehrern im deutsch-nationalen Sinne ausgebildete Studentenschaft fühlte sich dementsprechend als besonders herausgehobene akademische Elite zur geistigen und politischen Führung der Massen berufen. Das hohe Selbstwertgefühl und die gesellschaftlich große Achtung der Akademikerschaft wurden durch die Niederlage des Reiches im Weltkrieg empfindlich getroffen. Trotz vehementer patriotischer Appelle und alldeutsch eingefärbter Parolen zum Durchhalten, die in ihren Formulierungen vieles von der später im Dritten Reich üblichen Diktion vorwegnahmen, war der Bezugspunkt ihrer geistig-völkischen Identität, die Monarchie, zusammengebrochen und hatte der Regierung der „Volksverräter" unter dem Sozialdemokraten Ebert weichen müssen. Die von den Rechtskreisen bereitgehaltene „Dolchstoßlegende", die in der jüdisch-sozialistischen Zersetzung den Untergang Deutschlands festzumachen suchte, wurde zwar in der radikal antisemitischen Ausprägung von der Professorenschaft mißbilligt, hingegen von der korporierten Studentenschaft in Arierparagraphen für ihre Verbindungen praktiziert. Die akademische Elite der Lehrenden und Lernenden lehnte das System von Weimar, die parlamentarische, auf Gleichheit in der Gesellschaft bedachte Ordnung ab. Der Einbruch des Irrationalismus in die Geisteswissenschaften, in der metaphysischen Überhöhung des Deutschtums seit der Romantik angelegt, eskalierte vor allem in der krisenhaften Endzeit Weimars zur Flucht in den Mythos: Gemeinschaft gegen Gesellschaft, Kultur gegen Zivilisation und Instinkt gegen Verstand. Diese Verwerfungen des Rationalen bestimmten eine geistige, angeblich unpolitische Grundhaltung an den Universitäten, von der auch das Philosophieren berührt wurde.

Die Hochschule verlor ihre gesellschaftliche Leitstellung noch weiter in der Zeit wirtschaftlicher Not zu Beginn der dreißiger Jahre. Sie drohte zu einer Fachhochschule abzusinken – wurde doch bedingt durch Technik und Spezialisierung auch ein einheitlicher Wissenschaftsbegriff immer fragwürdiger – und noch dazu lediglich arbeitslose Akademiker auszubilden. Der Ruf nach Reform der in Ritualen erstarrten Allmutter und nach einer neuen volksbezogenen Sinnstiftung der Wissenschaften wurde zunehmend lauter, von den Professoren akademisch-theoretisch artikuliert, von studentischer Seite, auf der seit Juli 1931 die Nationalsozialisten den Ton angaben, im Klamauk und rüden Radau der Straße demonstriert. Auf der letzten Tagung des Hochschulverbandes, der Standesorganisation der Professoren in der Weimarer Republik, im Juli 1932 bestimmten Themen eines völkischen Neubeginns die Diskussion. Durch Arbeitsdienst und Wehrertüchtigung sollte die neue Studentenschaft sich in Zucht und Ordnung für das Volk üben; das Studium, organisiert nach dem Führerprinzip der Gefolgschaftstreue, sollte als Dienst am Volke verstanden werden.[7] Die Professorenschaft forderte, was der tonangebende Nationalsozialistische Deutsche Studentenbund (NSDStB)[8] schon seit längerem praktizierte, wollte jedoch die Autonomie der Hohen Schule gewahrt wissen und daher die Reform lieber in eigene Hände nehmen, statt sich diese von den Braunhemden der Basis oder der deutschtümelnden Obrigkeit staatlich oktroyieren zu lassen.

Auch die Freiburger Universität wurde von diesen hochschulpolitischen Zeitströmungen erfaßt.[9] Eine nahezu geschlossen deutsch-national ausgerichtete Professorenschaft der sich als Grenzlanduniversität verstehenden Freiburger Hochschule setzte sich im Senat mit solchen Reformprojekten auseinander. Zurückhaltung und Vorsicht, vor allem gegenüber den rechtsradikalen, militaristischen Nationalisten, zeichnete die Haltung des Senats aus. Das Aufbegehren der Studenten wurde als verzeihbarer jugendlicher Übermut, bestenfalls als eine temporäre Verirrung, aufgefaßt und durch patriarchalisches Wohlwollen zu kanalisieren versucht. Aus der Sicht der seit Sommer 1932 auch in Freiburg radikalisierten Studentenschaft hielten sich die Professoren trotz rhetorischer Bekenntnisse zu einem Neuanfang abseits und versagten vor den existentiellen Herausforderungen der Zeit. Die Kluft zwischen einer sich auf ihre Wissenschaft zurückziehenden Professorenschaft und einer auf Aktionen drängenden Studentenschaft war auch in Freiburg spürbar und weitete sich zunehmend vor der nationalsozialistischen Machtübernahme.

Heidegger hatte aufgrund seines besonderen persönlichen Werdeganges diesen Zwiespalt in der so oft beschworenen akademischen Gemeinschaft der Schüler und Lehrer sowie die Fragwürdigkeit eines überholten Wissenschaftsbegriffes vermutlich instinktiv erlebt, bevor er die Problematik des Seins in einer von Angst und Temporalität bestimmten Welt, das Seinsgeschick eines geschichtlichen Volkes, schriftlich aufgriff. Von diesem 1927 geschriebenen Werk ›Sein und Zeit‹ läßt sich eine gedankliche Verbindung über die Freiburger Antrittsvorlesung von 1929 und das im WS 1929/30 abgehaltene Kolleg (›Die Grundbegriffe der Metaphysik[10]: Welt – Endlichkeit – Einsamkeit‹) zu den Ausführungen der Rektoratsrede ziehen. Die beredte Klage über den Zerfall der Wissenschaften (1929) wurde erweitert um die philosophische Anklage des bestehenden, in jeder Hinsicht nur die Mit-

telmäßigkeit fördernden gesellschaftspolitischen Systems. Heidegger kon-
statierte ein „allgemeines sattes Behagen in einer Gefahrlosigkeit". Er
machte indirekt die Parteien und politischen Gruppierungen dafür verantwortlich, daß der Zeit jegliche Größe fehle. Die Sehnsucht nach Härte und
Herausforderung, um zu Stärke und innerer Größe zu gelangen, sprach
deutlich aus den Worten: „Wir müssen erst wieder rufen nach dem, der unserem Dasein einen Schrecken einzujagen vermag." Auch wenn damit nicht
Hitler und der Nationalsozialismus angesprochen wurden – verharrte doch
die NSDAP noch im Rang einer radikalen Splittergruppe –, so waren doch
Affinitäten in dem beidseitigen Wunsch nach revolutionärer Erneuerung
und in der Hoffnung auf den starken Mann, den Führer, gegeben. Die gedankliche Prädisposition zum autoritären Erneuerer-Staat war bei Heidegger vorhanden [11] und somit die Gedankenbrücke, die er 1933 beschreiten
mußte, um zur Tat zu gelangen.

Hochschule und nationalsozialistische Machtübernahme:
Beharren versus Gleichschaltung

Nationalsozialistische Ideologie und Wissenschaftlichkeit schlossen – nicht
erst aus heutiger historischer Perspektive – einander aus. Hitler selbst hatte
nie einen Hehl aus seiner abgrundtiefen Verachtung aller Intellektuellen gemacht. Schon in ›Mein Kampf‹ wurden sie als „Jammerlappen" diffamiert,
„die die geistige Waffe als Schutzschild vor ihre tatsächliche Feigheit halten".[12] Wissenschaft galt lediglich als Hilfsmittel zur Förderung des Natio-
nalstolzes im völkischen Staat. Den Professoren sollte Hitler während des
Krieges dann sogar Instinktlosigkeit und totale Weltfremdheit anlasten.
Würde die Erziehung allein dem deutschen Professor überlassen, kämen
dabei lebensuntüchtige Kretins heraus: „Riesenköpfe auf einem Nichts von
Körper."[13] Unter Erziehung verstanden die Nationalsozialisten folglich in
erster Linie eine Charakterbildung des männlichen Kämpfers durch sportliche Ertüchtigung und ideologische Indoktrination. Ein derart auf das Martialische reduzierter Bildungsbegriff machte die Hochschule Humboldt-
scher Prägung überflüssig. Die Nationalsozialisten besaßen daher weder
vor noch nach ihrem Regierungsantritt eine stringente Hochschulkonzep-
tion.
    Der radikale Flügel innerhalb der Bewegung dachte sogar daran, die her-
kömmlichen Universitäten mit ihrem marxistisch-jüdischen Wissensgift auf-
zulösen und den unumgänglichen Bedarf an Technikern und Medizinern
durch Fachhochschulen (Berufsakademien) abzudecken. Völkisch-natio-
nale Kreise propagierten hingegen die politische, d. h. deutschkundlich
orientierte Universität[14] und trafen sich in ihrer Argumentation mit den

Vorstellungen einiger Reformpädagogen (Aufbauschule, deutsches Gymnasium) von einer auf das Volk und alle seine Schichten bezogenen Erziehung.[15] In Ermangelung originärer Bildungstheoretiker blieb der nationalsozialistischen Führung nach der Machtübernahme gar nichts weiter übrig, als hochschulpolitisch abzuwarten und – wie auch in den anderen staatlich-öffentlichen Bereichen – auf diejenigen aus der traditionellen Fachelite zurückzugreifen, die sich der nationalen Erneuerung gegenüber am aufgeschlossensten zeigten bzw. deren wissenschaftlich oftmals krude Konzeptionen Ähnlichkeiten mit ebenso verworrenem nationalsozialistischem Gedankengut aufwiesen. Pädagogen wie Ernst Krieck[16] und Alfred Baeumler[17], Germanisten wie Friedrich Neumann[18], aber auch Mediziner und Techniker sowie nicht zuletzt Philosophen wie Heyse[19] und Heidegger konnten daher im hochschulpolitischen Vakuum der Anfangsphase nationalsozialistischer Herrschaft zu entscheidendem Einfluß gelangen. Sie wurden von den Nationalsozialisten als Wegbereiter eigener, sich langsam entwickelnder Vorstellungen benötigt und benutzt.

Was die neue Bewegung, einmal zur Macht gelangt, an den Hochschulen administrativ umgestalten würde, hatte der seit 1931 im Rahmen einer Rechtskoalition in Braunschweig amtierende nationalsozialistische Volksbildungsminister Klagges vorexerziert. Die gravierenden Eingriffe des Ministers in die Autonomie der dortigen Technischen Hochschule hatten sogar zu einer Interpellation des Hochschulverbandes beim Reichspräsidenten Hindenburg geführt und die deutschen Rektoren auf zwei Sondersitzungen im Dezember 1932 beschäftigt.[20] Die deutschen Hochschullehrer, von denen sich 1932 nur gut ein Prozent öffentlich für die Hitlerbewegung ausgesprochen hatte und von denen noch weniger Mitglied der Partei waren,[21] hätten wissen können, was auf sie nach dem 30. Januar 1933 zukommen würde. Doch sie zogen es vor, wie die staatragenden Eliten generell, in Wartestellung zu gehen, um dem neuen Regime eine Chance zur Läuterung, zur konservativen Normalisierung zu geben. Diesem geistigen Zähmungskonzept hingen nicht allein die professoralen Mitläufer in der Bewegung, sondern die Masse der deutsch-national gesonnenen Professorenschaft an. Das in jeder Hinsicht abgewirtschaftete Weimarer System war ihnen allen keine Verteidigung wert, das Neue, der Neubeginn wurde allgemein begrüßt, über Ausschreitungen sowie Terror beflissen hinweggesehen.

Die neuen Machthaber hatten mit der Zerschlagung der organisierten Arbeiterschaft Prioritäten gesetzt. Die Hochschulen, auf denen die Partei in der Studentenschaft ohnehin über die Mehrheit verfügte, konnten warten. Überzeugte Anhänger und potentielle Mitläufer der Bewegung formierten sich erstmals in der Hochschullehrerschaft beim Wahlaufruf von dreihundert Gelehrten für Adolf Hitler am 3. März 1933.[22] Wenn auch die Mehrzahl der Unterschriften nicht von Ordinarien kam und die – in der

Regel brotlosen – Privatdozenten überproportional vertreten waren, so zierten diese Liste doch bereits Namen von Hochschullehrern, die sich dem braunen Ungeist später bedingungslos ausliefern und engagiert mithelfen sollten, die universitäre Autonomie zu beenden. Die Freiburger bildete mit zwei Unterzeichnern, Heidegger gehörte nicht zu ihnen, das einsame Schlußlicht unter den deutschen Hochschulen. Der nationalkonservative Geist der Freiburger Professorenschaft und das traditionell starke katholische Element in der Bischofsstadt trotzten noch geschlossen den Verheißungen revolutionärer Erneuerung.

Doch mit dem Wahlerfolg der Rechtskoalition, der Verabschiedung des Ermächtigungsgesetzes und der Gleichschaltung der Länder mehrten sich die Vorboten einer anstehenden Integration der Hochschule in die neue Volksgemeinschaft. Es wurde anscheinend von den Neumächtigen nicht als Treuebekundung verstanden, als der Hochschulverband sich erstmals in einer öffentlichen Erklärung äußerte.[23] Mit der entschiedenen Zurückweisung der vom Ausland ausgehenden Hetze gegen Deutschland billigte der Verband indirekt den von der Partei am 1. April 1933 durchgeführten Judenboykott und desavouierte die eigenen Kollegen jüdischer Abkunft.

Am 5. April verordnete der in Baden amtierende Reichskommissar Wagner – vermutlich im Alleingang – die Entlassung der Juden aus dem badischen Staatsdienst, zwei Tage bevor das entsprechende Reichsgesetz zur „Wiederherstellung des Berufsbeamtentums" in Kraft trat. Die badischen Hochschulen wurden bereits am 6. April per Erlaß zur „sofortigen Beurlaubung von Juden aus dem Hochschuldienst"[24] gezwungen und ihnen eine Neubildung der akademischen Selbstverwaltungsorgane nahegelegt. Der von staatlicher Seite erzwungene Rücktritt von Rektor und Senat an der Technischen Hochschule Braunschweig (5. April) und der Universität zu Köln (11. April)[25] wirkten an den Hochschulen alarmierend. Der entsprechende Schritt der Kölner Universitätsspitze wurde den in Wiesbaden versammelten Rektoren (12. April) als nachahmenswertes Beispiel von Reichskommissar Rust (dem späteren preußischen bzw. Reichserziehungsminister) empfohlen. Die Magnifizenzen beugten sich dem neuen Geist, begrüßten die Arbeiten des Hochschulverbandes an einer „festen Eingliederung (der Hochschulen) in die Volksgemeinschaft" und verwarfen eine solidarische Geste gegenüber den verfemten jüdischen Kollegen, wie sie der Freiburger Rector designatus von Moellendorff angeregt hatte.[26] Statt dessen sollte der 1. Mai als Tag der Deutschen Arbeit erstmals auch an den Hochschulen feierlich begangen werden. Schließlich stellte die Universität Göttingen noch den Antrag, auf der nächsten Konferenz einen Wechsel des „Vororts" (Vorsteher der Rektorenkonferenz) zu beschließen,[27] d. h. den traditionell mit diesem Amt des Sprechers der Rektorenschaft betrauten Hallenser Rektor (Stieve) abzuwählen.

Hinter diesem Mißtrauensvotum wird eine Gruppe hochschulpolitisch engagierter Professoren gestanden haben, die sich auf Initiative des Frankfurter Pädagogen und bewährten Parteimitgliedes Krieck als „Kulturpolitische Arbeitsgemeinschaft Deutscher Hochschullehrer"[28] formiert hatte. In dieser Zeit des Umbruchs, im März und April 1933, fand auch Martin Heidegger den Weg in diese Arbeitsgemeinschaft und somit zur Unterstützung der nationalsozialistischen Bewegung. Nicht ein widerstrebend übernommenes Rektorat, was er später einmal als „die größte Dummheit" seines Lebens bezeichnen sollte,[29] sondern der freie, vor seinem Kollegen Jaspers ausgesprochene Entschluß, „man muß sich einschalten",[30] führten den Philosophen in die Niederungen der Politik.

In dem Arbeitskreis, zunächst nur eine lose Gruppierung, die sich erst um die Monatswende April/Mai eine Satzung gab, traf Heidegger auf die Personen, mit deren Hilfe er in den nächsten Monaten die deutsche Hochschulpolitik zu lenken gedachte: seine Konfidenten wie den Göttinger Rektor Neumann, den Studentenführer Georg Plötner und den neuen Hochschulreferenten im badischen Kultusministerium, den Heidelberger Professor für Klassische Philologie Eugen Fehrle, aber auch seine späteren Feinde wie Krieck und den einstigen Marburger engen Kollegen, den Psychologen Jaensch. Außerdem regte der Freiburger Philosoph, der bereits Anfang April als Vertrauensmann der Partei und jüngerer Kollegen galt und gegenüber dem Ministerium als der kommende Mann gehandelt wurde,[31] die Erweiterung der Arbeitsgemeinschaft um zwei ausgesprochene Nationalsozialisten, den nach Berlin auf den Lehrstuhl für Pädagogik berufenen Baeumler und den Königsberger Philosophen Heyse, an. Beide sollten im Sommer eng mit Heidegger zusammenarbeiten und sich zu seinem neuen, antiliberalen Wissenschaftsbegriff bekennen. Die Arbeitsgemeinschaft verstand sich laut ihrem Gründungsmanifest als hochschulpolitische Avantgarde, um die deutsche Universität in die völkische Gemeinschaft einzugliedern. Von diesem Anspruch her war es selbstverständlich, daß allein „Volksgenossen" Aufnahme in diesen professoralen Männerbund finden konnten. Die Vereinigung, bewußt als Konkurrenzorganisation zum etablierten Hochschulverband gegründet, bestand bis in den Oktober 1933[32] hinein fort, als sie zusammen mit dem alten Verband, der Rektorenkonferenz und weiteren Splittergruppen in dem gleichgeschalteten „Reichsverband der Deutschen Hochschulen"[33] aufging.

Als die Zeichen einer staatlichen Umgestaltung der Hochschule durch die nationalsozialistischen Machthaber offenkundig waren, brach Heidegger aus der von seinen Freiburger Kollegen bezogenen attentistischen Haltung aus und stellte seinen Namen und wissenschaftlichen Ruf einer von Nationalsozialisten beherrschten Organisation zur Verfügung. Ob er dies tat, um Schlimmeres zu verhindern, wie er später zur Verteidigung des Rek-

torats behauptete, oder aus der inneren Überzeugung heraus, zum Vorden-
ker der Hochschulreform bestimmt zu sein, läßt sich kaum in dieser zuge-
spitzten Form beantworten. Vermutlich wollte Heidegger beides: die Sub-
stanz der Universität vor dem Absinken zur Fachakademie retten und als
Deutschlands berühmtester Philosoph eigene Vorstellungen verwirklichen.
Heidegger beging einen folgenschweren Irrtum, als er im Frühjahr 1933 den
Nationalsozialismus mit dem Abschied von der bisherigen Politik parallelisierte.[34] In der neuen Bewegung und vor allem in ihrem Führer Adolf Hitler
den Überwinder der technischen Perversion der Menschen sehen zu wollen,[35] erscheint aus heutiger Kenntnis grotesk und auch damals ein Zeichen
politischer Verblendung gewesen zu sein. Doch Heidegger stand mit seinem
Glauben an das Kommende, an die Verbindung von völkischer Gefolgschaftstreue mit dem neudeutschen Führerprinzip, nicht allein – ihm allerdings standen wie nur wenigen mit der Übernahme des Rektorats und weiterer einflußreicher Posten Möglichkeiten offen, seine Gedanken in die
Praxis umzusetzen.

Die Übernahme des Rektorats: Geistig-theoretischer Führungsanspruch

Das Amt des Freiburger Rektors bekleidete Heidegger fast auf den Tag
genau ein Jahr. Am 22. April übernahm er es von seinem zurückgetretenen
Vorgänger von Moellendorff, am 23. April 1934 demissionierte er zusammen mit dem von ihm geschaffenen „Führungsstab". Die Hintergründe und
Vorgänge des Rektoratswechsels zu Heidegger können wie die von ihm
selbst damit verbundenen lokalen und hochschulpolitischen Ambitionen als
weitgehend geklärt gelten. Im Dezember 1932 hatte der Große Senat der
Freiburger Universität den Professor der Medizin Wilhelm von Moellendorff zum Rektor gewählt. Mit diesem Wahlakt demonstrierte die Professorenschaft erneut ihre Unabhängigkeit von tagespolitischen Fragen, galt
doch Moellendorff als aufrechter Demokrat und stand sogar – für einen
Hochschullehrer seiner Zeit äußerst ungewöhnlich – der Sozialdemokratischen Partei nahe. Die Konfrontation der Demokraten mit dem am 30. Januar 1933 zur Macht gelangten autoritären Regime war daher unausweichlich. Sie erfolgte auf zwei Ebenen, der hochschulpolitischen und der lokalen, und wurde in beiden Fällen von Anhängern der NSDAP betrieben.
Am Tag vor der Amtsübernahme des neuen Rektors (15. April) sprach
der Professor für Klassische Philologie Wolfgang Schadewaldt, einer der
jüngsten Ordinarien und bekannt für seine Sympathien mit dem jugendhaf-
ten Deutschland der Nationalsozialisten, bei dem alten Rektor vor und meldete Bedenken an, ob Moellendorff der richtige Mann sei, die nunmehr notwendige Gleichschaltung an der Universität zu vollziehen.[36] Statt dessen

schlug er Heidegger für diese Aufgabe vor. Schadewaldt wiederholte dieses Ansinnen zwei Tage später, am Ostersonntag, konnte jedoch die Bedenken des Altrektors gegen die Qualifikation des Wunschkandidaten nicht zerstreuen. Von sich aus – so das Fazit dieses Tastversuches – würde die Freiburger Universität daher kaum etwas unternehmen, um Heidegger das Rektorat zu übertragen. Dazu bedurfte es äußeren Drucks. Am Tag der ersten, von Moellendorff geleiteten Senatssitzung (18. April) veröffentlichte dann auch das nationalsozialistische Kampfblatt ›Der Alemanne‹ eine heftige Attacke gegen den neuen Rektor, die in der Aufforderung gipfelte, „der Neuordnung der Hochschule nicht im Wege zu stehen", d. h. zu demissionieren.

Hinter diesen Bestrebungen, Heidegger mit dem höchsten Amt der Universität zu betrauen, standen lokale Parteikreise, vor allem der älteste Parteigenosse an der Universität, der Altphilologe Aly, und mit Sicherheit, wenn auch im sicheren Hintergrund, Heidegger selbst. Den lokalen Parteigrößen, auch dem jungen ambitionierten Oberbürgermeister,[37] mußte daran gelegen sein, durch einen spektakulären Akt, wie die Rektoratsübernahme durch Heidegger und dessen in Aussicht gestellten Parteibeitritt, die der Bewegung distanziert gegenüberstehende großbürgerliche Einwohnerschaft der Bischofsstadt für den neuen Staat zu begeistern und damit den schlechten Ruf aufzubessern, den Freiburg als liberale Stätte bei vorgesetzten Parteidienststellen genoß. Mit Heidegger und seinen in Parteikreisen bekannten hochschulpolitischen Vorstellungen konnte die Freiburger Universität wenigstens bei der Reform des deutschen Hochschulwesens eine Vorreiterrolle übernehmen. Die von örtlichen Parteidienststellen vorbereitete Übertragung der Rektoratsrede durch den Reichsrundfunk diente erklärtermaßen dem gleichen publizistischen Ziel.[38] Heidegger selbst konnten diese massiven Hilfsdienste der Partei nur gelegen sein, schufen sie doch die Voraussetzungen für seine Übernahme des Rektorats und die auch von ihm für seine Reformvorstellungen gewünschte notwendige Publizität.

Nach nur fünf Tagen im Amt beugte sich der demokratisch gesonnene Rektor dem Druck der neuen Kräfte und demissionierte. Die Selbstgleichschaltung der Universität vorzunehmen und die jüdischen Kollegen, von denen die Mehrzahl Mediziner waren, zu entlassen, vereinbarte sich nicht mit den politischen Grundsätzen Moellendorffs,[39] wohl aber mit der vermeintlich unpolitischen Denkhaltung des von ihm als Nachfolger vorgeschlagenen Heidegger. Der hastig einberufene und erstmals um die jüdischen Professoren reduzierte Große Senat wählte Heidegger mit 52 Stimmen bei einer Gegenstimme und drei Enthaltungen zum neuen Rektor. Offensichtlich galt den Kollegen der berühmte Philosoph, von dessen geheimen parteipolitischen Verstrickungen die meisten nichts wußten, als Garant dafür, daß die Hochschule von allzu radikalen Neuerungen verschont bleiben werde. Um

die Kontinuität der Selbstverwaltung zu unterstreichen, wurden dem neuen
Rektor relativ gemäßigte Senatoren beigegeben, von denen jedoch einige,
womöglich durch Heideggers Vorbild animiert, der Partei später beitreten
sollten.[40]

Die an die Amtsübernahme geknüpften Erwartungen der Partei und von
Heidegger selbst waren folglich grundverschieden von denen des professoralen Wahlgremiums. Oppositionell zum Regime eingestellte Senatoren,
wie der Nationalökonom Walter Eucken, erkannten die eigentlichen Absichten des neuen Rektors recht schnell: Heidegger fühle sich offenbar als
der geborene Philosoph und geistiger Führer der neuen Bewegung,[41] so
klagte Eucken noch vor der feierlichen Amtseinführung des neuen Rektors.

Mit diesem von Heidegger selbst weitgehend inszenierten Schauspiel der
Rektoratsübernahme (27. Mai 1933)[42] sollte trotz des in letzter Minute ergangenen Verbots der Rundfunkübertragung die „Herrlichkeit und Größe
dieses Aufbruchs" im Bereich der Universität reichsweit demonstriert werden. In der vielfach interpretierten und gern geschmähten Rektoratsrede
entwarf der Philosoph mit seinen Ausführungen zu der Trias von Arbeitsdienst – Wehrdienst – Wissensdienst programmatische Vorstellungen zur Erneuerung der Universität von der studentischen Basis aus. Mit der Einbindung der Hochschule in die völkische Gemeinschaft ging Heideggers Wille
einher, das Wesen der deutschen Universität als eines auf der Philosophie
gründenden Wissenschafts-Kosmos zu wahren. Daher wurde weder Hitler
beim Namen genannt noch der Begriff Nationalsozialismus benutzt, geschweige denn das arische Rassenprinzip beschworen. Wie Heidegger den
nationalsozialistischen Sturm benutzen wollte, seine eigene Größe in dieser
einmaligen Herausforderung, den Führer geistig führen zu können, zu vollenden, so benutzten die Nationalsozialisten den neuen Rektor und dessen
Rede zur Propagierung ihrer rassistischen Vorstellungen von der „Wieder-
wehrhaftmachung" des deutschen Volkes.

Die Resonanz[43] auf die Rede und das spektakuläre Freiburger Ereignis
ist von Heideggers Gegnern überschätzt, von ihm selbst in seiner späteren
Verteidigung heruntergespielt worden. Für die nationalsozialistische Propaganda war es nicht so entscheidend, was der Freiburger Rektor im einzelnen gesagt hatte, sondern es zählte allein, daß Deutschlands bekanntester
Philosoph überhaupt öffentlich mit Wendungen hervorgetreten war, die sich
im nationalsozialistischen Sinne vereinnahmen ließen. Die Rede, anfangs
nur im Freiburger Raum bekannt, fand nach ihrer von Heidegger vorangetriebenen raschen Publikation wohlwollende Aufnahme in der gleichgeschalteten Presse und selbst in Parteiblättern. Auch bekannten sich einige
wenige Kollegen zu Heideggers Ausführungen oder lobten sogar, wie ursprünglich auch Karl Jaspers, deren philosophischen Gehalt sowie den mit
ihnen bekundeten akademischen Willen. Dennoch scheint Heidegger mit

den Wirkungen seiner Worte unzufrieden gewesen zu sein, so daß er seine Ideen in vereinfachter Form auf Vorträgen in Heidelberg (30. Juni) und Kiel (14. Juli) wiederholte. In diesen beiden studentischen Hochburgen der Bewegung – in Kiel amtierte zudem noch als Rektor (Wolf) ein Mitstreiter aus der Frankfurter Arbeitsgemeinschaft – konnte Heidegger eines gläubigen Publikums sicher sein. „Das Studium muß wieder Wagnis werden, kein Schutz für die Feigen",[44] so lautete die mahnende Quintessenz seiner Ausführungen – ein Wagnis, verstanden als bedingungsloser Einsatz für Volk, Führer und Wissenschaft in der Gefolgschaft des Universitäts-Führers.

Hochschulpolitik in Freiburg: Erprobung des Aufbruchs

Heidegger ließ vom ersten Tag seiner Amtsführung an keine Zweifel aufkommen, wer fortan die Freiburger Hochschule führte. Selbstbewußt präsentierte er sich per Rundschreiben seinen Rektoren-Kollegen als im Zuge der Gleichschaltung gewählter Rektor und verwies damit unzweideutig auf sein enges Verhältnis zu den neuen Machthabern.[45] Die Verwirklichung des Führerprinzips, wie es die deutsche Studentenschaft auf der Grundlage eines Reichsgesetzes seit Ende April 1933 praktizierte,[46] auch im Lehrkörper und somit im Rahmen der gesamten Universität, war Heideggers wichtigstes Anliegen. Sein in Freiburg gegebenes Beispiel sollte auch anderswo Schule machen und allgemein die Stellung des Rektors als „Führer" der Universität stärken.

Schon bei den Vorbereitungen zur feierlichen Rektoratsübernahme und im Verlauf der Feier selbst wurde den Kollegen wie der außeruniversitären Öffentlichkeit vor Augen geführt, daß Heidegger sich nicht länger mit der Rolle eines von der geltenden Hochschulverfassung vorgeschriebenen „primus inter pares" bescheiden würde, sondern tatsächlich Anführer sein wollte. In einer Art Gestellungsbefehl beorderte er seine als Gefolgschaft angesehenen Kollegen zum Straßenaufmarsch am neu geschaffenen Tag der nationalen Arbeit zum 1. Mai.[47] Die Gelehrten sollten ihre Verbundenheit mit dem Volk im Gleichschritt mit den Massen beweisen und den am gleichen Tag vollzogenen Beitritt des Rektors zur NSDAP als nachahmenswertes Beispiel demonstriert bekommen. Unmutsäußerungen ob des ungebührlichen Tons und des ungewöhnlichen Ansinnens überging Heidegger unwirsch.

Der neue Rektor dachte auch nicht daran, das für allgemeine Fragen der Universität zuständige Kollegialorgan, den Kleinen Senat, einzuberufen, um dort seine Handlungsweisen zu rechtfertigen bzw. seine Reformvorhaben näher zu erläutern. Erst auf massive Vorhaltungen seines Vorgängers Moellendorff wurde der Senat zu seiner konstituierenden Sitzung fast zwei

Monate nach seiner Wahl erstmals zusammengerufen.[48] Auf dieser Zusammenkunft artikulierte sich in der Person Euckens die universitätsinterne Opposition gegen den usurpierten Führungsanspruch Heideggers. Der Nationalökonom wurde im Verlauf des Sommersemesters zum eigentlichen Widerpart und Herausforderer des die nationalsozialistische Hochschulpolitik vorantreibenden Rektors. Streitpunkte waren die von Heidegger propagierte und inzwischen auf Tagungen des Hochschulverbandes und der Rektoren auch praktizierte Gleichschaltungspolitik sowie die Stellung von Arbeitsdienst und Wehrsport im Studium.

Da inzwischen viele nationalsozialistische und auch andere, von der Bewegung mitgerissene Studenten in Wehrsport, Märschen und Kameradschaftslagern den wesentlichen Sinn der Ausbildung an der Universität sahen, wurde der Vorlesungs- und Übungsbetrieb beträchtlich gestört. Zudem existierten keine einheitlichen Richtlinien über die Art und Weise der wehrsportlichen Ertüchtigung und deren sinnvolle Integration in den einzelnen Studiengängen. Da die SA und der NSDStB über die marschierende Jugend bestimmten, hatte sich die Reichswehr mit ihren Vorstellungen eines militärisch-geordneten Ablaufs nicht durchsetzen können. Die Klagen aus den einzelnen Fächern über das ungeregelte Nebeneinander von Studium und Wehrsport[49] nahmen derart zu, daß die zwei weiteren Senatssitzungen des Sommersemesters hauptsächlich den Fragen einer Neuordnung des Studiums gewidmet waren. Dabei scheint Heidegger stärker den Wünschen der studentischen Parteiorganisationen als den berechtigten Forderungen der Kollegen nach einem ungestörten Unterrichtsbetrieb nachgegeben zu haben. Eigenmächtig hatte der Rektor außerdem dem studentischen Verlangen nach Einrichtung eines Wehrsportlagers für die bevorstehende Ferienzeit stattgegeben. Als es in diesem Lager zu Ausschreitungen von SA-Leuten gegenüber wehrlosen Zivilisten kam, setzte sich Heidegger über eine entsprechende kollegiale Kritik lapidar hinweg und wünschte fortan zur „Verwirklichung des Dritten Reiches" positiv fördernde Vorschläge zu erhalten.[50] Der Wehrsport wurde zum permanenten Konflikt zwischen den stärker im althergebrachten Universitätsbetrieb verharrenden Professoren und den aus der Hochschule herausdrängenden, auf Aktionen bedachten Studenten. Als der Streit im Wintersemester infolge weiterer staatlicher Eingriffe eskalierte, sollte selbst Heidegger resignieren.

Vorerst fand er seine treuesten Verbündeten beim Aufbruch in die neue geistige Welt noch in den radikalisierten und auf Änderungen an der Universität drängenden Studenten. Auf nationalen Feiern, denen Heidegger wie kein anderer den Charakter völkischer Weiheakte zu geben verstand, wurde die Einheit der Universität zumindest von Rektor und Studentenschaft demonstriert. Heidegger ließ keine Gelegenheit aus, um durch seine Präsenz – bis zu Empfängen beim Automobilclub[51] – die Volksverbundenheit der neuen Universität unter Beweis zu stellen. Höhepunkt nationaler Bekundungen zum neuen Deutschland wurden jedoch die studentischen Feiern, mit ihrem paramilitärischen Erscheinungsbild der Aufmärsche und Uniformen. Ob bei der Gedächtnisfeier für den alemannischen Blutzeugen der Bewegung, Albert Leo Schlageter, oder bei der studentischen Sonnenwendfeier, immer fand der Rektor markige Worte über das Heldische und Große der neuen Zeit und pries den eingeschlagenen Weg der nationalsozialistischen Revolution als den richtigen, „von dem es kein Zurück mehr gibt"[52].

Die Demonstration völkischer Geschlossenheit von Arbeitern der Stirn und der Faust, bei der Heidegger in voller Übereinstimmung mit den Nationalsozialisten handelte, wurde durch die staatlicherseits befohlenen Säuberungen[53] der Universität von jüdischen Wissenschaftlern und jüdischen Studenten überschattet. In diesem Bereich bestanden fundamentale Gegensätze zwischen dem Führer-Rektor, der eine völkische Erneuerung auf Grundlage der abendländisch-griechischen Philosophie anstrebte, und den Parteiführern, die das deutsche Volk auf rassischer Basis zu erneuern gedachten. Auch wenn Heidegger in seiner alemannischen Heimat bodenständig verwurzelt war und sich im archaischen Sinne zur Scholle bekannte, so waren ihm jede Blut-und-Boden-Mythologie und jedweder platter Antisemitismus fremd. Antisemitische Äußerungen oder Bekenntnisse zur deutschen Rasse sind von Heidegger, ganz im Gegensatz zu den meisten seiner Rektoren-Kollegen, zumindest in der Öffentlichkeit nicht gefallen. Im Vergleich zu vielen Freiburger Professoren, die wie der Dekan der Medizinischen Fakultät und Parteigenosse Rehn den Erlaß der Regierung im vorauseilenden Gehorsam erfüllten,[54] hat sich Heidegger so gut es ging bei den Säuberungen zurückgehalten und, wenn immer es möglich war, sogar zugunsten jüdischer Kollegen eingesetzt.

In Freiburg waren von dem Gesetz 57 im Beamtenverhältnis stehende Lehrpersonen, unter ihnen auch Emeriti wie Husserl, betroffen. Die meisten waren junge Assistenzärzte an der Medizinischen Fakultät. Die Universität wandte die Ausnahmebestimmungen gesetzeskonform an und erreichte häufig, wie auch bei dem bereits vor dem 1. Aug. 1914 beamteten Geheimrat Husserl, eine Befreiung. Dem ehemaligen Lehrer Heideggers wurde es von seiten des Ministeriums daraufhin ausdrücklich freigestellt, Vorlesungen abzuhalten. Rektor Heidegger schloß sich allen Schritten der jeweiligen Fakultäten an, wenigstens für angesehene Gelehrte[55] Ausnahmeregelungen zum Nutzen der Universität und ihres wissenschaftlichen Rufes zu erlangen. Auch für den jüdischen Altphilologen Fraenkel[56], für den sich gleichfalls dessen Amtskollege Schadewaldt einsetzte, verwandte sich Heidegger – indes ohne Erfolg.

In noch stärkerem Maße intervenierte der Führer-Rektor zugunsten von

Studenten, die wegen ihrer rassischen Herkunft bzw. ihrer politischen Aktivitäten auf Geheiß der Landesregierung relegiert werden mußten. Der Rektor unterstützte die Wiederaufnahmeverfahren der Betroffenen durch Übersendung von Entlastungsmaterial und erreichte in fast allen Fällen die Wiederzulassung der Betroffenen. Aus Heideggers Sicht sollte die Gesamtheit der Studenten und Professoren, sofern sie guten Willens war, für den Aufbruch in das neue Reich mobilisiert werden, unbeschadet ihrer rassischen Abstammung und vormaligen politischen Verirrungen.

In der Juden- und Rassenpolitik blieb Heidegger seinen Überzeugungen treu. Diese Ablehnung des grundlegenden Bestandteils der nationalsozialistischen Weltanschauung hätte ihn auf längere Sicht mit dem Regime in Konflikt geraten lassen. Gleichzeitig traf sein eher privater Nationalsozialismus auf massive Vorbehalte unter den Freiburger Kollegen, die in den Bekenntnissen des Rektors zum herrschenden System ein bedingungsloses Sich-Ausliefern an die braunen Machthaber argwöhnten. Heidegger stieß mit seinem Führertum sowohl in der heimischen Universität als auch außerhalb Freiburgs bei den konservativen Kollegen auf Widerstand und selbst bei vielen Parteigenossen auf Vorbehalte.

Hochschulpolitik auf Reichsebene: Politisch praktizierter Führungsanspruch

Wohl verfügte der Freiburger Rektor über hochfahrende Pläne zur Umgestaltung der Universität, aber Erfahrungen im hochschulpolitischen Bereich konnte er nicht aufweisen. Heidegger hatte weder das Amt des Dekans noch einen vergleichbaren Posten in der universitären Selbstverwaltung bekleidet. Hochschulpolitisch blieb er, teils aus Unerfahrenheit, teils aber auch aus einer gewissen Schläue gern im zweiten Glied und ließ trotz seiner großen persönlichen Ambitionen anderen, gleichgesinnten Kollegen den Vortritt, wenn Grundsatzpositionen durchzufechten waren. Ohnehin nicht einer der Mutigsten und seiner Sache auch nicht ganz sicher, war der Philosoph stets auf der Suche nach Verbündeten. Spektakuläre Alleingänge scheute er, wie schon die Vorgänge um die Übernahme des Rektorates gezeigt hatten.

Ebenso vorsichtig schaltete Heidegger sich auch in die Diskussion um die Gleichschaltung des Hochschulverbandes ein. Obwohl diese Standesvertretung der Professorenschaft sich in einem Aufruf vom 22. April 1933[57] zur Wiedergeburt des deutschen Volkes bekannt hatte, wurde sie zur Zielscheibe heftiger Verleumdungen der nationalsozialistisch gefärbten Studentenschaft. In einem Telegramm an Hitler,[58] der den Vorstand des Verbandes zu einer Aussprache empfangen wollte, diffamierten die Studenten den Verband als feindliche Institution undeutschen Geistes. Der Kieler Rektor

Wolf schloß sich dieser Intervention der Studenten an und bat Hitler tele-
graphisch, von dem Empfang der Verbandsspitze abzusehen, solange die
für den 1. Juni angesetzten Neuwahlen nicht die gewünschte Gleichschaltung erbracht hätten. Da Wolf und Heidegger sich aus der Frankfurter Arbeitsgemeinschaft kannten, wäre eine Absprache dieses Schrittes zwischen
beiden denkbar. Wolf bat jedenfalls in einem Rundschreiben alle Rektoren,
sich dem Schritt bei Hitler anzuschließen. Krieck und Heidegger folgten
der Aufforderung.[59] Die „Kulturpolitische Arbeitsgemeinschaft Deutscher
Hochschullehrer", die nationalsozialistische Konkurrenz zum Hochschulverband, vereitelte durch das Intervenieren von drei ihrer prominentesten
Mitglieder die Aussprache bei Hitler und sorgte mit diesem Schritt für einen
ihr genehmen Vorstandswechsel. Auf der Tagung des Verbandes in Erfurt,
an der Heidegger teilnahm, wurden die alten Vorstandsmitglieder ausnahmslos abgewählt und durch Parteimitglieder[60] ersetzt. Mit diesem
Schritt war wohl das Sprachrohr der deutschen Professoren gleichgeschaltet, aber noch längst nicht die deutschen Hochschulen.

Die entscheidende Machtprobe zwischen den Erneuerern und den Hütern der akademischen Traditionen war auf der Berliner Rektorenkonferenz
am 8. Juni[61] zu erwarten. Auf der Tagesordnung stand die Zukunft des
Hochschulverbandes und, auf Göttingens Initiative bzw. der Kulturpolitischen Arbeitsgemeinschaft, die Neuwahl des Sprechers der Rektoren. Aus
dem Verlauf der Verhandlungen läßt sich mit ziemlicher Sicherheit schließen, daß mit der Abwahl des seit 1920 mit dem Sprecheramt betrauten jeweiligen Rektors der „Vorort" der Rektorenkonferenz (Halle) von der bislang kaum umgestalteten Hallenser Universität an die nationalsozialistische
Musteruniversität Freiburg verlegt werden sollte. Martin Heidegger, Füh-
rungs-Rektor in Freiburg, dürfte auf diesen Posten, Führer aller deutschen
Rektoren zu werden, ernsthaft reflektiert haben. Der Albert-Ludwigs-Universität wäre in einem solchen Falle die ihr von Heidegger zugedachte Füh-
rungsrolle unter den deutschen Hochschulen auch institutionell zugefallen.

Noch trugen jedoch die bewahrenden Kräfte in der Rektorenschaft den
Sieg davon. Ein Antrag der Universität Kiel, der dortige Rektor Wolf war
ebenfalls ein enger Vertrauter Heideggers, den Hochschulverband aufzu-
lösen, fand keine Mehrheit. Selbst der Partei angehörende Rektoren stimmten für den Fortbestand, da eine der Partei genehme nationalsozialistische
Folgeorganisation noch nicht in Aussicht stand. Lediglich die Universitäten
Frankfurt (Krieck), Freiburg (Heidegger), Göttingen (Neumann), Greifs-
wald (Meisner) und Kiel (Wolf), folglich die prominentesten Vertreter der
Kulturpolitischen Arbeitsgemeinschaft, stimmten für die Auflösung. Die Arbeitsgemeinschaft wäre mit einem solchen Schritt zur alleinigen Vertretung
der Hochschullehrerschaft avanciert. Nach ihrer eindeutigen Niederlage
verließen die Unterlegenen bis auf den Greifswalder Rektor unter Protest

den Saal. Der Probelauf war gescheitert, an einen Wechsel des Sprechers der Rektorenkonferenz nun auch nicht länger zu denken. Der entscheidenden Abstimmung, die dann auch mit einer Gegenstimme (des Göttinger Prorektors) für den Verbleib der Rektorenkonferenz in Halle ausging, stellten sich die Dissidenten gar nicht erst. Die deutschen Hochschulen waren zwar mittlerweile nationalsozialistisch durchsetzt, sträubten sich aber noch mit Erfolg gegen die von staatlicher Seite und einer Minderheit der Professoren verlangte Selbstgleichschaltung. Da Heideggers Reform der Universität nach dem Führerprinzip am Widerstand der Kollegen in Freiburg und der übrigen Rektoren gescheitert war, scheint er seine Hoffnungen ganz auf die Studentenschaft und eine Revolutionierung der Hochschulstrukturen von der Basis aus gesetzt zu haben. Schon einen Tag nach seinem Amtsantritt hatte Heidegger eine Tagung im Amt für Wissenschaft der Deutschen Studentenschaft dem Leiter der Institution, Georg Plötner, vorgeschlagen,[62] der ihm ebenfalls von der Frankfurter Zusammenkunft der Kulturpolitischen Arbeitsgemeinschaft bekannt war. Diese Tagung fand, dem schriftlichen Bericht ihres Organisators Plötner zufolge, am 10. und 11. Juli in Berlin statt.[63] Als einzige Professoren und prominente Verfechter eines neuen hochschulpolitischen Kurses nahmen Martin Heidegger und Alfred Baeumler teil; Ernst Krieck hatte abgesagt, vermutlich wegen Differenzen mit seinem ehemaligen Kampfgefährten Heidegger.

Auf dieser Zusammenkunft wurden nach einem entsprechenden Referat Baeumlers ›Die Fachschaften der neuen Hochschule‹ die Erfassung der gesamten deutschen Studentenschaft in diesen fach- und universitätsbezogenen Einheiten beschlossen und entsprechende Richtlinien erlassen.[64] Die Fachschaften sollten von ihren Aufgaben her auf „ein lebendiges Verhältnis wissenschaftlicher Zusammenarbeit zwischen Student und Hochschullehrer" hinwirken, „Boykottmaßnahmen" gegen mißliebige Hochschullehrer durchführen, an der Auslese der Studenten sowie an Berufungen von Professoren mitwirken. Ferner sollten Pläne zur Studienreform erarbeitet, ein Dienstplan aufgestellt und Berufsberatung von den Fachschaften gegeben werden. Organisiert waren sie nach dem Führerprinzip. Diese Vorstellungen entsprachen Heideggers Idee von einem engeren Zusammenwirken der Lehrenden und Lernenden sowie größeren Mitspracherechten der Studierenden. Doch die gleichzeitig erarbeiteten Vorstellungen über die Fachgruppen, die berufsständische, zentralistische Erfassung aller universitären Fachschaften in Berlin hob deren Autonomie bereits wieder auf. Mit dem Reichsgesetz über die Verfassung der Deutschen Studentenschaft vom 7. Februar 1934[65] wurden die Fachschaften endgültig in den zentralistischen Befehlsstrang des neuen Staates gepreßt. Heideggers Gedanken waren im nationalsozialistischen Sinne vereinnahmt worden.

Die Berliner Tagung von Anfang Juli und die Auslieferung des ersten Heftes der neuen Studentenzeitung ›Der deutsche Student‹ im August 1933 leiteten die seit langem erwartete, aber von den konservativen Kräften bislang blockierte Hochschulreform ein, die mit dem Erlaß der Führerverfassung für die badischen Hochschulen zum Durchbruch gelangte. Mit ideologischer Schützenhilfe von Mitstreitern des kulturpolitischen Arbeitskreises wurde die Idee der politischen Universität verworfen und statt dessen das bereits von Heidegger und einigen weiteren Führer-Rektoren praktizierte politische Rektorat propagiert.[66] Die Führerverfassung für die Hochschulen Badens war wenn nicht das alleinige Werk Heideggers, so doch mit seiner tatkräftigen Hilfe zustande gekommen.[67]

Nachweislich bestanden im Reichsinnenministerium, das bis zur Schaffung des Reichserziehungsministeriums am 1. Mai 1934 für bildungspolitische Fragen auf Reichsebene zuständig war, keinerlei Pläne für eine Hochschulreform.[68] Das entsprechende badische Gesetz, das die entscheidende Bresche in die Mauern der Hochschulautonomie schlug, dürfte im Zusammenspiel zwischen Heidegger, weiteren der Bewegung zugetanen Professoren, Parteikreisen und dem Karlsruher Ministerium erarbeitet worden sein. Nach seiner Verkündung wurde es allseits als Werk des Freiburger Rektors bezeichnet,[69] zumal Heidegger in einer Präambel bei der Weiterleitung der Bestimmungen an die Freiburger Kollegen sich indirekt zur Urheberschaft bekannte.[70]

Die neue Hochschulverfassung schrieb das Führerprinzip verbindlich vor und hob alle bestehenden parlamentarischen Kompetenzen der Hochschulgremien, der Senate und der Fakultäten, auf. Fortan sollte entsprechend dem nationalsozialistisch-germanischen Gefolgschaftsprinzip der Rektor als Führer der Universität vom Minister ernannt werden. Der Universitätsführer wiederum ernannte die Dekane zu seinen Unterführern. Senate und Fakultäten erhielten lediglich beratende Funktionen zugestanden. Zu den Sitzungen des Senats konnten fortan auch Vertreter der Studentenschaft, der Assistenten und der Universitätsbediensteten hinzugezogen werden. Die althergebrachte Selbständigkeit der Fakultäten, die in allen wichtigen Fragen, wie Berufungen und Habilitationen, autonom gehandelt hatten, war fortan gebrochen. Der Rektor übte die Oberaufsicht über die Fakultäten aus, sämtlicher Schriftverkehr an das Ministerium mußte nunmehr über das Rektorat geleitet werden. Die Stellung des Rektors, der zuvor repräsentative akademische Funktionen wahrgenommen hatte, wurde entscheidend gestärkt. In der Tat hatte die allein von Ordinarien oftmals selbstherrlich und egoistisch bestimmte Fakultätspolitik zu einem Mißbrauch der akademischen Selbstverwaltung geführt. Insbesondere die vollständige Abhängigkeit aller weiteren Hochschulgruppen, Nicht-Ordinarien, Privatdozenten, Assistenten, geschweige denn Studenten von der Allgewalt der ordentlichen Lehrstuhlinhaber hatte ein Unmutspotential in jenen Rängen aufkeimen lassen, das den Nationalsozialisten zugute kam. Viele der materiell schlecht gestellten Privatdozenten – sie waren ausschließlich auf ihre Kolleggelder angewiesen – wandten sich in der Hoffnung auf sozialen und materiellen Aufstieg der Partei zu.

Das Paradoxon der badischen wie der später allgemeinen Hochschulreform[71] lag darin, daß durch Installation des Führerprinzips die Ordinarienherrschaft gebrochen und eine, wenn auch bescheidene, Mitwirkung der übrigen Kurien der Hochschullehrer und Studenten erreicht wurde. Diese Ansätze einer Demokratisierung und größeren Transparenz, etwa bei Berufungen, waren unter ideologischen Prämissen erfolgt, um dem Staat und der nationalsozialistischen Ideologie den Zugriff auf die Hochschulen zu erleichtern. Die Reformen wurden in der Regel nur von den Ordinarien als Eingriff in angestammte Rechte verworfen, niedere Ränge der Professoren, „Mittelbau" und Studentenschaft begrüßten diese Änderungen. Nach dem Zusammenbruch des Dritten Reiches konnten sich die Ordinarien als Opfer der nationalsozialistischen Eingriffe in die Hochschulautonomie hinstellen und die alte Ordnung wiederherstellen. Es sollte einer weiteren studentischen Revolution, allerdings unter anderen ideologischen Prämissen als 1933, bedürfen, bevor ab 1968 die von Heidegger und den Nationalsozialisten verfügten Umgestaltungen der Hochschulstruktur, freilich mit völlig anderen Intentionen, endgültig verwirklicht wurden.

Im Jahre 1933 stellten die im August in Baden und kurz darauf in Bayern erlassenen Führerverfassungen für die Hochschulen – die übrigen Länder sollten mit ähnlichen Gesetzen noch im gleichen Jahre folgen – die unumgängliche Voraussetzung zur Gleichschaltung dar. Auf der ersten Rektorenzusammenkunft im Wintersemester 1933/34 bekannten sich die in der Regel noch gewählten Amtsträger zum Führerprinzip an den Hochschulen und zur Eingliederung der Rektorenkonferenz in einen zentralistisch geführten Dachverband.[72] Die Rektoren der Universitäten Freiburg, Frankfurt, Göttingen und Kiel, jene Vierergruppe nationalsozialistischer Reformer, fehlte bezeichnenderweise auf dieser Tagung. Offensichtlich bestand weder bei den Kollegen die Neigung noch beim Staat die Notwendigkeit, die Initiatoren und geistigen Wegbereiter der Reform mit Führungsämtern im neuen Dachverband zu belohnen. Die am 4. Dezember vollzogene Gründung des „Reichsverbandes der Deutschen Hochschulen"[73] vollendete die Gleichschaltung der Professoren. Zum Führer der deutschen Hochschullehrer wurde der „linientreue" Mediziner Fischer (Würzburg) von Innenminister Frick bestellt, der wiederum als seinen Unterführer den Jenenser Rektor mit dem Sprecheramt der Rektorenschaft beauftragte. Die von Heidegger proklamierte Selbstbehauptung der Universität hatte zu deren Selbstenthauptung wesentlich beigetragen. Das Scheitern seines hochschulpolitischen Engagements war seit dem Spätherbst 1933 offenkundig, wie sich auch immer deutlicher das Scheitern seiner in Freiburg befohlenen Reformen abzuzeichnen begann.

Führer-Rektor: Das Scheitern des Freiburger Modells

Am 2. Oktober 1933 teilte Rektor Heidegger den Dozenten mit, daß er mit Wirkung vom 1. Oktober zum Rektor (Führer) der Freiburger Universität ernannt worden sei. Der maschinenschriftlichen Vorlage des Rundschreibens fügte Heidegger handschriftlich den Zusatz bei: „Ich werde nicht nach Berlin gehen, sondern an unserer Universität versuchen, die durch die vorläufige Verfassungsregelung in Baden gegebenen Möglichkeiten zu einer echten und erprobten Wirklichkeit zu gestalten, um damit den einheitlichen Aufbau der künftigen gesamtdeutschen Hochschulverfassung vorzubereiten. Auf Wunsch der Berliner Regierungsstellen werde ich auch fernerhin engste Fühlung mit der dortigen Arbeit behalten."[74]

Nach den Enttäuschungen und Rückschlägen in der großen Politik sollte nun wenigstens im kleinen Rahmen der heimischen Wirkungsstätte Heideggersche Hochschulpolitik verwirklicht werden. Die zukünftige Arbeit in der vertrauten Umgebung diente dem Philosophen wohl auch als eine Art Selbsttrost für die Ablehnung des ehrenhaften Berliner Rufes. Der preußische Kultusminister hatte entgegen den Vorstellungen der dortigen Fakultät Heidegger einen Lehrstuhl für Philosophie angeboten und dies mit der Verwirklichung der Universitätsreform begründet.[75] Die Fachkollegen in Berlin wollten ihn nicht, die Partei benötigte ihn nicht länger, ehemalige Kampfgefährten wie Krieck waren auf Distanz gegangen – nur die Ministerialbürokratie, auf Ordnung nach der nationalen Erhebung bedacht, meinte Heideggers Mitarbeit bei den anstehenden Gesetzeswerken nicht entbehren zu können.

Aus ähnlichen Überlegungen hatte auch der bayerische Kultusminister, wiederum gegen den Willen der Münchner Philosophischen Fakultät, einen Ruf an den Freiburger Philosophen ergehen lassen.[76] Heidegger selbst wünschte an der Nutzung der nationalsozialistischen Kräfte an der Universität teilzunehmen. Doch die Münchner Kollegen mochten ihn noch weniger als die Berliner. In einem wissenschaftlichen Gutachten[77] wurde Heideggers Philosophie als methodisch ungeordnetes Glaubensbekenntnis kritisiert. Er sei weniger Erzieher als Inspirator und berausche die jungen Leute mit seiner ekstatischen Sprache. Heideggers ehemaliger Kollege aus Marburg, der Parteigenosse Jaensch, verstieg sich sogar dazu, Heidegger als Schizophrenen hinzustellen,[78] dem keine gewichtigen Aufgaben übertragen werden dürften. Die Zahl seiner Gegner, auch in den eigenen Reihen, wuchs, so daß Heidegger schließlich den Münchner Ruf ebenfalls ablehnte.[79] Die badische Regierung bemühte sich offensichtlich auch nicht sonderlich, den berühmten Gelehrten im Lande zu halten. Die Ablehnung des zweiten Rufes wurde lediglich mit der Gewährung des ersten Dienstwagens für den Rektor der Albert-Ludwigs-Universität honoriert.[80]

Das Kernstück des heimischen Reformwerkes, die Führerverfassung, erwies sich im universitären Alltag als kaum praktikabel.[81] Die vom Gesetz dem Rektor, aber auch den Dekanen zugestandene diktatorische Allgewalt löste in der Freiburger Professorenschaft berechtigten Unmut aus, zumal Heidegger die Posten der Unterführer und die der ihn beratenden Senatoren mit Männern seines Vertrauens besetzte, die noch dazu häufig wie der Rektor selbst Parteimitglieder waren. Die latente Opposition, vor allem der Nationalökonomen, war ausgeschaltet und verlegte sich auf den Kampf hinter den Kulissen. Vermutlich erreichten diese, dem Rektor und seinem Reformwerk wenig geneigten Kreise, daß in einem Ausführungserlaß (7. Okt. 33) zur Führerverfassung der Dekan bei Berufungen und Prüfungen an das Votum der alten Fakultät gebunden blieb. Der Führer der Fakultät war damit wieder zum alten Sprecher geworden.

Nunmehr verfügte Heidegger im Gegenzug, daß in Berufungskommissionen ein Vertreter der Nichtordinarien zugegen sein müsse und er, der Rektor, die Zusammensetzung der Kommission vor ihrem Zusammentritt zu erfahren wünsche, um ggf. Änderungen vorzunehmen. Das Ministerium beendete schließlich das Gerangel zwischen Rektor und Fakultäten, indem es in einem neuen Erlaß (16. Jan. 1934) die Öffnung der Fakultäten für alle Dozenten verordnete und damit das Herrschaftsmonopol der Ordinarien ein für allemal brach. Der nach wie vor vom Rektor ernannte Dekan wurde ermächtigt, im Einvernehmen mit dem Rektor einen Beirat sich zur Seite zu stellen. In diesem „persönlichen Führungsstab" sollten alle Fragen von Belang erörtert werden. Bei Streitfällen zwischen Rektor und Dekanen behielt sich das Ministerium die endgültige Entscheidung vor. Die ministerielle Revision der Führerverfassung schmälerte letztlich die Kompetenzen der Universität weiter. Auch die Führergewalt des Rektors wurde nunmehr zugunsten weiterer staatlicher Einflußnahme beschränkt.

Auch die von Heidegger am Anfang seines Rektorats umworbene und sich mit ihm solidarisierende braune Studentenschaft[82] ging zum Rektor um so weiter auf Distanz, je mehr sie von staatlicher Seite erfaßt und dem nationalsozialistischen Programm der Wehrertüchtigung dirigistisch verpflichtet wurde. Mit Weisung vom 9. September 1933 hatte Hitler den SA-Hochschulämtern die vormilitärische Ausbildung der in den Augen der Partei nach wie vor verweichlichten Intellektuellen übertragen. Da die Teilnahme an diesen Übungen vier Semester lang für alle männlichen Studierenden zur Pflichtübung erhoben wurde, stand in der Person des Leiters des SA-Hochschulamtes dem Führer-Rektor ein studentischer Führer zur Seite.

Dieser Eingriff der Partei in den Universitätsbetrieb ging nun selbst Heidegger zu weit, zumal der selbstbewußte Führer der Studenten jegliche Übereinkunft mit der Professorenschaft über die zeitliche Eingliederung des Wehrsportes ablehnte. In den Augen der SA hatte der von Heidegger einst gepriesene Wehrdienst absoluten Vorrang vor dem Wissensdienst. Der Führer des SA-Hochschulamtes mußte zu Senatssitzungen hinzugezogen werden und erhielt schließlich per ministerielle Verfügung die ständige Mitgliedschaft in diesem obersten beratenden Organ des Rektors übertragen. Die selbstherrliche Verfügungsgewalt der SA über die männlichen Studenten wurde in Baden, hier einmal dem Beispiel Preußens folgend, erst beendet, als im April 1934 die sportliche Pflichtausbildung dem zuständigen Universitätsinstitut für Leibesübungen übertragen wurde und allmählich wieder Ruhe in den Hochschulbetrieb einkehrte. Heidegger hatte auch in diesem Bereich der sportlichen Ertüchtigung erleben müssen, daß seine eher den griechischen Idealen verhafteten Vorstellungen einer Einheit von Körper und Geist durch die Nationalsozialisten einseitig zugunsten einer ungeistigen, rein körperlichen Ausbildung pervertiert wurden.

Was Heidegger blieb, war das platte Bekenntnis zum „Führer", die Kompensation seiner Enttäuschungen durch bedingungslose Hingabe – auch in Form von Denunziationen über Andersdenkende – an die Bewegung. Der Aufruf an die Deutschen Studenten,[83] seine Ansprache auf der Wahlkundgebung der Wissenschaft in Leipzig (11. Nov.),[84] seine Rede in Tübingen und nicht zuletzt seine vehemente Unterstützung einer Loyalitätsadresse der deutschen Wissenschaft für Adolf Hitler – der Aufruf an die Gebildeten der Welt[85] – sind Zeugnisse einer irrationalen Verblendung, eines verzweifelten Sich-Festklammerns an von der tatsächlichen Entwicklung längst überholten Idealen. Obwohl die Hitlerbewegung auch im hochschulpolitischen Bereich eine Konsolidierung herbeiführen wollte, widersprach Heidegger in aller Öffentlichkeit dieser vom Führer propagierten Evolution. In seiner Tübinger Rede[86] beharrte er stur auf seiner Ansicht, daß die Revolution der Universität noch nicht einmal begonnen habe.

Die Denunziationen des weit über Freiburg hinaus bekannten Chemikers Hermann Staudinger[87] bei der Gestapo wegen seiner im Ersten Weltkrieg offenbarten pazifistischen Grundhaltung und des jungen Philosophiedozenten Baumgarten[88] in einem Gutachten für den NS-Dozentenbund in Göttingen entsprangen einem so großen Maß an Haß und Verblendung, daß selbst Parteidienststellen den übereifrigen Führer-Rektor mäßigen mußten bzw., wie im Falle Baumgarten, die Äußerungen als unbrauchbar zu den Akten nahmen. Beide Dozenten scheinen den Zorn und die Verfolgung Heideggers heraufbeschworen zu haben, da sie seinem Ideal vom zukünftigen Erzieher der Jugend nicht entsprachen. Pazifistisches Gedankengut disqualifizierte einen Hochschullehrer, um die Studenten auf dem Weg in das Wagnis völkisch-philosophischer Erneuerung zu führen, und erschien daher Heidegger weit gefährlicher für den Neuaufbau des Reiches zu sein als etwa die nichtarische, im Grunde doch zufällige, Abkunft einiger Gelehrter. Auf Willen, Entschlossenheit und Loyalität, die bei Baumgarten angeblich gefehlt hatten, legte der Philosoph im Rektoramt weit größeren Wert als auf Rassekriterien.

Als Führer der Freiburger Universität zeigte sich Heidegger ungeeignet, die Hochschule zu führen. Sein rastloses Tun, seine ritualisierten Beteuerungen des Neubeginns, seine Bevormundung der Kollegen, führte er doch Pflichtsprechstunden für Dekane ein[89] und erteilte Ratschläge für das Verhalten im Sprechzimmer[90] – all das wirkte eher hilflos als durchdacht-programmatisch und offenbarte das Scheitern seiner Hochschulpolitik nun auch noch an der Stätte seines heimischen Wirkens. Eine Meinungsverschiedenheit mit dem Ministerium über das Auswechseln des Heidegger blind ergebenen Dekans der Rechts- und Staatswissenschaftlichen Fakultät Erik Wolf,[91] auf dessen Demission die gerade in jener Fakultät starke oppositionelle Gruppierung hingearbeitet haben mußte, nahm der Führer der Freiburger Universität zum Vorwand, der weiteren Führung zu entsagen. Am 23. April 1934 demissionierte er zusammen mit seinem Führungsstab, den Dekanen. Das Ministerium scheint den Rücktritt Heideggers erleichtert aufgenommen zu haben. Es sprach durch den Hochschulreferenten Fehrle, den einstigen Mitstreiter, seinen Dank aus: Heidegger habe es verstanden, im Sinne des nationalsozialistischen Staates zu wirken.[92]

Nach dem Rücktritt: Ungebrochenes Engagement für die Bewegung

Zwar war das Experiment, der Ausflug des Philosophen in die Politik, gescheitert, aber Heideggers Engagement für Führer und Volk blieb vorerst ungebrochen. Weder war es im Februar 1934 anläßlich eines unerfreulichen Gespräches im Karlsruher Ministerium zum ersten Bruch noch nach dem sog. „Röhm-Putsch" (30. 6. 1934) zur endgültigen Abkehr des Philosophen vom Nationalsozialismus gekommen. Entsprechende Behauptungen Heideggers dienten 1945[93] dem verständlichen Bemühen, eine plausible Verteidigungsstrategie zu entwerfen, in welcher die Zeit des Rektorats als verzeihlicher Fehltritt, als vorübergehender Irrtum erscheinen sollte. Doch auch nach seinem offiziellen Rückzug von der Hochschulpolitik blieb er der Partei als Mitglied bis zum Zusammenbruch des Reiches verbunden und die NSDAP wiederum in einer Art von Dankesschuld dem Philosophen bis in die letzten Kriegsmonate gewogen.

Die Anfeindungen Heideggers, wie sie im Sommer 1934 mit gehässigen Attacken Kriecks gegen die nihilistische Sprache des Philosophen einen

Höhepunkt erreichen sollten,[94] entsprangen keinesfalls parteipolitischen Differenzen, sondern sind als professorale Querelen zweier selbstbewußter Gelehrter zu sehen, die sich jeder für den größeren und einflußreicheren Denker hielten. Im Umfeld des totalitären Überwachungsstaates wurden solche persönlichen Rivalitäten und Eifersüchteleien gern unbewußt politisiert. Der persönliche Feind wurde, je nach Standpunkt, mit dem Regime oder dessen Gegnern gleichgesetzt, polemischen Attacken ein politisches Motiv untergeschoben, wenn z. B. Krieck sich an das Amt Rosenberg anlehnte und das Augenmerk dieser weltanschaulichen Parteiinstanz auf den Freiburger Philosophen lenkte. Gewiß wurde Heidegger wie die meisten anderen prominenten Wissenschaftler vom Regime mißtrauisch beäugt, möglicherweise auch vorübergehend einmal überwacht, aber wohl kaum konsequent bespitzelt. Denn seine Verbindungen zu staatlichen Instanzen, Parteikreisen und Parteigenossen waren auch nach dem Rücktritt viel zu eng, als daß er über eine unbedachte Verhaltensweise oder eine gewagte Äußerung in der Vorlesung persönlich gefährdet gewesen wäre. Der große Philosoph genoß bis zum Ende des Dritten Reiches eine bevorzugte Behandlung, blieb er doch schließlich auch seiner Grundüberzeugung von der besonderen völkischen Auserwähltheit der Deutschen verhaftet und damit der Bewegung bis zu ihrem Ende treu.

Erziehung und geistige Formung der zukünftigen deutschen Studentenschaft und ihrer Dozenten waren Heidegger schon während der Zeit seines Rektorats eines der wichtigsten hochschulpolitischen Anliegen und sollten es auch nach seinem Rücktritt bleiben. Im Zuge der angestrebten Hochschulreform sollte auch die Ausbildung der Hochschullehrer umgestaltet und weitgehend der universitären Kompetenz entzogen werden. Heidegger scheint sich recht früh mit Plänen einer Dozentenakademie beschäftigt und entsprechende Vorschläge noch zu seiner Rektoratszeit gemacht zu haben.[95] Ursprünglich im Zusammenwirken mit Krieck und Baeumler, forderte auch Heidegger, die Ausbildung der Habilitierten in männerbündischen, geistigen Lagergemeinschaften vorzunehmen.

Der preußische Kultusminister verfügte als erster in einem für die ihm unterstehenden 13 Volluniversitäten bestimmten Erlaß (18. Okt. 1933), daß die Erteilung der Lehrbefugnis fortan an einen Lageraufenthalt für Geländesport und an einen speziellen Dozentenlehrgang gekoppelt sein müsse.[96] Die zukünftigen deutschen Professoren sollten sich erst einmal körperlich und weltanschaulich bewähren, bevor sie Studenten unterrichten durften. Das erste preußische Geländesportlager für Dozenten fand zu Anfang des Jahres 1934 statt. Die Berichterstattung von diesem Lager in Zossen beobachtete Heidegger so aufmerksam, daß er auf einen etwas ironisch gehaltenen Zeitungsartikel über die Unbeholfenheit der jungen Gelehrten hin sofort beim Ministerium intervenierte und eine Bestrafung des verantwortlichen

Redakteurs verlangte.[97] Weniger scheint es den Anwalt völkisch-sportlicher Erziehung allerdings gestört zu haben, daß der Lagerleiter, ein SA-Stabsführer, im Zivilleben ein arbeitsloser Gerbergeselle war[98] und die geistige Elite einem stumpfsinnigen Lagerdrill unterwarf.

Über die zukünftige Gestaltung dieser Dozentenlehrgänge im Rahmen einer Sport und weltanschauliche Ausrichtung miteinander verbindenden Akademie scheint es zum endgültigen Bruch zwischen Krieck und Heidegger gekommen zu sein. Offensichtlich war Heidegger bei Ministerien und Parteiinstanzen als der zukünftige Leiter einer Reichsdozentenakademie im Gespräch,[99] so daß seine Gegner, die wohl ebenfalls auf diesen Posten des geistigen Oberführers der Nation hofften, das Amt Rosenberg einschalteten und zum Mittel gezielter Denunziation griffen.[100] Wohl konnte auf diese Weise, vermutlich mit Hilfe des Amtes Rosenberg, Heideggers Bestallung verhindert werden, doch gelang es auch seinen Gegnern nicht, ihren Wunschkandidaten Krieck durchzusetzen. Das ganze Projekt scheint an Querelen engagierter Professoren einerseits und an Differenzen von staatlichen und Parteidienststellen andererseits gescheitert zu sein.

Wie Heidegger sich die geplante Reichsdozentenakademie vorstellte, entwarf er in einem langen Antwortschreiben (18. Aug. 1934) auf eine entsprechende Anfrage des preußischen Kultusministeriums hin[101]: Es sollte eine erzieherische Lebensgemeinschaft auf der Basis einer geschlossenen (nationalsozialistischen) Weltanschauung gebildet werden, in welcher die traditionelle Wissenschaft durch neue Fragestellungen und mit Hilfe bewährter nationalsozialistischer Lehrkräfte überwunden werden müsse. Die Gemeinschaft der Lehrenden und Lernenden sollte sich an einem strengen Tagesablauf orientieren, in dem wissenschaftliche Arbeit, Kontemplation, martialische Spiele, körperliche Arbeit, Sport, Märsche und Feste einander ablösten. Direktor und Lehrpersonal müßten nicht nur formal Nationalsozialisten sein, sondern geistig befähigt, die Revolution des Wissens aus der Wissenschaft selbst heraus vorzubereiten – so Heidegger ganz in eigener Sache. Aufnahme an der Akademie sollten Habilitanden und Habilitierte finden, aber auch solche begabten älteren Semester oder Doktoren, die von ihren Hochschullehrern bewußt oder unbewußt zurückgehalten würden. Diese nationalsozialistische Klostergemeinschaft – lediglich den Dozenten waren Einzelzellen zum Schlafen zugestanden – hätte, sofern sie verwirklicht worden wäre, die letzten Reste der universitären Autonomie beseitigt und wäre damit eine weitaus ernstere Bedrohung gewesen als Rosenbergs während des Krieges begründete Hohe Schule.[102]

Dieser Einsatz für nationalsozialistische Erziehungsziele blieb kein Einzelfall. Heidegger beteiligte sich im Mai 1934 als vom Reichsjustizminister ernanntes Kommissionsmitglied an der Gründung der Akademie für Deutsches Recht.[103] Offensichtlich erschien der Freiburger Gelehrte als geeignete Person, um die philosophischen Grundlagen eines unter der Leitung von Hans Frank neu zu erarbeitenden deutsch-germanischen Rechts zu liefern. Selbstverständlich unterzeichnete der ehemalige Führer-Rektor auch einen Aufruf der Partei angehörender Gelehrter, in dem die Vereinigung der gesamten politischen Macht – nach dem Tode Hindenburgs – in der Person des Führers Adolf Hitler begrüßt wurde.[104] Seine treue Verbundenheit zum Regime und seine geistig-persönliche Nähe zu den Spitzenfunktionären der Partei bekundete Heidegger fernerhin durch regelmäßig bis in den Sommer 1935 an der Deutschen Hochschule für Politik übernommene Referate.[105] In diesen Ringvorlesungen in Berlin bewegte er sich im illustren Kreis mit prominenten Parteigrößen wie Heß, Goebbels, Göring, Darré, Schirach und vom Nationalsozialismus überzeugter Professorenkollegen wie Baeumler und dem Anthropologen Eugen Fischer.

Heidegger scheint in Berlin, dem Zentrum der Macht, so genehm gewesen zu sein, daß vom Reichserziehungsministerium, dem die Kultusministerien der Länder als Außenbehörden unterstanden, der Freiburger Universität 1935 empfohlen wurde, dem Philosophen das Dekanat und somit die Führung der Philosophischen Fakultät zu übertragen. Geradezu erschrocken von dieser Vorstellung schrieb der damalige Rektor Kern, Heideggers Nachfolger im Amt, an das Ministerium zurück: Für ihn sei eine Zusammenarbeit mit seinem Vorgänger ausgeschlossen. Heidegger habe das Vertrauen der Freiburger Kollegen während seiner Amtszeit als Rektor verspielt und im übrigen – das war als Warnung vor Wiederholungen gedacht – auch mit dem damaligen badischen Ministerium Schwierigkeiten gehabt.[106] Der inzwischen an der Freiburger Universität eingekehrte nationalsozialistische Alltag sollte nicht durch ein erneutes Hervortreten Heideggers gestört werden.

Das Verhältnis des Philosophen zu seinen Kollegen in Freiburg und seinen Fachkollegen im Reich blieb gespannt. An Heideggers Person und seinem Rektorat müssen sich schon damals die Geister geschieden haben. Für den Welt-Philosophenkongreß in Prag im September 1934[107] wurde er vom eigenen Fachverband nicht als Mitglied der deutschen Delegation nominiert. Ob aus Neid oder Entrüstung – Heidegger verfiel der Ächtung seiner Fachkollegen. Auch bei der nächsten internationalen Zusammenkunft in Paris 1937 bestand trotz Intervention von Minister Rust auf seiten der Kollegen keine übermäßige Bereitschaft, Heidegger in die offizielle Delegation aufzunehmen, zumal er auch hier wieder einmal führen wollte und den Vorsitz beanspruchte.[108] Als ihm dies verweigert wurde, sagte er von sich aus ab. Nicht politische Vorbehalte der Machthaber – wie Heidegger nach 1945 wissen ließ – verhinderten, daß seiner Philosophie die ihr gebührende weltweite Beachtung zukam, sondern der Freiburger Philosoph stand sich selbst und seinen Kollegen im Wege.

Hingegen stützten Heidegger und seine loyale Anhängerschaft einander. Der Göttinger Weggefährte aus der Zeit der nationalen Revolution, Neumann, sorgte dafür, daß der Freiburger Philosoph auf den ersten Platz einer Berufungsliste [109] gesetzt wurde. Heidegger wiederum komplimentierte mit einem weltanschaulich hervorragenden Zeugnis den ihm genehmen Freiburger Privatdozenten für Geschichte Stadelmann auf eine Professur nach Göttingen. [110] Der junge Historiker hatte im WS 1933/34 die von Heidegger protegierte Ringvorlesung an der Freiburger Universität ›Aufgaben des geistigen Lebens im nationalsozialistischen Staat‹ mit einem Bekenntnis zum geschichtlichen Selbstbewußtsein der deutschen Nation eröffnen dürfen [111] und als Pressesprecher die Politik des damaligen Rektors in der Öffentlichkeit vertreten. [112] Galt Stadelmann für Heidegger geradezu als Musterbild des neuen Professors, so konnte letzterer auch noch 1938 wie im Falle von Max Müller eine akademische Karriere durch ein Gutachten zerstören, in welchem er dem wissenschaftlich hoffnungsvollen Aspiranten eine negative Einstellung zum bestehenden Staat attestierte. [113]

Nach wie vor mit der Partei in gutem Einvernehmen, publizierte Heidegger ›Wege zur Aussprache‹ im vom nationalsozialistischen Oberbürgermeister herausgegebenen Jahrbuch ›Alemannenland‹ [114] (1937). Als im Juni 1938 die Parteizeitung ›Der Alemanne‹ einen Vortrag Heideggers ›Die Begründung des neuzeitlichen Weltbildes durch die Metaphysik‹ bespöttelte und im Vergleich zu den großen Aufgaben des Vierjahresplanes herabwürdigte, intervenierte der NS-Dozentenbund erfolgreich. [115] Vermutlich hatte es Heideggers besonderen Zorn erregt, daß ausgerechnet der einst von ihm wegen mangelnder patriotischer Gesinnung denunzierte Staudinger nunmehr als unentbehrlicher Spezialist für die Wehrwirtschaft stärker beachtet wurde als seine esoterischen Ausführungen über die Metaphysik.

Auch gegen Ende des Krieges konnte Heidegger sich ein letztes Mal der Protektion durch die Partei erfreuen. Als Parteigenosse und somit Vorbild – nicht wegen der von Heidegger behaupteten Entbehrlichkeit seiner Person [116] – wurde er als fünfundfünfzigjähriger, sportlicher, gesunder Mann zum Volkssturm abkommandiert. Wie schon im Ersten Weltkrieg, so gelang es ihm auch im Zweiten der Front durch Fürsprache [117] zu entgehen. Heidegger hatte seit der Niederschrift von ›Sein und Zeit‹ (1927) Heroismus, Größe und Einsatz für das Vaterland zunächst philosophisch verklausuliert, ab 1933 im offenen nationalsozialistischen Jargon verkündet und die studentische Jugend für den neuen Staat und dessen Wehrkraft mitgerissen. Doch sein persönliches Opfer für das oft beschworene Gemeinwohl grenzte eher an Feigheit. Nach der Bombardierung Freiburgs im Nov. 1944 verließ er die zerstörte Stadt, um sich in die kriegsferne Idylle seiner Meßkircher Heimat zu begeben. Das Ende des Krieges erlebte er auf Burg

Wildenstein (Beuron), wohin die philosophische Fakultät Anfang 1945 ausgelagert worden war.[118]

Aus der subjektiven Sicht des Erlebens hat Heidegger viele seiner Handlungsweisen als oppositionell, ja zum Teil wie seine angeblichen Kontakte
zum Widerstand der „Weißen Rose" als Widerstandsaktionen hingestellt.[119]
Vieles von dem, was er dachte, offen aussprach und schon als Rektor und in
der Zeit danach getan hat, war nicht im Sinne der offiziellen Parteidoktrin.
Seine Philosophie hatte ihn zwar in wesentlichen Bereichen, wie dem Völkischen und dem nationalen Seinsgeschick, sich mit der Hitlerbewegung identifizieren lassen, sein Denken verbot ihm allerdings auch jedwede Identifi-
kation mit dem nationalsozialistischen Rassismus und der Vernichtung
unwerten oder nichtarischen Lebens. In einem vielbeachteten Vortrag über
den ›Eid des Hippokrates‹ (18. Nov. 1941) konnte sich daher der Freiburger
Pathologe Büchner auch unter Berufung auf Heideggers Existenzphilosophie gegen die Euthanasie aussprechen.[120] Ein solcher mutiger Akt, dem
übrigens keine Repressalien folgten, hätte Heidegger besser angestanden
und wäre auch im Sinne einer Umkehr besser verstanden worden als sein
Schweigen vor 1945 und danach.

Bemühungen um Bereinigung: Die Verweigerung des Irrtums

Noch vor der förmlichen Kapitulation des Dritten Reiches und nur drei
Tage nach dem Einmarsch der Franzosen in Freiburg ging die Universität
am 25. April 1945 von sich aus die heikle Aufgabe an, einen Neubeginn zu
wagen. Die alte institutionelle Form universitärer Selbstverwaltung war
schnell und leicht gefunden. Rektor, Prorektor, Senatoren und Dekane wurden wieder in freier Wahl bestimmt,[121] die annähernd zwölf Jahre praktizierte Führerverfassung wurde zu den Akten gelegt. Schwieriger als die
Rückkehr zu den gewohnten alten Formen gestaltete sich die Beseitigung
der geistigen Trümmer, die der Nationalsozialismus hinterlassen hatte. Die
Universität versuchte in diesem Bereich der geistigen Erneuerung auf der
Grundlage von Schuldzuweisungen der Militärregierung zuvorzukommen.
Man entwickelte ein eigenes Beurteilungsraster, das in seiner Auffächerung
Denunzianten – Funktionäre – Rektoren und Dekane nur die Kollegen erfaßt hätte, die als Hoheitsträger der Partei politische Funktionen ausgeübt
hatten, alle anderen, auch die Parteigenossen – etwa die Hälfte des Lehrkörpers – indes entlastet hätte. Zur treibenden Kraft dieser Selbstreinigung
wurde Walter Eucken – einst unerbittlicher Gegner des Rektors Heidegger
und der von ihm vertretenen Hochschulpolitik. Zu Mitgliedern des Bereinigungsausschusses und des Verbindungsstabes zu den französischen Behör-
den wurden die aus Berliner Haft heimgekehrten Regimegegner von Dietze

und Lampe, beides Nationalökonomen, sowie der Historiker Ritter ernannt. Erweitert wurde dieser Ausschuß noch durch den Theologen Allgeier und den Botaniker Oehlkers.

Spektakulärster Fall, der zu den Verhandlungen anstand und alle anderen Reinigungsverfahren überschattete, war der Martin Heideggers. Bei der Prominenz des „Angeklagten" lag es nahe, in extreme Positionen zu verfallen, entweder ein Exempel zu statuieren oder mildtätiges Vergessen vorwalten zu lassen. Neigte der Senat schon aufgrund seiner Zusammensetzung 1945 aus erklärten Regimegegnern eher zu einem harten Vorgehen, so war in der Philosophischen Fakultät, wo sich Mitläufer und auch bald ehemalige Parteigenossen wieder artikulieren konnten, ein großes Maß an Verständnis für Heidegger auszumachen. Wenn schließlich sogar ein ehemaliges Parteimitglied als im WS 1949/50 amtierender Dekan der Philosophischen Fakultät im verdeckten Einvernehmen mit katholisch-kirchlichen Kreisen die volle Rehabilitierung des ehemaligen Parteifreundes Heidegger betrieb,[122] drohte der ganze Fall vollends zur Farce zu werden. Neutralität im Vorgehen und Objektivität im Urteilen ließen aber auch der Ausschuß und der Senat vermissen. Ohne das vorhandene Aktenmaterial auszuwerten, nicht einmal die Senatsprotokolle wurden herangezogen, verließen sich die zu „Anklägern" bestimmten Professoren lieber auf subjektive Zeugenaussagen. Die durch Heideggers Rektorat erstmals zerrissene Freiburger Professorenschaft hat sich über die Beseitigung dieser Hypothek noch weiter zerstritten, alte Rechnungen beglichen, neue Querelen entfacht und am Ende, da vollständig überfordert, den ungelösten, inzwischen mit allen möglichen Verdächtigungen behafteten Vorfall der Nachwelt überlassen.

Heidegger wurde wie seine Amtsnachfolger im Rektorat von der Militärregierung mit Lehrverbot belegt, d. h. de facto entlassen, und nach der Vorlage des Gutachtens vom Bereinigungsausschuß für disponibel erklärt (28. 9. 1945). Der Ausschuß hatte auf der Grundlage von einer persönlichen Befragung Heideggers (23. 7. 1945) und einer inoffiziellen Unterredung zwischen dem Kommissionsmitglied Lampe[123] und Heidegger (25. 7. 1945) sich ein Urteil gebildet, das im wesentlichen auf Zeugenbefragungen basierte. Da Entlastendes und Anschuldigungen anhand des Quellenmaterials nicht überprüft wurden, hielten sich in dem zu rasch erstellten abgewogenen Urteil Positives und Negatives in etwa die Waage. Die Kommission empfahl die Emeritierung mit der Möglichkeit weiterhin zu lehren.[124] Heidegger sollte demnach nur seiner Rechte in der Selbstverwaltung verlustig gehen. Mit diesem für zu milde erachteten Urteil wollte sich der Senat nicht abfinden (17. 10. 1945) und empfahl eine erneute Untersuchung des Falles. Unbeschadet der hitzigen Diskussion im Senat beschloß die Fakultät (1. Dez. 1945) einstimmig, die Wiedereingliederung des berühmten Kollegen als Emeritus zu beantragen.

Heidegger selbst griff in die Diskussion um seine zukünftige Stellung im Lehrkörper ein und beantragte in einem Brief an den Rektor (4. Nov. 1945) die Re-Integrierung. In diesem Schreiben entwarf er erstmals eine Verteidigungsstrategie, in welcher er die gegen ihn vorgebrachten Anschuldigungen als einseitige Unterstellungen zurückwies und für sich elf Jahre geleisteten Widerstand geistiger Art reklamierte.[125] In privaten Schreiben an seinen alten nationalsozialistischen Konfidenten Stadelmann stellte Heidegger sich sogar als Opfer kollegialer Attacken hin, die weniger seiner Person als seinem wissenschaftlichen Werke galten.[126] Das Bewußtsein eigener Größe war ungebrochen. Stadelmann bemühte sich dann auch, den großen Philosophen politisch zu rehabilitieren, indem er einen Ruf aus Tübingen erhalten sollte.[127]

Die erneute, zweitägige Befragung (11. und 13. Dez. 1945) – von Heidegger angeblich später als „Inquisitionsverhör der 23 Fragen" bezeichnet – brachte keine wesentlichen neuen Erkenntnisse.[128] Einige Anschuldigungen, wie die antisemitischer Äußerungen und antijüdischen Verhaltens, mußten revidiert oder relativiert werden. Auch konnte geklärt werden, daß Heidegger sich bei dem Telegramm an Hitler nur einem Schritt des Kieler Rektors angeschlossen hatte. Heidegger kam selbst ausführlich zu Wort, gab – wie in dem erläuternden Schreiben[129] – „viele Fehler im Technischen und Personalen" zu, verwahrte sich jedoch entschieden gegen den Vorwurf „das Wesen der Wissenschaft und der Universität an die Partei preisgegeben" zu haben. Ein bei Jaspers auf Wunsch von Heidegger und dem Ausschuß angefordertes Gutachten[130] brachte nicht die vom Fachkollegen erhoffte Entlastung, sondern bekräftigte eher die anklagenden Punkte. Auf der Grundlage des neuen Beweismaterials entschied der Senat (19. Jan. 1946), entgegen dem Wunsch der Fakultät, Heidegger unter Versagen der Lehrtätigkeit zu emeritieren und ihm Zurückhaltung in der Öffentlichkeit aufzuerlegen. Die französische Militärregierung verfügte im Herbst 1946 noch eine materielle Verschärfung: Heidegger wurde zwangspensioniert.

Die Freiburger Universität hat dieses vergleichsweise harte Verdikt bei erster sich bietender Gelegenheit zu revidieren versucht. Nachdem ein Spruchkammerverfahren Heidegger als Mitläufer eingestuft hatte, betrieb die ihrem berühmten Philosophen nach wie vor wohlgesonnene Fakultät eine Wiederaufnahme des Verfahrens. Im Senat mußte sich die wachsende Anhängerschaft einer vollen Rehabilitierung sagen lassen, sie überschätze wohl doch den geistigen Rang Heideggers, der eher ein Modephilosoph sei oder gar ein Scharlatan, dessen Lehre gefährlich sei und zu Recht unter das Lehrverbot falle.[131] Dennoch gab der Senat mit einem knappen Mehrheitsvotum den Weg zur vorzeitigen Emeritierung Heideggers frei, die schließlich nach Überwindung formaljuristischer Schwierigkeiten und unerquicklicher Auseinandersetzungen um die Person seines Vertreters Szilasi[132] endgültig im September 1951 vollzogen wurde. Bis 1958 las Heidegger dann wieder, stets in überfüllten Hörsälen. Aus Anlaß des 500jährigen Jubiläums der Universität (1957) trat er als einer ihrer berühmtesten Gelehrten öffentlich im Festzug der Talarträger auf. Der Fall Heidegger schien bereinigt, zumindest äußerlich und vorerst.

Die Hoffnung „auf eines Denkenden kommendes (ungesäumt kommendes) Wort",[133] auf eine klärende Stellungnahme zu seinem Verhalten 1933, erfüllte sich trotz vieler das Versäumnis anmahnender Stimmen nicht. Das nach Martin Heideggers Tod (26. Mai 1976) postum veröffentlichte ›Spiegel‹-Interview vom 23. September 1966[134] sollte dieser Klärung dienen, doch Heidegger war schnell wieder seiner alten Verteidigungsstrategie verfallen und wiederholte im Grunde nur seine Aussagen, die er 1945 vor dem Bereinigungsausschuß gemacht hatte. Die Einsicht in politisches und denkerisches Versagen, das Eingeständnis einer Verirrung kam dem größten deutschen Philosophen dieses Jahrhunderts vermutlich wegen der menschlichen Versuchung dieser Größe nicht in den Sinn – moralisch und historisch gesehen ein schuldhaftes Versäumnis, das indes in seinem kausalen Nexus, der Wechselwirkung von „vita activa" und „vita contemplativa" durch weitere philosophische Studien erhellt werden müßte.

Anmerkungen

[1] Ein Geburtstagsbrief des Bruders, in: Martin Heidegger. Zum 80. Geburtstag von seiner Heimatstadt Meßkirch, Frankfurt a. M. 1969, S. 60. Ferner zum Folgenden Hugo Ott, Der junge Martin Heidegger (o. S. 13, Anm. 36).

[2] Archiv der Philosophischen Fakultäten der Albert-Ludwigs-Universität Freiburg im Breisgau, Personalakte Martin Heidegger (fortan: PA Heidegger), Lebenslauf bei der Einreichung der Habilitationsschrift vom 2. Juli 1915.

[3] Universitätsarchiv Marburg an der Lahn, 310 acc 1978/15, No. 2729, Berufungsgutachten vom 12. Oktober 1917, 22. März 1920 und 12. Dezember 1923, im Besitz des Vf. Vgl. auch die Darstellung von Sheehan (o. S. 13, Anm. 36).

[4] Ebd. (UAM), 2. November 1927.

[5] Ebd., Handschreiben Heideggers aus Todtnauberg an den Kurator der Marburger Universität vom 31. März 1928. Das Berufungsgutachten der Freiburger Philosophischen Fakultät, in dem Heidegger einstimmig und unico loco vorgeschlagen wurde, datiert vom 8. Februar 1928 (Universitätsarchiv Freiburg im Breisgau – UAF – V/1–168).

[6] Hans-Peter Bleuel, Deutschlands Bekenner. Professoren zwischen Kaiserreich und Diktatur, Bern 1968; Fritz K. Ringer, The Decline of the German Mandarins. The German Academic Community 1890–1933, Cambridge/Mass. 1969.

[7] Martin II, S. 448 f.

[8] Anselm Faust, Der Nationalsozialistische Deutsche Studentenbund, 2 Bde., Düsseldorf 1973.

[9] Martin II, S. 450 ff.

[10] Die folgenden Zitate und Näheres bei Winfried Franzen, Die Sehnsucht nach Härte und Schwere. Über ein zum NS-Engagement disponierendes Motiv in Heideggers Vorlesung ›Die Grundbegriffe der Metaphysik‹ von 1929/30, in: Heidegger und die praktische Philosophie, hrsg. von Annemarie Gethmann-Siefert und Otto Pöggeler, Frankfurt a. M. 1987, S. 78–92.

[11] Ebd., s. die Beiträge von Otto Pöggeler, Alexander Schwan und Ernst Nolte.

[12] Adolf Hitler, Mein Kampf, 317–321. Auflage, München 1938, S. 399 und 473.

[13] Henry Picker, Hitlers Tischgespräche im Führerhauptquartier 1941–1942, Stuttgart ²1965, S. 178 f. (8. Febr. 1942).

[14] Adolf Rein, Die Idee der politischen Universität, Hamburg 1933.

[15] Z. B. Hans Richert, Die Ober- und Aufbauschule, Leipzig 1932; Elke Peters, Nationalistisch-völkische Bildungspolitik in der Weimarer Republik, Weinheim 1972.

[16] Ernst Krieck, Nationalpolitische Erziehung, Leipzig 1933. Zu Kriecks Wirken Gerhard Müller, Ernst Krieck und die nationalsozialistische Wissenschaftsreform, Frankfurt a. M. 1978.

[17] Alfred Baeumler, Männerbund und Wissenschaft, Berlin 1934.

[18] Friedrich Neumann, Das politische Rektorat. Grundsätzliches zur Reform der Universitätsverfassung, in: Der deutsche Student, Zeitschrift der Deutschen Studentenschaft 1 (1933), S. 14–21.

[19] Hans Heyse, Die Idee der Wissenschaft und die deutsche Universität, Königsberg 1934.

[20] UAF VI/1–37, Niederschriften der Konferenzen vom 4. und 14. Dezember 1932. Eingabe an Hindenburg vom 28. November 1932. Siehe auch die Dokumentation: Die Vorgänge an der Technischen Hochschule in Braunschweig, in: Mitteilungen des Verbandes der deutschen Hochschulen XIII (Februar 1933), S. 2–19.

[21] Anselm Faust, Professoren für die NSDAP. Zum politischen Verhalten der Hochschullehrer 1932/33, in: Erziehung und Schulung im Dritten Reich, Teil 2: Hochschule und Erwachsenenbildung, hrsg. von Manfred Heinemann, Stuttgart 1980, S. 31–49.

[22] Martin II, S. 452.

[23] 3. April 1933, Farias, S. 163.

[24] Ott II, S. 126.

[25] Martin I, S. 55 f.

[26] Ott II, S. 129 f.

[27] UAF VI/1–37: Niederschrift der Konferenz vom 12. April 1933.

[28] Zum Folgenden, in der Datierung widersprüchlich, Farias, S. 166 ff.

[29] Martin Heidegger, Die Selbstbehauptung der Deutschen Universität. Das Rektorat 1933/34. Tatsachen und Gedanken (1945), Frankfurt a. M. 1983 (Das Rektorat S. 22 f.); Heinrich W. Petzet (Hrsg.), Martin Heidegger – Erhart Kästner. Briefwechsel 1933–1974, Frankfurt a. M. 1986, S. 10 (Einleitung des Hrsg.).

[30] Martin II, S. 453.

[31] Dokument Nr. 1 u. S. 165 f.

[32] UAF VI/1–37, Niederschrift der Rektorentagung vom 21. Oktober 1933, S. 6.

[33] Martin I, S. 67.

[34] Siehe die Ausführungen von Max Müller, u. S. 95.

[35] Otto Pöggeler, Philosophie und Politik bei Heidegger, Freiburg i. Br. [2]1974, S. 25.

[36] Zum Folgenden Ott II, S. 130 (nach den Tagebüchern von Sauer).

[37] Dr. Franz Kerber (1901–1945), Hauptschriftleiter des nationalsozialistischen Kampfblattes ›Der Alemanne‹, wurde durch Reichskommissar Wagner am 10. April 1933 zum Freiburger Oberbürgermeister bestimmt. Kerber bekleidete dieses Amt bis 1945, er starb unter mysteriösen Umständen im Juni 1945. Thomas Schnabel, Von der Splittergruppe zur Staatspartei. Voraussetzungen und Bedingungen des nationalsozialistischen Aufstiegs in Freiburg i. Br., in: Zeitschrift des Breisgauer Geschichtsvereins 102 (1983), S. 91–120.

[38] Dokument Nr. 2 u. S. 166 f.

[39] Zu Moellendorff und den Säuberungen in der Medizin jetzt auch anhand der offiziellen Akten: Eduard Seidler, Die Medizinische Fakultät der Albert-Ludwigs-Universität Freiburg im Breisgau. Grundzüge ihrer Entwicklung, Typoscript Freiburg 1987, S. 521 ff.

[40] Martin II, S. 477. Der Altphilologe Schadewaldt, der Mediziner Rehn und der Geograph Mortensen wurden Parteimitglieder.

[41] Ott I, S. 349 f. (13. Mai 1933).

[42] Martin II, S. 453 ff.

[43] Ausführlich auf Grundlage einer Erhebung Martin I, S. 50 ff.

[44] Inhaltliche Wiedergabe der Heidelberger Rede bei Schneeberger (Anm. 21 o. S. 11), Dok. Nr. 69, zu Kiel s. Petzet (Anm. 39 o.), S. 34 f. und den Auszug in: Kieler Neueste Nachrichten vom 16. Juli 1933.

[45] Martin I, S. 56 (Wortlaut).

[46] Die Universität und ihre Studentenschaft. Versuch einer Dokumentation. Zusammengestellt von Wolfgang Kalischer. Jahrbuch 1966/67 des Stifterverbandes für die Deutsche Wissenschaft, Dok. 139 und 140.

[47] Wortlaut bei Martin II, S. 460.

[48] UAF Senatsprotokolle Sitzung vom 14. 6. 1933.

[49] Martin II, S. 457 f.

[50] Ott III, S. 114 f.

[51] Schneeberger, Dok. Nr. 76.

[52] Martin II, S. 462.

[53] Ebd., S. 469 ff.

[54] Seidler (Anm. 39), S. 528 (Vollzugsmeldung vom 11. 4. 1933).

[55] So für den Chemiker Hevesy, den Mediziner Thannhauser und den Juristen Pringsheim (Martin II, S. 471 f.).

[56] Ebd., S. 473; vgl. Dok. Nr. 12, Anm. 22 u.

[57] Abdruck bei Heinemann (Anm. 21), S. 62.

[58] Farias, S. 165.

[59] Martin II, S. 463.

[60] Mitteilungen des Verbandes der deutschen Hochschulen XIII (Juli 1933), S. 78.

[61] Zum Folgenden Martin II, S. 464 f.

[62] Ott I, S. 351; Farias, S. 149; auch Müller (Anm. 16), S. 429. Alle Autoren datie-

ren das Treffen auf den 9./10. Juni. Laut dem offiziellen Bericht (Anm. 63) und Heideggers Aussage (Dok. Nr. 12, Anm. 17 u. S. 205) fand es jedoch im Juli statt.

[63] Georg Plötner, Die Fachschaft im Neubau der Deutschen Studentenschaft. Bericht von der ersten Schulungstagung des Amtes für Wissenschaft der Deutschen Studentenschaft, in: Der deutsche Student (Anm. 18), S. 35–38.

[64] Ebd., S. 58–61, Abdruck.

[65] Kalischer (Anm. 46), Dok. Nr. 149.

[66] Vgl. die Ausführungen von Neumann (Anm. 18).

[67] So Heidegger selbst, Rektorat S. 35.

[68] Dok. Nr. 5 u. S. 170f.

[69] Dok. Nr. 6 u. S. 171f. Tagebuch Prorektor Sauer: „Und das hat uns dieser Narr von Heidegger eingebrockt" (Ott I, S. 352); Gerhard Ritter. Ein politischer Historiker in seinen Briefen, hrsg. von Klaus Schwabe und Rolf Reichardt, Boppard 1984, Dok. Nr. 46 (Brief an Oncken vom 1. 10. 1933).

[70] Dok. Nr. 7 u. S. 173ff.

[71] Zum Folgenden auch Arye Carmon, Die Einführung des Führerprinzips in die deutsche Universität. Das Ende der akademischen Freiheit, in: Neue Sammlung 17 (1977), S. 553–574, sowie den Aufsatz von Seier (Anm. 18 o. S. 10).

[72] UAF VI/1–37, Niederschrift über die Rektorenkonferenz vom 28. Oktober 1933.

[73] Martin I, S. 67f.

[74] UAF VIII/1–5.

[75] Farias, S. 178, Schreiben preußischer Kultusminister Rust – Philosophische Fakultät Universität Berlin vom 7. September 1933.

[76] Ebd., S. 183.

[77] Ebd., S. 181f.

[78] Ebd., S. 184.

[79] Ebd. (15. Januar 1934).

[80] UAF XVIII/2–2, Anweisung des Ministeriums vom 29. Januar 1934. (Mit Sicherheit hat Heidegger durch die Ablehnung von zwei Rufen seine persönlichen Bezüge anheben können.)

[81] Zum Folgenden Martin II, S. 465.

[82] Ebd., S. 457 u. 461.

[83] Dok. Nr. 8 u. S. 177.

[84] Schneeberger (Anm. 21 o. S. 11), Dok. Nr. 132.

[85] Dok. Nr. 10 u. S. 184f.

[86] Dok. Nr. 9 u. S. 178ff.

[87] Ott III, S. 124.

[88] Farias, S. 235, und mit neuem Beweismaterial für die Echtheit des Heideggerschen Gutachtens Hans-Joachim Dahms, Aufstieg und Ende der Lebensphilosophie: Das Philosophische Seminar der Universität Göttingen zwischen 1917 und 1950, in: Die Universität Göttingen unter dem Nationalsozialismus (Anm. 29 o. S. 12), S. 182.

[89] UAF VIII/1–5.

[90] Siehe Dok. Nr. 12 u. S. 191ff.

[91] Rücktrittsgesuch des Dekans vom 7. Dezember, Ablehnung Heideggers vom

20. Dezember 1933, mit Wiedergabe der wichtigsten Textstellen bei Ott III, S. 116 f.
Zu Erik Wolf s. den Beitrag von Alexander Hollerbach, u. S. 122.

[92] Zum Rücktritt Ott I, S. 356 ff., Martin II, S. 475.

[93] So Heidegger, Rektorat S. 37 und 40, ferner Dokumente Nr. 12 und 13 u. S. 191 ff. bzw. 207 ff., sowie ›Spiegel‹-Gespräch 1966 (Anm. 47 o. S. 13).

[94] Siehe die Dokumente Nr. 160, 165, 191 und 192 bei Schneeberger. Zu Kriecks Wissenschaftslehre s. die Darstellung von Müller (Anm. 16).

[95] Martin II, S. 467 (so am 14. Juni 1933).

[96] Volker Losemann, Zur Konzeption der NS-Dozentenlager, in: Heinemann (Anm. 21), S. 87–109. Diese Bestimmungen fanden Eingang in die spätere Reichshabilitationsordnung vom 13. Dezember 1934. Wortlaut in: Deutsche Wissenschaft, Erziehung und Volksbildung. Amtsblatt des Reichsministeriums für Wissenschaft, Erziehung und Volksbildung und der Unterrichtsverwaltungen der Länder 1 (1935), S. 12–14.

[97] Martin II, S. 467 f.

[98] Losemann (Anm. 96), S. 94.

[99] Ausführlich bei Farias, S. 215 ff., der das Schreiben des NS-Ärztebundes an das Außenpolitische Amt der NSDAP (Rosenberg) auf den 26. Februar 1934 datieren kann. Deutscher Wortlaut bei Léon Poliakov und Josef Wulf (Hrsg.), Das Dritte Reich und seine Denker, Dokumente, Berlin 1959, S. 548.

[100] Farias, S. 227 f. Schreiben Jaensch–Krieck vom 14. Februar 1934. Das preußische Erziehungsministerium, an welches der Bericht weitergeleitet wurde, verwahrte sich gegen solche Einmischungsversuche und drohte Jaensch mit einem Disziplinarverfahren (Farias, S. 229).

[101] Nahezu vollständige Wiedergabe (auf französisch) bei Farias, S. 221 ff.

[102] Reinhard Bollmus, Zum Projekt einer nationalsozialistischen Alternativ-Universität: Alfred Rosenbergs „Hohe Schule", in: Heinemann (Anm. 21), S. 125–152.

[103] Farias, S. 229 ff.

[104] Ebd., S. 213 f.

[105] Ebd., S. 231 ff.

[106] Ebd., S. 248 (11. Mai 1935 Vorschlag Ministerium, 18. Mai 1935 Antwortschreiben Rektor Kern).

[107] Farias, S. 261 ff., vgl. Heideggers anderslautende Aussagen: Rektorat S. 42 f. und ›Spiegel‹-Gespräch 1966.

[108] Ebd., Delegationsleiter war Hans Heyse, Mitstreiter Heideggers von 1933 (Anm. 19), der von der platonischen Rolle des Philosophen als geistigem Führer im Nationalsozialismus so durchdrungen war und bis Kriegsende blieb, daß ihm in Göttingen – seiner Wirkungsstätte ab 1936 – der Spitzname „Parteigenosse Platon" beigegeben wurde (Dahms, Anm. 88, S. 186). Das Reichserziehungsministerium intervenierte mit Schreiben vom 17. Juli 1937 beim Rektor der Freiburger Universität: „Ich ersuche Professor Heidegger folgendes mitzuteilen: Ich lege Wert auf die Feststellung, daß ich die Teilnahme des Professors an diesem Kongreß sehr begrüßen würde" (PA Heidegger).

[109] Ebd., S. 187, Farias, S. 239 ff.

[110] Farias, S. 236 f.

[111] Archiv für Christlich-Demokratische Politik. Bestand I–256–028, Nachlaß

Lampe, Programm der Ringvorlesung (Farias, S. 236, erhebt den Vortrag Stadelmanns fälschlich zu dessen Antrittsvorlesung).

[112] Schneeberger, Dok. Nr. 143.

[113] Siehe u. S. 107.

[114] Farias, S. 99.

[115] PA Heidegger: Intervention der kunstwissenschaftlichen Gesellschaft vom 16. Juni 1938 bei der Schriftleitung, Protokollnotiz über persönliche Vorsprache des Dozentenbundführers und des Pressewarts der Universität am 20. Juni 1938 bei der Zeitung. Siehe Heideggers anderslautende Aussage, Rektorat S. 41.

[116] ›Spiegel‹-Gespräch 1966.

[117] Schreiben (Abschrift) Professor Dr. Eugen Fischer an den Reichsdozentenführer Dr. Scheel: Erläuterung des Telegramms vom Vortage, Unterstützung der Bitte der Fakultät um Freistellung Heideggers: „Wir haben wahrhaft nicht viele große Philosophen und nationalsozialistisch Eingestellte noch weniger." Original-Antwort Scheel, der gleichzeitig auch Gauleiter von Salzburg war, vom 12. Dez. 1944: Hoffnung über Klärung Angelegenheit Heidegger: „Sollte dies nicht der Fall sein, bitte ich um Ihre Nachricht." Zu Heideggers Militärdienst im Ersten Weltkrieg u. S. 109.

[118] PA Heidegger: Beurlaubungsgesuch Heideggers vom 16. Dez. 1944, um seine Manuskripte nach Meßkirch in Sicherheit bringen zu können: „In Wahrheit gehören aber meine Arbeiten nicht meiner Person, sondern sie dienen der deutschen Zukunft und gehören dieser." Ebd.: Schreiben Badischer Minister für Kultus und Unterricht vom 24. März 1945 aus Meersburg (wohin das Ministerium offensichtlich von Straßburg ausgelagert war) an das Rektorat Freiburg: Beurlaubung Heideggers auf Grund eines ärztlichen Attestes (von Prof. Dr. Kurt Ziegler vom 9. Febr. 1945) vorerst für drei Monate, Wiedervorlage eines Attestes zum 15. Mai 1945 erbeten.

[119] Heidegger, Rektorat S. 42. Laut Farias, S. 287, habe Bollinger auf eine entsprechende Befragung geantwortet: „Während meines Aufenthaltes in Freiburg (1938–1943) betrachtete alle Welt Heidegger als Nazi; für mich war er Hitler auf dem Lehrstuhl." Kontakte über Bollinger zur „Weißen Rose" hatte indes Max Müller (Die ›Werkblätter‹ 1932–1945. – Geschichte einer Zeitschrift im Umbruch von Weimar zum NS-Staat, in: Rolf Eilers [Hrsg.], Löscht den Geist nicht aus. Der Bund Neudeutschland im Dritten Reich, Mainz 1986, S. 79 ff.).

[120] Franz Büchner, Der Eid des Hippokrates. Die Grundgesetze der ärztlichen Ethik, Freiburg i. Br. 1945, S. 27.

[121] Das folgende im wesentlichen nach Ott IV, S. 97 f. Rektor wurde der Pharmakologe Sigurd Janssen (1891–1968); Prorektor Franz Böhm (1895–1977), Professor für Wirtschafts- und Handelsrecht.

[122] Antrag der Philosophischen Fakultät unter dem Dekanat von Clemens Bauer vom 3. April 1950 auf Neuberufung Heideggers (PA Heidegger und Ott IV, S. 126). Zu Bauers Protest gegen seinen Konkordatslehrstuhl vom 13. November 1940 s. UAF/1–169.

[123] Dok. Nr. 11 u. S. 186 ff.

[124] Auszüge aus diesem „Septembergutachten" (nur das Positive) bei Moehling (Anm. 37 o. S. 13), S. 262 f., das Kritische bei Ott IV, S. 107 f. Vollständiger Text in PA Heidegger.

[125] PA Heidegger, Abdruck bei Moehling, S. 264–268.

[126] Farias, S. 288. Deutlicher in einem Brief an Erhart Kästner am 11. Mai 1966 unter Berufung auf ein Zitat von Paul Valéry: „Wer das Denken nicht angreifen kann, greift den Denkenden an" (Petzet, Anm. 29, S. 83).

[127] Farias, S. 285f. Noch im Sommer 1950, wohl im Zusammenhang mit dem Antrag auf volle Rehabilitierung (Anm. 151), wurde an der Technischen Hochschule Karlsruhe erwogen, Heidegger ein Ehrendoktorat aus Anlaß des 125jährigen Jubiläums der Hochschule anzutragen (Universitätsarchiv Karlsruhe, Material freundlicherweise von Herrn PD Dr. Klaus-Peter Hoepke zur Verfügung gestellt).

[128] Dok. Nr. 12 u. S. 191ff.

[129] Dok. Nr. 13 u. S. 207ff.

[130] Siehe u. S. 150ff. Jaspers revidierte später sein Urteil ausdrücklich in einem erneuten Gutachten (PA Heidegger: Schreiben Jaspers–Rektor Tellenbach vom 5. Juni 1949, als Begründung führte er u. a. an: „Es ist für Europa und für Deutschland eine Pflicht, die aus der Bejahung seines [Heideggers] geistigen Ranges und geistigen Könnens folgt, dafür zu sorgen, daß ein Mann wie Heidegger ruhig arbeiten, sein Werk fortsetzen und zum Druck bringen kann." Dazu gehörten die Emeritierung und auch das Recht, Vorlesungen halten zu dürfen).

[131] Sitzungen am 4. und 18. Mai 1949 (Ott IV, S. 123).

[132] PA Heidegger: Antrag der Fakultät an das Ministerium vom 10. Dez. 1951, den Lehrstuhl von Heidegger bis zu dessen endgültigem Emeritierungsalter nicht zu besetzen, sondern weiter durch Szilasi vertreten zu lassen. (Szilasi vertrat bis 1956, als Heidegger im Alter von 67 Jahren ordnungsgemäß die Entpflichtung zugestanden hätte.) Zu seiner Person s. u. S. 106.

[133] So Paul Celan, s. u. S. 144.

[134] Siehe Anm. 47 o. S. 13.

HEIDEGGERS PHILOSOPHISCHE POLITIK *

Von Gerhart Schmidt

„Bene navigavi, cum naufragium feci"[1] – mit dieser Gewißheit konnten sich die wenigsten Philosophen trösten, nachdem sie sich auf politische Abenteuer eingelassen hatten. Denn ein Abenteuer bleibt der Ausflug in die Politik für den Denker selbst dann, wenn die leidenschaftliche Hingabe an Zeit und Geschichte ins Programm der eigenen Philosophie aufgenommen oder das bedingungslose Engagement hochstilisiert wird bis zur Preisgabe der verantwortlichen Selbstvergewisserung. Auch Platon mußte seinen Einstieg in die Politik teuer bezahlen, und die Lehre, die er daraus zog, war die „Absage an die Politik".[2] Das Scheitern des Philosophen im politischen Geschäft sollte man nicht voreilig der vermeintlichen Weltfremdheit zur Last legen. Der Philosoph begibt sich nicht blindlings oder getrieben vom Dämon der Macht in die Niederungen der Politik; ihn lockt dabei ein hehres Ziel, das ihm von seiner Philosophie nahegelegt wird. Er hört nicht auf, Philosoph zu sein, während er politische Ziele verfolgt; das wird ihm zum Verhängnis. In der Meinung, der Philosophie zu dienen, ruiniert er seinen Ruf und bringt auch noch die Philosophie, zumal die eigene, in ein schiefes Licht. Das Kopfschütteln der Umwelt ist ihm sicher, wenn nicht Schlimmeres.

Platons philosophische Politik beruhte auf Voraussetzungen, die von denjenigen Heideggers wesensverschieden waren. Platon band das Sein (die Idee) an die Ewigkeit; das „in seiender Weise Seiende" ist zugleich das „Immerseiende". Platon mußte zu seinen sizilianischen Unternehmen[3] überredet, ja genötigt werden, wie sein Siebenter Brief (die Echtheit des Dokuments vorausgesetzt) zur Genüge zeigt.[4] Denn die Idee braucht die Zeit nicht, die Zeit aber, das Saeculum, bedarf dringend der Idee, um vor schrecklichen Verirrungen wie der Verurteilung des Sokrates bewahrt zu werden.

Heidegger aber verstand das Sein aus der Zeit, als zeitlichen Entwurf, eingebunden in das menschliche Seinsverstehen. Wahrheit ist nicht der

* Überarbeitete Fassung der Erstveröffentlichung in: Freiburger Universitätsblätter 92 (1986), S. 83–90. Direkt mit Angabe der Seitenzahl wurde zitiert: Martin Heidegger, Die Selbstbehauptung der deutschen Universität – Das Rektorat 1933/34. Tatsachen und Gedanken, hrsg. von Hermann Heidegger 1983.

Ewigkeit anvertraut, sondern ein „Existenzial"; „Wahrheit ‚gibt es' nur, sofern und solange Dasein ist".[5] Sein hängt an der Wahrheit (des Seins) und
damit am menschlichen Seinsverständnis; welches wiederum kein theoreti-
sches Innewerden ist, sondern tätiges Sich-Entwerfen. Heidegger war kein
Tatmensch, sowenig wie Platon. Aber zwang ihn seine Philosophie nicht
dazu, es zu werden? Durfte er in der beschaulichen Ruhe des Studierzim-
mers bleiben, allenfalls an der Universität lehrend seine Schüler beeinflussen? Genügte es, vom „Ruf des Gewissens" nur zu reden und ihm im Ernst-
falle doch nicht zu folgen?

Der „Ruf des Gewissens" schien ihn im Jahr 1933 einzuholen. Konnte
man die Zeichen der Zeit übersehen? Die ohnehin labile Ordnung war zerbrochen, das angeblich Neue hatte sich noch nicht festsetzen können, die
Not der Zeit war umgeschlagen in die Gewinnung eines offenen Horizonts,
eines neuen Möglichkeitsspielraums. Die Zukunft rangierte endlich einmal,
wie es Heidegger aufgrund seiner Analyse der Zeitlichkeit in ›Sein und Zeit‹
gefordert hatte, vor der öden und platten Gegenwart. Die Linien waren ver-
worren, die neuen Herren keineswegs geheuer; aber durfte Heidegger um
der Sicherheit des Urteils willen den Kairos verpassen – der sich so verhei-
ßungsvoll zu seiner eigenen Akme (er hatte die Vierzig eben überschritten)
fügte?[6] ›Sein und Zeit‹ war ein philosophisches, aber ebenso ein propheti-
sches Buch. Am wenigsten durfte der Prophet selbst sich kleingläubig zeigen. Je unsicherer die Prognose, desto schöner das Wagnis. Als der Ruf
buchstäblich an ihn erging, als ihm der Akademische Senat seiner Universität nach dem Rücktritt des amtierenden Rektors v. Moellendorff das Rektorat antrug, ergriff er die zwar beschränkte, aber in seine Entwürfe passende
Gelegenheit. In der Rektoratsrede enthüllte er seine universitätspolitischen
Zielvorstellungen.

Heidegger war in Verwaltungsangelegenheiten und in der Politik unerfah-
ren. Es ist glaubhaft, daß er sich nicht nach dem Rektorat drängte, ja daß
ihm davor grauste. In seinem Rechtfertigungsbericht von 1945 versichert er
glaubhaft, daß er sich der mit dem Rektorat verbundenen Gefahr bewußt
war (S. 22 f.). Persönlicher Ehrgeiz war sein Motiv für die Übernahme des
Rektorats gewiß nicht. Daß er, wie Hugo Ott meinte, „unter dem Antrieb
eines gewaltigen politischen Ehrgeizes"[7] stand, scheint mir überzogen. Anderseits läßt seine Amtsführung ebensowenig wie seine Rektoratsrede den
Schluß zu, er habe nur die Universität vor der „drohenden Vormacht des
Parteiapparats und der Parteidoktrin" (S. 24) retten wollen; über die kon-
kurrierenden Beweggründe macht der späte Rechenschaftsbericht wolkige
Andeutungen. Nicht die Abwehr drohender Gefahr allein, sondern die
Hoffnung, eine Erneuerung der Universität in die Wege zu leiten, ließ ihn
an eine gewissermaßen ihm persönlich vom Schicksal zugedachte und zu
erfüllende Aufgabe glauben.

Hätte Heidegger das Rektorat als eine ihm turnusmäßig zugefallene Bürde gesehen, welche, von seiner Philosophie unberührt, mit pragmatischem Geschick zu tragen war, so hätte man ihm selbst bei Fehlgriffen und Mißerfolgen nichts vorzuwerfen. Gerade die philosophische Konzeption, die er für sein Amt mitbrachte, wurde ihm zum Verhängnis. Das Scheitern, das er durch seinen Rücktritt vom Rektorat eingestand,[8] höhlte zugleich die Glaubwürdigkeit seiner Philosophie aus, für andere, vor allem für ihn selbst. Die von Pöggeler[9] unterstellte Krise seines Denkens wurde jedenfalls manifest während des Rektorats. Heideggers Niederlage erzwang förmlich die Neuorientierung, welche er in den folgenden Jahren vollzog, äußerlich erkennbar an der Hinwendung zu Hölderlin und an den Aussagen über die sogenannte „Kehre". Dabei ging es nicht um eine Anpassung der Philosophie an neue existenzielle Gegebenheiten, sondern um ein Sich-Einmessen des Menschen in die Wahrheit des Seins. Die ältere Philosophie Heideggers, also ›Sein und Zeit‹, erwies sich als partieller Irrtum. Die Fehleinschätzung der politischen Lage von 1933 und der dem (letztlich immer einsamen) Denker verbleibenden Handlungsfreiheit folgte für Heidegger aus einer Unzulänglichkeit des primären philosophischen Entwurfs. Er ging in sich und betrieb die Revision seines Denkansatzes.

Die neue Vorliebe für *Hölderlin*, sichtbar gemacht durch die Hölderlin-Vorlesung des Wintersemesters 1934/35, darf nicht als Ausdruck der Resignation, des Rückzugs ins völlig Unpolitische gewertet werden – wenigstens nicht im landläufigen Sinne. Sie ist ein Aufbruch zu neuen Ufern, und zwar als Akt der Unterwerfung des bisher allzu selbstherrlich aufgetretenen Philosophen unter die geistige Leitung des Dichters, der besser zu *hören* verstand und der über dem Donner des Geschichtsganges das stille Walten der großen Natur nicht vergaß. Dabei soll auch die Bauernschläue Heideggers nicht unterschätzt werden, der den mißtrauisch gewordenen neuen Machthabern und ihren Spitzeln mit dieser schwerverdaulichen Kost den Appetit verdarb und ihnen in esoterisches Dunkel entschlüpfte. Die Krise Heideggers führte zur Absage nicht nur an die Politik, sondern an die Philosophie überhaupt, welche nun als sterile akademische Pflichtübung und mit dem Makel der Uneigentlichkeit behaftet erscheint; „weniger Philosophie, aber mehr Achtsamkeit des Denkens" forderte Heidegger 1946 im ›Brief über den „Humanismus"‹. „Philosophie" wird fortan durch „Denken" ersetzt.

Heideggers Hinwendung zu Hölderlin ist gleichbedeutend mit der Entdeckung des Ranges, den die Sprache einnimmt: die Sprache des Dichters, selbstverständlich. Hart und pauschal gesagt werden fortan nicht mehr Sein und Zeit zusammengespannt, sondern Sein und Sprache. Die Geschichte, bislang gefeiertes Thema der Fundamentalontologie, wird zu einem Moment der großen Natur herabgestuft, zu einer menschlichen, allzu-menschlichen Vorliebe. Heidegger nahm für sich in Anspruch, als einziger und gerade als der Gescheiterte von 1933 in die neue Erfahrung des Denkens eingetreten zu sein und die „Verwindung der Metaphysik" wenigstens als Aufgabe erkannt zu haben. Heidegger stellte sich nun selbst ins Abseits, wurde zum unzeitgemäßen Mahner und Rufer gegen einen Nihilismus, der schicksalhaft ist als Vollendungsgestalt der Metaphysik. Nationalsozialistische „Machtergreifung", Gewaltherrschaft und Krieg sind ebenso Erscheinungsformen des Seinsgeschicks wie die Technik, welche die Seinsvergessenheit der subjektivistischen Metaphysik allen sichtbar ausdrückt. Der Nationalsozialismus selbst wird erkannt als „Begegnung der planetarisch bestimmten Technik und des neuzeitlichen Menschen".[10]

Neben Hölderlin stellte Heidegger nunmehr *Nietzsche*. Die Diagnose eines seinsvergessenen, dem Ursprung entfremdeten, dem Göttlichen abtrünnig gewordenen Zeitalters wurde in die Interpretation des „Willens zur Macht" (dem die Motive von Nihilismus und Tod Gottes untergeordnet werden) eingebunden. Hier wurde Heideggers Polemik deutlicher; hier mußte auch dem philosophisch wenig geschulten Hörer der aktuelle Bezug auffallen. Heidegger hat Nietzsches Prinzip des „Willens zur Macht" eigenmächtig zugespitzt auf die neuzeitliche Metaphysik der Subjektivität als Gestalt des abendländischen Nihilismus. Heidegger zeigte, welcher Abgrund sich vor dem sich selbst ermächtigenden Menschen auftut, der die „Herrschaft über die Erde" an sich reißt. Als Konsequenz dieses „planetarischen" Geschehens also besaß der Nationalsozialismus „Größe" – gibt es doch auch negative Größen! Der Nationalsozialismus ließ sich unter den Nihilismus des entfesselten Willens zur Macht subsumieren. Die harte Kritik am „Zeitalter der vollendeten Sinnlosigkeit"[11] behielt Heidegger damals für sich.

Heidegger reagierte also auf den bösen Ausgang seines universitätspolitischen Abenteuers mit einer Änderung seiner philosophischen Konzeption. Er erweiterte den Bestand an überlieferten Texten, die er zum Ausgangspunkt seiner Exkurse und Exkursionen nahm. Es fragt sich jedoch, ob damit eventuelle Mängel seiner früheren Philosophie, welche für das verfehlte Engagement von 1933 mitverantwortlich waren, ausgeglichen wurden. Es ist weiter zu fragen, ob Heideggers Lehre vor 1933 Elemente enthielt, welche ihn hoffen ließen, die „Machtergreifung" von 1933 für seine Zwecke nutzen zu können. Das Desiderat, hierüber Klarheit zu schaffen, steht seit langem fest. Alexander Schwan schrieb 1974, Heidegger sei „nicht in der Art eines Betriebsunfalls und völlig überrascht und übermächtigt durch die politischen Umstände, zu seinem pro-nationalsozialistischen Engagement im Jahre 1933 gelangt. Demgegenüber ist festzuhalten, daß die Zeugnisse seines Denkens aus den Jahren nach 1933 bis zum Ende des Jahrzehnts . . . dieses politische Verhalten philosophisch begründen (und indirekt erklären und rechtfertigen) . . . Dies ist ein komplizierter Sachverhalt, angesichts dessen mit Bedauern zu vermerken ist, daß noch immer die meisten Erörterungen über Heideggers Verhältnis zum Nationalsozialismus in den Äußerlichkeiten steckenbleiben und nicht zur Frage nach dem inneren Zusammenhang des Denkens mit der politischen Praxis vordringen." [12] Otto Pöggeler stellte 1983 die suggestive Frage: „War es nicht eine bestimmte Ausrichtung seines Denkens, durch die Heidegger – nicht nur zufällig – in die Nähe des Nationalsozialismus geriet, ohne jemals wieder wirklich aus dieser Nähe herauszukommen?" [13] Man könnte meinen, hier liege ein Geheimnis verborgen.

Winfried Franzen hatte in seinem Heidegger-Buch von 1975 nach nationalsozialistischen Ingredienzien in ›Sein und Zeit‹ ohne rechten Erfolg gesucht; er meinte wenigstens eine „emphatische Theorie anti-politischer Existenz" ausmachen zu können. [14] Heideggers Vorlesung im Wintersemester 1929/30 (glücklicherweise an der Bandnummer 29/30 schnell erkennbar) lieferte ihm ein neues Verdachtsmoment, das das Affiziertsein von Heideggers Philosophie mit nationalsozialistischen Vorstellungen belegen könnte: „die Sehnsucht nach Härte und Schwere." [15] Diese Redewendung kommt allerdings bei Heidegger gar nicht vor; Franzen übersetzt damit vermutlich das von Heidegger angeprangerte „satte Behagen in einer Gefahrlosigkeit" [16] in die positive Empfehlung eines Lebenselixiers. Heidegger ging es – im Zusammenhang mit der großartigen Erörterung der „tiefen Langeweile" [17] – um „das Ausbleiben der wesenhaften Bedrängnis".

Eine direkte Verbindungslinie von ›Sein und Zeit‹ zu den politischen Verwicklungen Heideggers zog Hans Ebeling. [18] Heidegger habe die philosophische Entscheidung getroffen, Tod und Freiheit in ein ausschließliches Wechselverhältnis einzubinden. In der daraus sich ergebenden radikalen Vereinzelung des Subjekts liege eine Unmenschlichkeit. Nach dem Kahlschlag der vielfältigen sozialen Bindungen bleibe „nur das Pseudo-Ethos einer Proklamation des permanenten Ausnahmezustandes übrig". Die politischen Implikationen seien dann durch die Rektoratsrede deutlich geworden. Aus dem Umstand, daß Heidegger keine eigene Ethik entwickelt habe, glaubte Ebeling auf die Formlosigkeit und Anarchie des Wollens schließen zu können; wobei für den Leser offenbleibt, ob damit Heideggers Lehre gemeint ist oder seine Person oder beides. [19] Hier interessiert nicht die Härte von Ebelings Schuldzuweisung; sie ist von manchen gehässigen Kritikern Heideggers überboten worden. Nicht übersehen werden darf Ebelings Wink, daß Heidegger einem bedenklichen Dezisionismus stattgab, wie er der Existenzphilosophie eigentümlich ist. Die Entscheidung wird dabei nicht an das Ende eines Prozesses der Deliberation verlegt, sondern mit dem Spielraum menschlicher Freiheit in eins gesetzt.

Zwischen Heideggers Philosophie und dem Nationalsozialismus ist keine eindeutige – und schon gar keine ein-eindeutige – Zuordnung möglich. Die (direkt nicht zu belegende) „Sehnsucht nach Härte und Schwere" finden wir auch bei Ernst Jünger und Sartre. Die unstrittige Abneigung Heideggers gegen Liberalismus, Kosmopolitismus und Demokratie findet sich auch bei politisierenden Katholiken, bei den Marxisten und natürlich den Deutschnationalen. Bedenklich bleibt Heideggers individualistischer und unpolitischer Freiheitsbegriff. Die von Montesquieu klar formulierte Idee der politischen Freiheit[20] war ihm fremd.

Heideggers merkwürdiges Verständnis von Freiheit führt zur Mißachtung der Institutionen und zur Verkennung ihres Wesens. Dieses Verständnis von Freiheit bedeutet aber Vernachlässigung und Nichtverstehen des Wesens der Institutionen, und genau hier scheint mir jener eigentümliche Fehler Heideggers zu liegen, der seine Philosophie gleichermaßen betrifft wie sein Verhalten. Die objektiven Gestalten des Rechts, der Verbände, der institutionalisierten Herrschaft, ja der Konventionen werden nicht als Schöpfungen menschlicher Freiheit anerkannt, in denen die Freiheit objektiv wird und sich erhält. Solche Gebilde sind für die Fundamentalontologie bloß „Seiendes", in dem sich das Dasein verstrickt und unter sein Niveau absinkt. Wie sich Heideggers Dezisionismus auswirkte, verrät seine Ansprache am 11. November 1933 in Leipzig; Heidegger begrüßte hier den „nationalsozialistischen Staat" als permanente Revolution aller Lebensverhältnisse.[21] ›Sein und Zeit‹ hat den Grund gelegt für die Mißachtung der Institutionen. Auch in der Spätzeit hat Heidegger diesen Mangel nicht behoben. Die Rektoratsrede und ihr Umfeld bilden gewissermaßen den Schnittpunkt der Gedankengruppen des „Philosophen" und des „Denkers"; sie läßt die Ausfallerscheinungen am schärfsten hervortreten, und die Fehlsteuerung wirkte sich allen sichtbar auf das öffentliche Auftreten Heideggers aus.

Was Heidegger in Hitler einen Bundesgenossen sehen ließ, kann weder mangelndem Ethos noch gar dem Fehlen einer Tugendlehre zur Last gelegt werden. Maßgeblich war dabei Heideggers Uneinsichtigkeit gegenüber dem (sozialen und ontologischen) Rang von Institutionen. Heidegger hatte hier eine Gemeinsamkeit mit den Nationalsozialisten herausgespürt, auch wenn es ihnen nicht eben darum ging, den Vorrang des Seins vor dem bloßen Seienden durchzusetzen. Man kann Heideggers Abneigung gegen institutionale Verfestigung sogar verstehen. Institutionen sind vorgefertigte, bewährte Handlungsmuster, welche den einzelnen von der Entscheidung entlasten und, indem sie Verhalten typisieren, die menschliche Handlungsweise verstehbar und vorhersehbar machen. Ist die Gesellschaft an Institutionen verankert und durch sie abgestützt, dann muß das Individuum weder Held noch Genie, noch Heiliger sein, um moralisch bestehen zu können. Aber genau dies ist der auf die Spitze getriebenen Philosophie der „Eigentlichkeit" verdächtig, bedeutet es ihr doch schon das Verfallensein des Daseins an die anonymen Mächte der Gesellschaft, die Herrschaft des „Man".

Das Durchschnittliche, der Mittelwert zwischen Eigentlichkeit und Uneigentlichkeit, triumphiert dann in Liebe und Kampf wie auf dem Feld der Wissenschaft. Die Universität, als Betrieb geführt, begünstigte ebenso das Mittelmaß des Lehrkörpers, wie der moderne Staat als Verwaltung den Menschen zum Herdentier stempelte. Heidegger blieb nicht nur verständnislos gegenüber dem Wesen der Institution, er machte die Institutionen nachgerade für die Verkleinerung des Menschen verantwortlich (worin er sich mit Nietzsche einig war) und die Universität im besonderen für die Verkommenheit der Wissenschaften. Bereits in seiner Antrittsrede von 1929 ließ er sich zu der Anklage hinreißen, die er später, in seinem Rechenschaftsbericht über das Rektorat aus dem Jahr 1945, wieder hervorholte:

> Die Gebiete der Wissenschaften liegen weit auseinander. Die Behandlungsart ihrer Gegenstände ist grundverschieden. Diese zerfallene Vielfältigkeit von Disziplinen wird heute nur noch durch die technische Organisation von Universitäten und Fakultäten zusammen- und durch die praktische Zwecksetzung der Fächer in einer Bedeutung gehalten. Dagegen ist die Verwurzelung der Wissenschaften in ihrem Wesensgrund abgestorben (S. 21 f.).

Im selben Zusammenhang spricht er dann abwertend von der „technischen organisatorisch-institutionellen Scheineinheit" der Universität (S. 22).

Heideggers Philosophie hat mit dem Nationalsozialismus keinerlei Gemeinsamkeit, wie sogar Heideggers Feinde eingestehen mußten. Heidegger war gar kein Nationalsozialist, sondern Hitlerist. Er hatte sich verrannt, vielleicht weil er die erklärten Ziele Hitlers nicht genug kannte, eher wohl deswegen, weil er sie für bloßes Spielmaterial hielt. Für ihn war der Nationalsozialismus – und damit hatte er sogar teilweise recht – gleichbedeutend mit der Auflösung der institutionalen Gängelung des Menschen. Für ihn war (und blieb) er nicht bloß eine Partei, sondern eine „Bewegung", und das bedeutet für den Philosophen die Auflösung des Festen, den Aufbruch zu neuen Ufern, die Chance zu geschichtlicher Größe. Was fand Heidegger an Hitler so anziehend? Seine „wunderbaren Hände".[22] Ihnen schrieb Heidegger offenbar die Zauberkraft einer Umschaffung des Menschenwesens in politischer Hinsicht zu; ihm wollte er auf der Ebene der Universität zuarbeiten, indem er deren institutionale Form bewußt aufbrach und zu vernichten strebte. Der Aufruf des Rektors Heidegger vom 3. November 1933 an die Freiburger Studenten, welcher von Schneeberger 1962 mitgeteilt worden war und auf der Einbandseite dieses Buches als Faksimile abgebildet ist, schließt mit dem beherzigenswerten Vermerke: „Der Führer selbst und allein *ist* die heutige und künftige deutsche Wirklichkeit und ihr Gesetz . . ." Heidegger bediente sich für die Roßkur, der er die Universität Freiburg zu unterwerfen gedachte, bedenkenlos des Führerprinzips. Es genügte ihm nicht, vom Senat der Universität zum Rektor gewählt worden zu sein; denn ein gewählter Rektor hatte keine freie Hand für die Neuordnung der Wissenschaft unter der Führung der Philosophie. Heidegger war erst zufrieden, als er am 1. Oktober 1933 vom Minister zum Rektor *ernannt* worden war und nun seinerseits die Dekane ernennen konnte.[23] Daß er keine dem Regime willfährigen Männer berief (S. 35), interessiert hier nicht, sondern einzig Heideggers Verkennung des Wesens der Institution, die darin zum Ausdruck kommt. Heidegger blieb dafür zeitlebens blind, so daß ihm nach dem Zusammenbruch von 1945 jene Einstellung gar keiner Rechtfertigung bedürftig erschien. Ob und in welchem Umfang seine Abneigung gegen Institutionen durch die persönliche Erfahrung mit der katholischen Kirche präjudiziert war – der einzigen Institution, die er näher kennengelernt hatte –, ist ein weites Feld. Die historische Biographie von Ott verschafft in dieser Hinsicht einen interessanten Einblick in Heideggers Werdezeit.

Die Rektoratsrede verriet alles andere als die Absicht, die Universität den braunen Horden auszuliefern; im Gegenteil, sie sollte dank Heideggers Engagement ihr Eigenleben nicht nur bewahren, sondern mit der führenden Rolle der Philosophie richtig entfalten. Die erstrebte Erneuerung sollte sie – so müssen wir Heideggers wirklichkeitsfremden Optimismus sehen – gegen Übergriffe aller Art immunisieren. Heidegger war guten Willens und tat genau das Verkehrte: Er untergrub die institutionalen Grundlagen. „Wir wollen uns selbst", verkündete er emphatisch (S. 19). Aber damit wird der Wille daran gehindert, objektiv zu werden, sich in wirklichen Gestalten zu verfestigen. Was ist „das Große", das Heidegger mit theatralischer Geste am Schluß seiner Rede durch eine Entlehnung bei Platon beschwor? Der vorangehende (und von Heidegger wohlweislich nicht zitierte) Satz Platons (Republ. 497D) drückt es aus: daß die Philosophie den Staat gleichsam absichtslos und ohne Machtgebärde lenke. Das war warnend nach draußen geschwiegen – ohne auch nur verstanden zu werden.

Mit welchem Sinn erfüllt sich unserm Philosophen das Wort „Staat", welches die Institution schlechthin bezeichnet? Hier tut sich Heidegger schwer. Er windet sich förmlich, wenn er (ausnahmsweise in schlechtem Deutsch) von einem „volklich-staatlichen Dasein" (S. 17)[24] spricht; also den Staat als solchen ebenso in den Abfallkorb der Geschichte verweist wie die „abgelebte Scheinkultur" (S. 19) und die Selbstverwaltung der Universität (S. 9f.). „Für die Überflüssigen ward der Staat erfunden", las Heidegger bei seinem Gewährsmann Nietzsche. Und auf wundersame Weise stimmten hier die totalitären Strömungen, stimmten Marxismus, Faschismus und Nationalsozialismus mit den beiden Philosophen überein! Allen ging es, wenngleich aus unterschiedlichen Gründen, um die Abschaffung des Staats, der institutionalen Sicherheit, zugunsten einer alles Feste auflösenden „Bewegung". „Führerprinzip" und „Gefolgschaft", jene archaische Form der Ausübung von Macht, welche auf einem Charisma begründet zu sein vorgab, sollte wundertätig nicht nur alte Verkrustungen beseitigen, sondern auch gleich das gesunde Neue hervorsprießen lassen.[25] Max Weber hatte „drei reine Typen legitimer Herrschaft" unterschieden, die rationale (bürokratische), traditionelle und charismatische Herrschaft. Daß Heidegger der „bürokratischen" Form nicht nur mißtraute, sondern sie instinktiv und heftig ablehnen mußte, liegt für den Leser von ›Sein und Zeit‹ auf der Hand. Die Bürokratie war der erklärte Feind jener „Bodenständigkeit", in welcher Heidegger die innige Verschwisterung von bäuerlicher und philosophischer Arbeit glaubte sehen zu dürfen.[26] Heidegger bestritt der bürokratischen Form der Herrschaft einfach die Legitimität.

Behutsam ging er jedoch mit der Tradition um; ›Sein und Zeit‹ hatte mit Nachdruck die „Wiederholung" (auf der ersten Silbe zu betonen?) als wesentliche Form der Existenz ausgezeichnet; durch sie wird dem Zukunftsentwurf überhaupt erst die Tiefe des Schicksals aufgeprägt. Die Hochschätzung der Tradition enthielt, für Heidegger durchaus fühlbar, eine Zone permanenter Reibung mit den Nazis; nur ein oberflächlicher und voreingenommener Leser wird in Heideggers Lob der „Bodenständigkeit" eine Gemeinsamkeit mit dem Blut-und-Boden-„Mythos" des „Dritten Reiches" finden. Für Heidegger blieb die Legitimität von politischer Herrschaft wie auch von geistiger Führerschaft an die Überlieferung gebunden, wenn auch an eine erst herzustellende.

Über diese Vorbehalte, die Heidegger bewußt gewesen sein müssen, als er das Rektorat antrat, setzte er sich damals hinweg; mutig, würde man sagen, wenn das Unternehmen geglückt wäre – fahrlässig, so lautete das Urteil nun, nach dem Fiasko. Im Widerspruch zu seiner philosophischen Lehre setzte er alles auf die charismatische Karte, das Führerprinzip, und verlor. Heideggers „Universitätsreform der Eigentlichkeit"[27] hatte nie eine Chance. Erste Anzeichen für unüberbrückbare Gegensätze, die nach Heideggers eigenem Bericht bereits im Sommersemester 1933 auftraten, brachten ihn nicht zur Besinnung, wie die von ihm heiß ersehnte „Ernennung" zum Rektor im Herbst jenes Jahres zeigt. Der Rektor legte es dann allerdings durch die Ernennung nicht willfähriger Dekane (bei der er frei war) auf jene Konfrontation an, die mit einer gewissen Verzögerung zum Rücktritt führte.

Das Ziel, dem Heidegger große Opfer zu bringen bereit war, bestand nicht in der Unterstützung der Nazi-Herrschaft, sondern in der Neuordnung der Universität als eines Kosmos der Wissenschaften. Heidegger diagnostizierte wie Husserl (und zu derselben Zeit) eine Krise der europäischen Wissenschaften. Die Forschung war in ein Spezialistentum abgeglitten, der Positivismus hatte seinen Siegeszug angetreten. Die Philosophie, selbst zu einer eher nebensächlichen Disziplin verkommen, war ihrer Führungsaufgabe längst untreu geworden. Der fortschreitende Nihilismus überschattete nicht nur die Praxis, sondern hatte sich wie Mehltau über die Universität verbreitet. Heidegger sah in der „Bewegung" die Chance, die „Selbstbehauptung der deutschen Universität" aus dem Wesen der Philosophie zu verwirklichen. Er hatte damit die politische Lage wie auch die Aufgabenstellung der Wissenschaft gründlich verkannt, nicht zuletzt wegen seiner Unfähigkeit, die Institutionen als Ausdruck der politischen Freiheit zu begreifen.

Anmerkungen

[1] Diog. L., VII 4.

[2] Vgl. Herman Schmalenbach, Macht und Recht: Platons Absage an die Politik, in: Natur und Geist, Festschrift Medicus, Erlenbach-Zürich 1946.

[3] Vgl. Kurt von Fritz, Platon in Sizilien, 1968.

[4] Vgl. vor allem 327D–329B.

[5] Sein und Zeit, S. 226.

[6] Heidegger hat seine Situation später beschrieben: „Wer im Augenblick steht, der ist zwiefach gewendet: für ihn laufen Vergangenheit und Zukunft *gegeneinander*. Er läßt das Gegenläufige in sich zum Zusammenstoß kommen und doch nicht stillstehen, indem er den Widerstreit des Aufgegebenen und Mitgegebenen entfaltet und aushält. Den Augenblick sehen, heißt: in ihm stehen" (›Nietzsche‹, Bd. 1, 1961, S. 311 f.).

[7] H. Ott in: Heidegger und die praktische Philosophie, hrsg. v. A. Gethmann-Siefert und O. Pöggeler 1988, S. 68.

[8] Der Abgang Heideggers war nicht heroisch. Er fand nicht etwa „im Spätwinter gegen Ende des Semesters 33/34" (so S. 37 im Rechenschaftsbericht) statt, sondern erst am 23. April jenes Jahres, und er war „wenig dramatisch": Heidegger hatte (vermutlich den Vorwand gegen den wahren Grund unbewußt vertauschend) den Rücktritt mit seinem Widerstand gegen die geforderte Amtsenthebung der Dekane Erik Wolf und Wilhelm v. Moellendorff begründet (S. 37 f.).

[9] Den Führer führen; Heidegger und kein Ende, Sammelrezension in der ›Philosophischen Rundschau‹ 32 (1985), S. 29; vgl. auch: Der Denkweg Martin Heideggers, ²1983, S. 337 f.

[10] Einführung in die Metaphysik (1953), S. 152. Im Text der Vorlesung von 1935 war an der Stelle bloß vom „Nationalsozialismus" die Rede; im Buch von „dieser Bewegung". Die von mir zitierte Parenthese ist nachträglich eingefügt worden; sie hätte also in eckige statt in runde Klammern gesetzt werden müssen. Vgl. dazu Otto Pöggeler, Der Denkweg Martin Heideggers, ²1983, S. 341 f., und Hugo Ott in ›Neue Zürcher Zeitung‹ vom 3./4. November 1984, Spalte 2.

[11] Heidegger, ›Nietzsche‹, Bd. 2 (1961), S. 20 ff.

[12] Martin Heidegger, Politik und praktische Philosophie. Zur Problematik neuerer Heidegger-Literatur, in: Philosophisches Jahrbuch, Bd. 81, S. 150 f.

[13] Der Denkweg Martin Heideggers, ²1983, S. 335.

[14] Von der Existenzialontologie zur Seinsgeschichte (1975), S. 73.

¹⁵ So der Titel des Aufsatzes von Franzen, erschienen in: Heidegger und die praktische Philosophie, hrsg. v. A. Gethmann-Siefert und O. Pöggeler 1988.

¹⁶ A. a. O., S. 245, 246.

¹⁷ Vgl. hierzu M. Eiho Kawahara, Heideggers Auslegung der Langeweile, in: Martin Heidegger – Unterwegs im Denken, hrsg. v. Richard Wisser 1987.

¹⁸ Selbsterhaltung und Selbstbewußtsein, 1979, S. 72 ff.

¹⁹ Ebd., S. 103–111. Heidegger hat jedoch der Forderung nach einer Ethik nicht gleichgültig gegenübergestanden, wenn er auch den Sinn einer traditionellen Ethik als Tugendlehre verneinen mußte; vgl. hierzu Reinhart Maurer, Von Martin Heidegger zur praktischen Philosophie, in: Rehabilitierung der praktischen Philosophie, hrsg. M. Riedel 1971, S. 433 ff.

²⁰ «... la liberté politique ne consiste point à faire ce que l'on veut. Dans un État ... la liberté ne peut consister qu'à pouvoir faire ce que l'on doit vouloir, et à n'être point contraint de faire ce que l'on ne doit pas vouloir» (De l'Eprit des Lois l.XI, c III).

²¹ Der Text ist nachzulesen bei Guido Schneeberger, Nachlese zu Heidegger, 1962, Nr. 132, vgl. Nr. 129; dazu Hugo Ott 1988, S. 196 f.

²² Pöggeler 1985, S. 62.

²³ Zu diesem düsteren Kapitel gehört auch Heideggers Wühlarbeit gegen den damaligen Hochschulverband, der (im Gegensatz zum heutigen Hochschulverband) ein Zusammenschluß der Universitäten, nicht der Hochschullehrer war; Heideggers diesbezügliches Telegramm an Hitler ist abgedruckt bei Hugo Ott (1988), S. 187; vgl. über die Umstände von Heideggers „Ernennung" zum Rektor ebd., S. 140 ff.

²⁴ Das Pendant dazu ist das „geistig-volkliche Dasein", S. 13.

²⁵ Alexander Schwan hat in seinem Buch ›Politische Philosophie im Denken Heideggers‹ (²1988) gezeigt, wie Heidegger den Staat als „Werk" in Analogie zum Kunstwerk setzte – eine bedenklich un-politische Auffassung, welche die Erscheinung des Staats an der „Repräsentation der Wahrheit" mißt. Die Verneinung der Institution ist damit vorgegeben. Schwan hat sie allerdings nicht thematisiert.

²⁶ Vgl. ›Denkerfahrungen 1910–1976‹ (postum 1983), S. 9 ff., 37 ff.

²⁷ Hugo Ott 1988, S. 229.

„PRAKTISCHE PHILOSOPHIE" ALS ANTWORT AN HEIDEGGER *

Von Otto Pöggeler

Max Müller hat in seinem Gespräch über Heidegger und die Politik deutlich gemacht, daß Heideggers politischer Irrweg uns nicht daran hindern sollte, die Anstöße aufzunehmen, die der Philosoph gegeben hat. Zugleich hält Max Müller aber in aller Klarheit fest, daß Heidegger eine „antidemokratische" Einstellung „wohl nie preisgegeben" habe. Diese Einstellung habe zur „Führerideologie" geführt, doch sei sie nicht ohne bestimmte Motivation gewesen: wenn es um den Auftrag und das Werk gehe, dann könne es Kooperation geben, doch müsse *einer* das Entscheidende tun; schon Aristoteles sage unter Berufung auf Homer, daß „Vielherrschaft" nicht tauge, daß vielmehr einer die Entscheidung treffen und die Verantwortung tragen müsse. – Man stelle sich ja nur einmal vor, Hölderlin habe die Ansätze zu seinen späten Hymnen in einer Literatenvereinigung oder in einem Kunstverein demokratisch zur Diskussion gestellt – wir hätten diese Hymnen nie bekommen. Darf man jedoch Politik vom Modell des dichterischen Schaffens her sehen?

Max Müller stellt in seinem Gespräch noch etwas Zweites heraus, das für die Heideggerschüler überhaupt, nicht aber für eine breitere Öffentlichkeit gelten mag: „Die größte Enttäuschung war für mich das ›Spiegel‹-Interview. Bei dieser Gelegenheit hätte er zugeben sollen, daß er damals nicht alte Werte oder die alte Universität bewahren wollte, sondern daß es ihm darum ging, die Universität ›auf den Kopf zu stellen‹. Das gerade hatte er seit 1922 seinen Schülern immer wieder gesagt: Die Humboldtsche Universität gehört ins bürgerliche Zeitalter. Sie ist großartig konzipiert, aber heute so nicht mehr möglich." Als Heidegger vor dem Entnazifizierungsausschuß stand, hatte er wie jeder Angeklagte das Recht, die Dinge zu seinen Gunsten darzustellen. Aber war es angemessen, 1966 und damit für die Zeit nach dem eigenen Tode auf die Gedanken der Aufzeichnungen und Darlegungen von 1945/46 zurückzugreifen, damit aber die Motivationen, die wirklich leitend gewesen waren, wenigstens zu einem Teil zurückzudrängen und ein klares Eingeständnis von Irrtum und Schuld zu vermeiden? [1]

Inzwischen ist deutlich geworden, wie Heidegger zu seinem politischen Engagement von 1933 gekommen ist. Die Vorlesung vom Winter 1929/30

---

* Originalbeitrag.

zeigt, daß Heidegger mit seinem Denken in eine Krise geraten war, sich – in der Situation nach Nietzsche – nun ohne weitere Abstützung in einer akademischen Philosophie wie der Husserlschen der Not der Zeit stellen wollte. So setzte er auf den „Führer", den er aber vom Programm seiner Partei unterschied. Eine spätere mündliche Äußerung von Jaspers legt die These nahe, Heidegger habe „den Führer führen" wollen. Schlägt man die ›Notizen zu Martin Heidegger‹ nach, die aus dem Nachlaß von Jaspers publiziert worden sind, dann kommt man eher zu der Formel, Heidegger habe den Führer oder die Führer „erziehen" wollen – vorbereiten für ihre Aufgabe, um sie dann dem Risiko zu überlassen, das ein Philosoph dem Politiker nicht abnehmen kann. In dieser Weise faßt die Rektoratsrede auch die Aufgabe der Universität; Heidegger hat dann das Seine dafür getan, daß die Verfassung der badischen Universitäten auf die Führerverfassung umgestellt wurde. Auch Karl Jaspers hat sich damals für die Universitätsreform einsetzen wollen; er war verstimmt darüber, daß Heidegger ihn nicht einmal mehr über seine Bemühungen unterrichtete. Noch im Herbst 1933 schrieb Jaspers an Heidegger, dessen Rektoratsrede sei das „bisher einzige Dokument eines gegenwärtigen akademischen Willens . . ., das bleiben wird". In den bald folgenden Jahren – angesichts der ständig drohenden Deportation von Frau Jaspers oder des Ehepaares Jaspers und der Nachrichten über die „Endlösung" – mag sich das, was Jaspers mit Heidegger erfahren hatte, in einem neuen und anderen Licht dargestellt haben. Es macht die philologische Redlichkeit des Herausgebers der Texte von Jaspers aus, daß er auf solche Verschiebungen der Perspektive aufmerksam macht und nichts zudeckt. So wird dem Versuch vorgearbeitet, die Dinge zu erfassen, wie sie wirklich gewesen sind.[2]

Leider wird das Für und Wider, das die Diskussion des „Falles" Heidegger beherrscht, noch nicht durch eine kritische und vorsichtige Dokumentierung des Überlieferten unterstützt. Wenn Heideggers Rektoratsrede fünfzig Jahre nach ihrem ersten Erscheinen wieder gedruckt wird, bleibt das Vorwort bei einer falschen Angabe des Datums von Heideggers Rücktritt als Rektor; unklare Angaben über die zweite Auflage von Heideggers Rede führen in die Irre. Vor allem wird nicht gesagt, daß die Beschuldigung in den nachgelassenen Reflexionen, die konservativen Professoren hätten 1933/34 mit dem nationalsozialistischen Ministerium gegen Heidegger zusammengearbeitet, nur die Interpretation oder Mißinterpretation von Heidegger (und Erik Wolf) ist. Man fragt sich, wer es denn eigentlich verantwortet, wenn das Gerücht in der Welt vertrieben wird, Nicolai Hartmann habe in seinem Kriegseinsatz einen Vorstoß gegen die Existenzphilosophie unternehmen wollen; er habe deshalb alle Ordinarien außer Jaspers und Heidegger zu einer Konferenz einberufen, usf. Als Heidegger 1945/46 strafweise auf den kleinsten Wohnraum beschränkt war, als seine Bibliothek beschlagnahmt werden sollte zur Ausstattung der Universität Mainz, konnte er in düsteren Tagen solchen Gerüchten verfallen und sie in Bitterkeit niederschreiben; darf man diese angeblichen „Tatsachen und Gedanken" heute ohne die Berichtigung drucken lassen, daß Nicolai Hartmann nie eine Konferenz in der angegebenen Weise einberief, daß er die Existenzphilosophie positiv darstellen lassen wollte, weil sie für ihn ein wichtiges Erbe der Vergangenheit war?[3]

Umgekehrt muß man historische Gerechtigkeit auch fordern gegenüber den Überlieferungen, die immer wieder gegen Heidegger ausgespielt werden. Die Legenden über sein Verhältnis zu Husserl verkennen doch, daß der Bruch mit Husserl unmittelbar nach Heideggers Antrittsrede im Juli 1929 erfolgte und die Distanz unüberbrückbar wurde, als Husserl (wie Heidegger aus fragwürdigen Gerüchten und Zeitungsmeldungen zu wissen meinte) 1931 in Berlin den Anthropologismus der Dilthey und Scheler öffentlich angriff und auch Heidegger diesem Anthropologismus zuschlug. Das Jahr 1933 zerriß dann aber in anderer Weise, was zusammengehörte: Jüdisches und Deutsches in den einzelnen Menschen, aber auch die Deutschen, die von Hitler verorganisiert wurden zu einem Verbrechen, und die Juden, die zum Teil kaum noch gewußt hatten, daß sie Juden waren, nun aber als solche in den Tod gejagt oder in alle Welt hinausgetrieben wurden. Karl Löwith hat 1940 auf ein amerikanisches Preisausschreiben hin im japanischen Exil dazu seinen detaillierten Bericht ›Mein Leben in Deutschland vor und nach 1933‹ geschrieben. Er sieht die Dinge in aller ihrer damaligen Differenziertheit. So macht er auf die ambivalente Rolle des George-Kreises aufmerksam. Es sei, so behauptet er, „auch mehr als ein Zufall, daß der Journalist und Minister Goebbels, dieser Lautsprecher des Nationalsozialismus, bei dem Juden Gundolf studiert" habe! Der jüdische Georgianer, Nationalökonom und Plato-Forscher Kurt Singer sprach ihm gegenüber in Japan nach der Annexion Österreichs und des Sudetenlandes „mit strahlenden Augen und in der Haltung einer komisch wirkenden Strammheit vom werdenden ‚Reich‘, zu dem nun bloß die Ukraine noch fehle, und von ‚unserer deutschen Armee‘!" Von Heidegger kann Löwith berichten, daß er noch 1936 bei einer Begegnung in Rom sich nicht vorstellen konnte, daß die „Pornographie" eines Julius Streicher auch das Gedankengut Hitlers – und die Zukunft! – war; von Oskar Becker, dem er der „beste Freund" gewesen war, zeigt er, wie dieser 1933 eine Bekehrung nicht à la Heidegger, aber à la Gottfried Benn durchmachte.[4]

Man wird sich damit abfinden müssen, daß das Gedachte philosophischer Arbeit in Löwiths Kopf nicht hineinging: weder Husserls phänomenologischer Ansatz noch Heideggers Seinsfrage, weder Beckers Philosophie der Mathematik noch Heideggers und Beckers unterschiedliche Behandlung des Modalitätenproblems nach der Publikation von ›Sein und Zeit‹. Gibt

man also solche Ansprüche auf, dann wird Löwiths Bericht zu einem erschütternden Dokument, das auch zeigt, daß Auschwitz nur das letzte Siegel auf eine Tendenz war, die längst im Leben der meisten durchgesetzt worden war. Löwith hat seinen Bericht (abgesehen von einigen Heidegger-Passagen) nicht veröffentlicht; hätte sich, wenn dieser Bericht jetzt postum
publiziert wird, nicht ein Historiker finden lassen müssen, der Unrichtigkeiten
oder Vagheiten dieses Berichts über Deutschland vom fernen Japan aus anmerkungsweise korrigiert hätte? Müßte sich nicht herausfinden lassen, was
an dem folgenden Satz über Husserl richtig und was falsch ist: „Obwohl bereits pensioniert, wurde er nochmals vom Staat beurlaubt, seine Werke wurden aus den Bibliotheken verwiesen und an einem ›Schandpfahl‹ als Judenwerk bloßgestellt"? Löwith bezieht sich nicht allein auf Heideggers Fernbleiben bei Husserls Begräbnis; er schreibt auch: „Desgleichen hat sich B.,
der seine ganze philosophische ›Existenz‹ – von der Habilitation bis zur Berufung nach Bonn – Husserl verdankte, der Verlegenheit durch Nichtreaktion entzogen, aus dem ›schlichten‹ Grund, weil sein Lehrer ein entlassener
Jude war und er ein beamteter Arier." Dieser Vorwurf läßt sich durch einen
einfachen Hinweis auf Beckers Aufsatz ›Husserl und Descartes‹ widerlegen, der 1936/37 im 30. Band des ›Archivs für Rechts- und Sozialphilosophie‹ (S. 616–621) erschien. Becker zeigt hier Husserls ›Cartesianische Meditationen‹ an, die damals nur in der französischen Übersetzung vorlagen.
Er weist vor allem hin auf die Phänomenologie der Intersubjektivität, wie
sie in der fünften Meditation entfaltet wird, und sieht in ihr den Weg in eine
„neue Welt": von Descartes zu Leibniz und zu Kant. Die Monadologie von
Leibniz wird von Becker verschärft zu einem hermeneutischen Realismus,
der anerkennt, daß unter uns Menschen der eine nicht reich genug ist, das
zu tun, was der andere tun kann (daß Rembrandt nicht so malen kann wie
Raffael). Dieser Realismus schließt nicht aus, daß auch – komplementär zu
ihm – die Motive des transzendentalen Idealismus fortgeführt werden, doch
nicht mehr in der früheren Vereinseitigung und Totalisierung. – In Löwiths
Bericht wird der interessierte Leser leicht auf S. 40 für „Karl Barth" richtig
„Hans Barth" einsetzen, auf S. 29 „Negierten" statt „Regierten" lesen, usf.
Wer aber kann noch protestieren, wenn die „Rassenforschung" von Clauss
von der Rassenforschung eines Günther kaum noch unterschieden, die Unterscheidung Beckers mehr oder weniger für irrelevant erklärt wird? Nicht
nur Becker hat sich auf Clauss bezogen; auf ihn („der gleichzeitig mit uns
bei Husserl studiert hatte") bezog sich auch Löwith. Löwith rezensierte
1926 von Ludwig Ferdinand Clauss das Buch ›Rasse und Seele‹ (München
1926). Löwith sagte, das Buch leite an „zum differenzierten Sehen bestimmter Ausdruckserscheinungen". Die Stimme des Meisters Heidegger wird
hörbar, wenn Löwith es Clauss vorhält, daß dieser einen „ästhetischen"
Standpunkt einnehme, von „Wesen" spreche, wo allenfalls „Typus" gemeint

sei. Was Löwith hier schon an Charakteristiken der Südländer und der Nordländer aufnimmt, baut er in seinem Bericht von 1940 aus, wo er nicht nur humane Italiener und inhuman-pedantische Deutsche findet, sondern von „den" Italienern und „den" Deutschen spricht. Die Rezension von 1926 nimmt die Ausrichtung auf „Rassigkeit" durchaus auf; aber Löwith widerspricht, wenn Wilhelm von Humboldt der Vorwurf gemacht wird, er habe von humanitären Ideen her Sprache von der Sprache des Menschengeschlechts überhaupt her gedacht und sei so von einem „freien Denker" zum „Menschheitspfaffen" geworden. Rasse ist für Löwith Schranke von dem her, was sich „von selbst" macht, so aber von den „Aufgaben" her zu überwinden ist. Die Rassenvermischung liege überdies faktisch vor. „Es könnte dem vorliegenden Buch kein komischeres Schicksal – so, wie es eben Bücher haben können – widerfahren, als wenn es bei seinem Leser die Besorgnis um Rassenreinheit bewirkte." [5] Darin aber liegt Löwiths Recht: sich in den dreißiger Jahren, als die genannte Komik sich als das Nicht-mehr-nur-Komische enthüllt hatte, noch auf Clauss beziehen, das war etwas anderes als eine vorsichtige Rezension von 1926.

In einen Bezug zu den Aufgaben, die uns heute in Anspruch nehmen, kommen wir nur, wenn wir uns auch die Geschichte, aus der wir herkommen, gegenwärtig halten. Das heißt unter Deutschen unabdingbar: wenn wir nicht aus den Augen verlieren, was in den unheilvollen dreißig Jahren vom Ersten bis zum Zweiten Weltkrieg, vor allem in den zwölf finsteren Jahren der Herrschaft Hitlers, geschehen ist. Wenn es um Philosophie geht, dann muß man damit fertig werden, daß 1933 Heidegger als der „führende" Philosoph alle Hoffnungen auf den neuen „Führer" Hitler setzte. Die Aufklärung dessen, was vor mehr als fünfzig Jahren geschehen ist, sollte jedoch nicht mehr weiterhin blinde Vorwürfe und alte Legenden ins Spiel bringen, sondern sich um historische Genauigkeit und die nötigen Differenzierungen bemühen. Es sollte auch nicht vergessen werden, was Heidegger für sich reklamierte: daß er nach der Distanzierung von seinem Engagement in seinen Vorlesungen unter seinen Studenten ein Verständnis dafür zu wecken versucht habe, wie es zu diesem Totalitarismus habe kommen können. Dazu aber kommt noch ein Zweites: Heideggers eigentliche Schüler hatten im Dritten Reich kaum eine Chance (wenn sie nicht überhaupt hatten emigrieren müssen); sie und jene, die wirklich von Heidegger zu lernen versuchten, haben auch Heideggers Irrweg via negationis als einen Anstoß genommen: sie haben das Verhältnis von Politik und Philosophie neu zu bestimmen versucht, die Praktische Philosophie wieder als eine Aufgabe genommen und sich um eine Grundlegung der Ethik bemüht.

1. Ist Heidegger entschuldbar?

Wer Ende der fünfziger Jahre von Heidegger zu lernen suchte, tat gut daran, die politischen Fragen auszuklammern: die Entnazifizierungsverfahren hatten die Dinge eher zugedeckt als offengelegt, und was nun an zweifelhaften Legenden – etwa über Heideggers Verhältnis zu Husserl – kolportiert wurde, trug zu sehr den Stempel jenes Diffamieren-Wollens, in dem Goebbels Meister gewesen war. Heidegger selber sagte in Gesprächen, was er 1933 getan habe, könne durch nichts entschuldigt werden; er habe sich damals völlig geirrt. Alles müsse nun so dargestellt werden, wie es wirklich gewesen sei (und dafür plante Heidegger auch von seiner Seite aus eine Dokumentation). Heidegger war der Auffassung, daß dieser Weg – so schmerzlich er in mancher Hinsicht sein mochte – auch für ihn letzten Endes das Beste sei. Eine andere Frage war, ob sich das, was geschehen und dann als Belastung und Schuld geblieben war, nicht besser verstehbar machen ließ. Blieben nicht blinde Flecken in Heideggers Verständnis von Philosophie, z. B. das Fehlen des Bezugs zur ethischen Tradition? Ich plante damals, der Einführung in das Denken Heideggers (die dann unter dem Titel ›Der Denkweg Martin Heideggers‹ erschien) einen zweiten, kritischen Teil mitzugeben und dabei auch vom Verhältnis zwischen Affekt und Tugend her die ethischen Fragen aufzunehmen. Kannte nicht Aristoteles in der Scham etwas, was zugleich als Affekt und als Tugend gesehen werden konnte? Liefert man den Menschen nicht der blinden Passivität gegenüber dem Schicksal aus, wenn man zur Lehre von den Affekten oder Stimmungen nicht mehr die Tugendlehre stellt? Es schauerte Heidegger aber, wenn er nur das (in der Tat allzu diskreditierte) Wort „Tugend" hörte. Er wischte das Argument vom Tisch, man müsse die *ganze* Tradition aufnehmen, wenn man sich mit ihr auseinandersetzen wolle, also auch von der Tugendlehre handeln, wenn man von Stimmungen und Leidenschaften spreche. Hier mochte er dann auch gelegentlich in brüsker Ablehnung sagen, das sei ihm zu „katholisch". Doch ging es nicht um die Tradition allein, sondern um anderes: um ein Philosophieren, das sich auf die Wirklichkeit, wie sie uns begegnet, einzustellen vermag.

Was 1933 in Freiburg im Breisgau – gerade auch an der Albert-Ludwigs-Universität – geschehen war, mußte andere mit einem immer neuen Grauen noch stärker überfallen. Was mag es z. B. für die jüdischen Studenten bedeutet haben, als Heidegger 1933 als einer der neuen „Führer" unter den Hakenkreuzfahnen saß? Gilt auch hier, was Margarete Susman in ihrem Hiob-Buch sagt: daß die Juden ihre deutschen „Nachbarn" auch in der neuen Rolle wiedererkannten? „Wir erkannten ihn, wie in dem alten chinesischen Märchen der Bauer in dem ihm teuren Nachbarn, den er zum Schutz gegen ein grauenvolles Ungeheuer hinter sich aufs Pferd genommen hat, plötzlich sich umblickend das Ungeheuer selbst erkennt und bewußtlos vom Pferd sinkt."[6] Hannah Arendt hatte bei Heidegger und Jaspers studiert. Nach Abschluß ihrer Dissertation über den Liebesbegriff Augustins erhielt sie (auf Gutachten von Jaspers, Heidegger und Martin Dibelius hin) ein Stipendium für Arbeiten über die deutsche Romantik. Es kam ihr nun zugute, daß ihre Freundin Anna Mendelssohn(-Weil) durch Zufall eine Varnhagen-Ausgabe bekommen hatte: das Interesse konzentrierte sich so auf die Gestalt der Rahel Varnhagen, die das Ausgesondertsein als jüdisches Schicksal schließlich trotz aller Assimilation an die deutsche Kultur nicht hatte überwinden können. Hannah Arendt selbst wurde auf eine viel härtere Weise in ihr Schicksal hineingestoßen: in unruhiger Zeit wandte sie sich den zionistischen Zielen zu; nach der Emigration 1933 wirkte sie von Paris aus für die Jugend-Aliyah nach Palästina. Bei der Flucht nach Amerika konnte sie Walter Benjamins Maximen ›Über den Begriff der Geschichte‹ retten; von Amerika aus trat sie für den Aufbau einer jüdischen Armee im Kampf gegen Deutschland ein. Im Januar 1948 veröffentlichte Hannah Arendt in den ›Schriften der Wandlung‹ ›Sechs Essays‹. Die Widmung an Karl Jaspers spricht davon, daß der Boden der Tatsachen der Realpolitik sich in Auschwitz in einen Abgrund verwandelt habe: unversöhnlich stehen sich die Komplizenschaft, in die die Naziherrschaft das ganze deutsche Volk einbezog, und „der in den Gaskammern erzeugte blinde Haß des gesamten jüdischen Volkes" gegenüber. Trotzdem will Hannah Arendt bei den bloßen Tatsachen nicht stehenbleiben, sondern wieder in deutscher Sprache zu Europäern sprechen. Die Essays suchen auszuloten, wie es zu dieser Konstellation kommen konnte. Sie handeln über den Imperialismus, über die von den Nazis „organisierte Schuld", über Existenzphilosophie, dann über jüdische Gestalten von Heine bis Kafka. Der Essay über Existenzphilosophie hält ›Sein und Zeit‹ vor, jener Tendenz zu folgen, die die „Handlungen des Menschen aus göttähnlichen zu göttlichen" machen will. Jaspers habe diese „selbstische" Wendung der Existenzphilosophie gebrochen. Zwar läßt Hannah Arendt die Wiedergabe der damals kolportierten Gerüchte über Heideggers Verhalten zu Husserl weg (die amerikanische Fassung des Essays von 1946 hatte diese Gerüchte noch wiedergegeben); doch wirft Hannah Arendt anmerkungsweise die Frage auf, ob man Heidegger angesichts seiner politischen Handlungsweise überhaupt noch ernst nehmen könne. Heideggers „Art des Sich-Verhaltens" stimme nicht nur mit dem „Tiefstand politischen Denkens auf den deutschen Universitäten" überein; sie habe auch „so genaue Parallelen in der deutschen Romantik", daß „man an zufällige Koinzidenz rein personal bedingter Charakterlosigkeit schwer glauben" könne. „Heidegger ist faktisch (hoffentlich) letzter Romantiker – gleichsam ein gigantisch begabter Friedrich Schlegel oder Adam Müller, deren komplette Verantwortungslosigkeit bereits jener Verspieltheit geschuldet war, die teils aus dem Geniewahn und teils aus der Verzweiflung stammt."[7] Ob umgekehrt diese existenzphilosophisch-„selbstische" Sicht von ›Sein und Zeit‹ und die Aktualisierung gerade der Romantikdeutung von Carl Schmitt eine Relevanz haben kann, bleibe hier dahingestellt.

Hannah Arendts längerer Aufenthalt in Europa 1947/48 in den Angelegenheiten der *Jewish Cultural Reconstruction* brachte nicht nur die erwünschten Besuche bei Karl Jaspers in Basel, sondern auch die schwierigere Wiederbegegnung mit Heidegger in Freiburg (die zu einem nicht mehr abreißenden Kontakt führte). Wurde die Einordnung Heideggers in eine „selbstische" Existenzphilosophie, die sich schließlich an „mythologisierende Unbegriffe wie Volk und Erde" habe verlieren müssen, als eine Fiktion erkannt, dann gab es durchaus Übereinstimmungen. Die Elemente und Ursprünge totalitärer Herrschaft, die von Hannah Arendt dargelegt wurden, hatten auch Heidegger seit den späten dreißiger Jahren beschäftigt. Das Buch ›Vita activa‹ folgte auf seine Weise Ansätzen Heideggers, um dann in der Betonung der Eigenständigkeit der Praxis gegenüber aller Poiesis sich schroff von Heidegger abzusetzen (Heidegger wurde aber nur gelegentlich anmerkungsweise genannt). Die Reportage ›Eichmann in Jerusalem‹ mußte leidenschaftliche Kontroversen heraufbeschwören, weil sie nicht nur die These von der Banalität des Bösen vertrat, sondern auch in einer unausgewogenen Weise nach der Mitwirkung der Judenräte an den Maßnahmen der Diktatur gegen die Juden fragte und dazu die Tendenzen zur Diskussion stellte, im neuen Israel die einstige religiöse Tradition innerhalb einer Säkularisierung zum Nationalen zur Geltung zu bringen. Schon der Essay ›Organisierte Schuld‹ hatte von Heinrich Himmler, dem „organisatorischen Genie des Mordes", gesagt: „Er ist weder ein Bohemien wie Goebbels noch ein Sexualverbrecher wie Streicher noch ein pervertierter Fanatiker wie Hitler noch ein Abenteurer wie Goering. Er ist ein Spießer mit allem Anschein der Respectability, mit allen Gewohnheiten des guten Familienvaters, der seine Frau nicht betrügt und für seine Kinder eine anständige Zukunft sichern will." Péguy, der den Familienvater den «grand aventurier du 20ᵉ siècle» genannt hatte, sei zu früh gestorben, „um in ihm noch den großen Verbrecher des Jahrhunderts zu erleben".[8] Hat Hannah Arendt Péguy – und die Wirklichkeit – überhaupt verstanden? Péguy meinte sicherlich weder die Haustyrannen noch jene, die sich in ein Abseits flüchteten; eher ging es ihm darum, die einfachen und grundlegenden Lebensverhältnisse auch in einer Zeit der grundstürzenden Wandlungen sinnvoll und ohne Pervertierungen weiterzutragen. Auch das Eichmannbild Hannah Arendts konnte widerlegt werden – man konnte selbst mit überzeugenden Tests auf die Gestörtheit dieses Menschen und den daraus entspringenden Zug zur Aggressivität hinweisen. Die Frage blieb, wie ein totalitäres System hilfreiche Angestellte für seine Mordaktionen finden kann, aber auch Intellektuelle, die ihm durch ihren radikalen „geistigen" Einsatz in den Sattel helfen.

Damit ist das Thema des nachgelassenen Werks › The Life of the Mind ‹ angegeben, über das noch einmal groß und entscheidend der Schatten Heideggers fällt. Das erste Buch unterscheidet das „Denken", dem es um Sinnfragen geht, von einer Wissenschaft, die bloß das Richtige sucht; nur der kann denken, der sein Gewissen nicht ausgelöscht hat. Eine wichtige Differenz setzt dann das zweite Buch über das Wollen: „Die politische Freiheit unterscheidet sich also von der philosophischen Freiheit dadurch, daß sie eindeutig eine Sache des Ich-kann und nicht des Ich-will ist. Da sie dem Bürger und nicht dem Menschen überhaupt zukommt, kann sie sich nur in Gemeinschaften zeigen, wo die vielen Zusammenlebenden in Wort und Tat miteinander verkehren, geregelt durch viele rapports – Gesetze, Sitten, Gebräuche und Ähnliches." Die Philosophen, die sich in die Einsamkeit des Denkens zurückziehen, kennen nur das Wollen, das zu sich selbst zu finden versucht; gegebenenfalls diffamieren sie das Können, das sich durch die konkreten Vielen beschränkt weiß. Wenn die Philosophen in einer „ethischen" Wendung nicht nur vom Zwiegespräch der Seele mit sich selbst sprechen, sondern Kommunikation fordern, erreichen sie noch nicht die Pluralität der vielen Handelnden, die in unterschiedlichen Strukturen stehen. Hannah Arendt bemerkt in einer Parenthese: „(Ein recht häufiger Fehler moderner Philosophen, die in der Kommunikation eine Wahrheitsgarantie sehen – vor allem Karl Jaspers und Martin Buber mit seiner Philosophie des Ich–Du –, ist die Meinung, die Innerlichkeit des Zwiegesprächs, das ‚innere Handeln', das sich an die eigene Person ‚wendet' oder an das ‚andere Selbst' – Aristoteles' Freund, Jaspers' Geliebter, Bubers Du –, könne als Vorbild in der politischen Sphäre dienen.)" [9] Hannah Arendt selber hatte in ihrer Dissertation über den Liebesbegriff Augustins die Liebe zuerst einmal als ein Streben gesehen, das Sterblichkeit überwindet, aber allein Gott genießen, die anderen Menschen nur haben darf, als hätte es nicht; in der Liebe als Nächstenliebe hatte sie das Einbrechen des Transzendenten in diese Welt gesehen. Doch dann machte sie mit den Griechen das Miteinandergeborensein geltend, das einen Ausgleich unter den Vielen, so aber die Gesetze einer Gemeinschaft, eine „Öffentlichkeit" fordert. Muß nicht gerade ein Philosophieren, das zu „dem" Guten strebt, jene diktatorischen Tendenzen in das Handeln bringen, die den kürzesten Weg zum Ziel erzwingen wollen? Hannah Arendt kritisiert auch jene, die dem vorbereitenden Wort der Dichter vertrauen und dabei die Eigenständigkeit des politischen Bereichs vergessen. Auch sie bewundert jenes Gedicht Brechts, das uns schildert, wie der greise, auswandernde Laotse das Tao-te-king hinterläßt (oder Benjamin seine Maximen zum Begriff der Geschichte, Heidegger seine späten Überlegungen). Doch sagt sie über den vieldiskutierten Satz zum Nationalsozia-

lismus in Heideggers ›Einführung in die Metaphysik‹: „Er ließ den Satz
wahrscheinlich drin, um unter der Hand zu erklären, wie er den Nationalsozialismus einschätzte, nämlich als ein Aufeinanderprallen von globaler
Technologie und dem modernen Menschen. Die Idee ist, wie ich schon
sagte, grotesk, aber er ist nicht der einzige. Ich fand eine ganz ähnliche Bemerkung bei Benjamin. Das Problem mit diesen Herren war, und ist zweifellos immer schon gewesen, daß sie Bücher wie ›Mein Kampf‹ nicht lesen
konnten – zu langweilig – und es vorzogen, leicht verrückte, aber hochinter-
essante Bücher von italienischen Futuristen zu lesen, die später Faschisten
wurden" (am 25. 3. 1967 an J. Glenn Gray). Benjamins Weg von Berlin
nach Moskau und Paris, Heideggers Weg zum Rektorat in Freiburg und
dann in die Zurückgezogenheit von Todtnauberg werden hier zu Parallelen.

Hannah Arendt macht darauf aufmerksam, daß Nietzsche für Heidegger
erst in den Jahren nach der Publikation von ›Sein und Zeit‹ entscheidend
wurde (obgleich ›Sein und Zeit‹ – anders als Hannah Arendt meint – auf
seine Weise im § 76 Nietzsche zur Entfaltung des existenzialen Ursprungs
der Historie heranzieht). Mit der neuen Zuwendung zu Nietzsche wandte
Heidegger sich auch dem „Denken" zu. Zu Recht setzt Hannah Arendt zwischen den Nietzsche-Vorlesungen der Jahre 1936–40 und den dann folgenden Abhandlungen über Nietzsche und die seinsgeschichtliche Bestimmung
des Nihilismus eine Zäsur. Zwar sagt noch der Humanismus-Brief, daß das
Denken, und vor allem es, ein Handeln sei. Aber dieses Handeln soll seit
den vierziger Jahren nicht mehr ein Wollen sein, sondern ein Nichtwollen,
oder genauer: überhaupt nicht mehr vom Wollen her faßbar, sondern eher
ein „Danken". Hannah Arendt fixiert diese neue Position ein wenig zu eng
auf den Anaximander-Aufsatz von 1946. So kann sie Heidegger von diesem
Aufsatz her in Bezug bringen zu dem, was Karl Jaspers 1946 auf dem berühmten Symposion in Genf sagte: „Wir leben, als ob wir pochend vor den
Toren ständen, die noch geschlossen sind." [10] Der Wunsch, zwischen Basel
und Freiburg zu vermitteln und zu verbinden, konnte freilich keine Erfül-
lung finden: längst waren die Wege von Heidegger und Jaspers von den verschiedenen philosophischen Anliegen her auseinander gegangen (zumal die
Gemeinsamkeit überhaupt mehr in dem Protest gegen ein bloß akademi-
sches Philosophieren gelegen hatte). Als Hannah Arendt 1958 bei der Ver-
leihung des Friedenspreises des deutschen Buchhandels in Frankfurt ihre
Laudatio auf Jaspers hielt, hatte sie die Furcht, jedes Lob für Jaspers müsse
der Öffentlichkeit als Distanzierung von Heidegger erscheinen. Als sie 1969
öffentlich Heidegger zum achtzigsten Geburtstag gratulierte, mußte es so
scheinen, als kehre sie wieder zu dem ersten Lehrer ihrer Jugend zurück.
Und wird Heidegger nicht entschuldigt, wenn sein Handeln von 1933 so dargestellt wird, als sei er nur für wenige Monate von der einsamen Arbeit an
den Vorsokratikern in Todtnauberg zu den Niederungen der Städte herab-

gestiegen, um bald zurückzukehren zu seiner Hütte und in die Einsamkeit seines Denkens?

Hannah Arendt war nach ihrer Dissertation aus dem, was man an den deutschen Universitäten diskutierte, zuerst auf die Gestalt und das Schicksal der Rahel Varnhagen, dann aber in die Parteiungen der schrecklichen Politik unseres zwanzigsten Jahrhunderts gestoßen worden. Schwerlich darf man annehmen, sie habe in ihrem letzten Werk aufgegeben, was sie als ein grundsätzliches Bedenken gegen ein „Denken" im Sinne Heideggers sich in schwersten Jahren erworben hatte. Das Werk über das Leben des Geistes sollte mit einer Würdigung der Urteilskraft schließen, also mit einer Zuwendung zu jener Fähigkeit, die dem politischen Handeln in konkreten Situationen zukommt. Hatte Hannah Arendt auf Philosophie verzichtet um des politischen Handelns, der politischen Analyse und Kritik willen, so nahm sie nun die Sphäre des politischen Handelns und der Urteilskraft eigens in das differenziert gesehene Leben des Geistes auf. Vielleicht aber sah Hannah Arendt den Anstoß nicht richtig, den Heidegger gerade mit seinem politischen Irrweg der Philosophie der Nachkriegsjahre gegeben hatte: den Anstoß zur Wiederherstellung praktischer Philosophie. Hannah Arendt selber verfiel einem unangemessenen Philosophiebegriff, als sie Heideggers Irrweg durch die Berufung auf Platon in Syrakus beschönigte (wie das der Klassische Philologe Wolfgang Schadewaldt, der 1933 dem Engagement Heideggers die Wege in die konkrete Universitätspolitik öffnete, schon 1934 nach Heideggers Rücktritt vom Rektorat getan haben soll). Hannah Arendts eher beiläufig gegebener Hinweis auf die Parallelen im Verhalten Benjamins und Heideggers führt wohl zu einer angemessenen Beurteilung: Seit dem Krisenwinter von 1929/30 forderte Heidegger von Nietzsche her geschichtliche Größe als tragische Größe und so eine von Mythen umschlossene Welt, die nur noch zusammen mit einem neuen Bezug zur Kunst zu gewinnen sei. Auf diesem Wege begegnete er auch Hölderlin neu, diesem aus dem Grabe erstandenen geistigen „Führer" der Deutschen, wie auch Hugo von Hofmannsthal gesagt hatte. Heidegger sah Hitler – zuerst Kanzler einer nationalen Koalition – in diesem Licht: als den Einsamen, der das große nötige Risiko auf sich nahm, dabei sich über die Parteien erheben sollte, vor allem auch über die eigene Partei und das Unannehmbare in deren Programm (so über den Biologismus und den Rassenwahn, den Heidegger sofort bekämpfte, dann über die Pläne zur Verwandlung der Universitäten in eine Art von Fachhochschulen). So konnte Carl Friedrich von Weizsäcker damals hören, in der Nähe Heideggers habe man den „Freiburger Nationalsozialismus" erfunden – jene Auffassung, das wahre Dritte Reich habe noch gar nicht begonnen, die wirkliche Revolution müsse also erst noch beginnen.[11]

Als 1945 die Tore des KZs geöffnet und die Bewohner Weimars zum

Besuch der grauenvollen Stätten Buchenwalds verpflichtet wurden, da war es verständlich, daß niemand der sein wollte, der die geschehenen Taten mitverantwortete, der auch nur den Tätern in den Sattel geholfen und dann nichts als zaghafte und versteckte Bemerkungen gegen ihr Regiment gewagt hatte. Schwerlich kann man daran zweifeln, daß Heidegger mit den wirklichen Zielen Hitlers nie übereingestimmt hat: dem Ausgriff auf die Weltherrschaft von Mitteleuropa aus, der Etablierung einer „Herrenrasse" durch Auslöschung einer anderen „Rasse", die den Sündenbock spielen mußte. Doch kam dem, was 1933 geschah, offenbar etwas im „Geist" der Deutschen (nicht nur in ihrer Blindheit) entgegen: der Wunsch, durch die Sterilität toter Verhältnisse und fragwürdiger Kompromisse endlich durchzubrechen zu einer Revolutionierung und Erneuerung, aber auch Bewahrung des Bewährten von einem geistigen Kern aus. So hat Thomas Mann noch in der Emigration Hitler als den „Bruder" des Künstlers angesprochen und dann die Gestalt des Doktor Faustus gezeichnet, der um des Durchbruchs zum Ursprünglichen willen den Pakt mit dem Teufel nicht scheut. Während viele 1945 in Deutschland das Kriegsende als Befreiung vom Teufel erfuhren und dann den einmal verworfenen politischen Traditionen den Vorrang gaben, trug Thomas Mann im sicheren Exil jene Bemerkungen in sein Tagebuch ein, die immer noch festhalten, daß die Revolution von 1933 auch ein enthusiastischer Aufbruch war und der Nationalsozialismus in der Tat Grundzüge der deutschen Geschichte in seinen Dienst hatte stellen können. Heidegger hatte nach der Publikation von ›Sein und Zeit‹ das Am-Werk-Sein der „Wahrheit" mit Nietzsche als Einklang des Dionysischen und Apollinischen gefaßt, aber auch mit Aristoteles als energeia, die nicht mehr als entelecheia zu verstehen sei. Er verwies schon in der Logik-Vorlesung vom Sommer 1928 darauf, daß Hermolaus Barbarus in der Renaissance den Teufel beschwören mußte, um Aristoteles – vor allem den Terminus „entelecheia" – übersetzen zu können. Heidegger fügte zu seinem Vorlesungsmanuskript die Parenthese hinzu: „(Wir sind heute in derselben Situation.)" Doch schon 1934/35 faßte er das Am-Werk-Sein der Wahrheit nicht mehr vom Staatswerk her, sondern allein vom Logos der Sprache und vom Kunstwerk aus. Macht man sich aber dem „Freiburger Nationalsozialismus" gegenüber – diesen nur unter gewandelten Verhältnissen fortsetzend – nicht blind, wenn man die Vorträge über den Ursprung des Kunstwerks nur als neutrale Kunstphilosophie sieht? Daß Heidegger 1933 unter Hakenkreuzfahnen sitzen konnte, muß uns daran erinnern, wie überhaupt in diesem Jahrhundert so viele Anliegen pervertiert wurden – der Sozialismus z. B. zum Stalinismus, hoffentlich nicht auch die Demokratie, wie Tocqueville befürchtete, zu einer Diktatur der Mehrheit.

Zu den Jahren des Wiederaufbaus nach 1945 gehörte, was Heidegger ansprach als die „Kehre", die allein andere und neue Anfänge ermöglichte.

Als die ursprünglichen Impulse sich im Wirtschaftswunder verloren hatten, mußte die Frage neu geweckt werden, wie denn diese Rede von einer Kehre zusammenzubringen sei mit dem Handeln von 1933. Was verdrängt wird, droht immer mit Verstörung und Zerstörung: Kinder, die einen Elternteil im Zuchthaus haben, Eltern, die dort ein Kind wissen, können nicht vergessen, und auch ein Volk kann im Ernst seine alten Taten nicht vergessen wollen. Doch kann man in solchen Situationen überhaupt noch leben? In Deutschland gab es mannigfache Ausflüchte. Wer wie Bernward Vesper einen nationalsozialistischen Dichter als Vater hatte, konnte sich in die „Szene" und – mit Gudrun Ensslin – in den Terrorismus drängen lassen und schließlich in die psychiatrische Klinik und den Tod. Vesper notierte in seinem „Romanessay" ›Die Reise‹: „Ein Sohn Martin Heideggers, las ich heute, ist Oberst im Bonner Verteidigungsministerium. Das ist die andere Möglichkeit." [12] Von der Seite jener, die der „Endlösung" entkommen waren, mußte an Heidegger die Frage gestellt werden, ob er die Stimme der Ermordeten höre. So hat Emil L. Fackenheim es in einer besonnenen Weise getan in seinem Buch ›To Mend the World‹. Fackenheim verkennt nicht, daß viele – jedenfalls nicht alle – 1933 der Konfusion unterlagen, daß selbst deutsche Juden in Hitler einen Retter sehen konnten (wie ein Bericht G. Pichts aufzeigt). Er weist ausdrücklich darauf hin, daß Hannah Arendt in ihrer Laudatio auf Heidegger dessen Blindheit nicht nur darauf bezieht, daß er nicht politische Programme wie ›Mein Kampf‹ zur Kenntnis nahm, sondern mehr noch darauf, daß er die sehr schnell eingerichteten Konzentrationslager (z. B. in Heideggers geliebter Heuberger Heimat) nicht wahrnahm. Doch macht Fackenheim gegen Hannah Arendt geltend, daß zwischen den Zeiten Platons und dem zwanzigsten Jahrhundert ein Unterschied bestehe und in Syrakus keine Vernichtungslager für Millionen eingerichtet wurden. Heidegger habe in seiner Vorlesung ›Was heißt Denken?‹ auf das verwiesen, was denken heißt; er habe die „lautlose Stimme" der deutschen Kriegsgefangenen in Rußland genannt (und auch diese Kriegsgefangenen seien „Opfer" gewesen, "whatever Nazi Germany had done to produce or even justify Russian vengeance"). Aber habe Heidegger auch die lautlose Stimme der Opfer "of his fellow Germans" gehört? "I have searched for evidence – in vain." Paul Celan habe auf seinem Weg von der ›Todesfuge‹ nach Todtnauberg Heidegger um ein „Wort" gebeten. "But the word hoped for from Heidegger never came in Celan's lifetime . . . The word never came."

Philippe Lacoue-Labarthe geht in seinem Buch ›La poèsie comme expérience‹ davon aus, daß wir heute Hölderlin von Heidegger her hören (und Lacoue-Labarthe hat durch seine Bemühungen das Seine dazu beigetragen). Er zeigt auch, wie Paul Celan Hölderlins Dichten fortführt. [13] Celan aber habe das Wort, das er sich nach der Eintragung in Heideggers Hüttenbuch und nach dem Gedicht ›Todtnauberg‹ von Heidegger erhofft habe, nicht erhalten. Lacoue-Labarthe gibt Berichte über Celans Begegnung mit Heidegger wieder, die sagen, «que Celan était revenu désesperé de cette rencontre». Er zitiert Bernhard Böschenstein: «Je l'ai vu à son retour à Francfort: il en était malade.» Er zitiert auch Robert Altmann, den Verleger von Celans bibliophilen Drucken: auch Heideggers Dankbrief für die Zusendung des Druckes des Gedichts ›Todtnauberg‹ habe die Hauptfrage umgangen; die erlösende Antwort sei nicht gekommen. Abschließend spricht Lacoue-Labarthe von den Versuchen, der Rede von Auschwitz das „Pathos" zu nehmen (französische Intellektuelle sind hier gemeint, doch sind die deutschen wohl noch mehr betroffen). In diesem Zusammenhang sagt er von Heidegger: «C'est là qu'est la faute irréparable de Heidegger: non dans les proclamations de 1933–34 (on peut tout à fait les comprendre, sans du reste pour autant les approuver), mais dans le silence sur l'extermination. Le premier, il aurait *dû* dire quelque chose. Et j'ai eu tort de penser un instant qu'il suffisait de demander pardon. Cela est strictement *impardonnable*. Tel est ce qu'il fallait dire.» Hat Heidegger wirklich nicht (wenn auch nicht in Zeitungen und Broschüren und nicht am zweiten Besuchstag eines ihm persönlich Fremden) gesagt, was hier von ihm verlangt wird: daß sein Verhalten von 1933 nicht zu entschuldigen sei? Diese Frage verlangt, das Verhältnis zwischen Heidegger und Celan, dessen Dichten nichts anderes als das Gedächtnis der Opfer sein wollte, zu prüfen.

Celan hatte in seiner ›Todesfuge‹ die Geschundenen und schließlich Vergasten der Lager sprechen lassen. Wenn er mit diesen Stimmen, die er hörte, weiterleben wollte, mußte er das jüdische Schicksal neu sehen. Das versuchte er in dem Gedichtband ›Die Niemandsrose‹ auch dadurch, daß er Gedanken der jüdischen Mystik heranzog. Das schrecklichste Gedicht dieses Bandes – ›Huhediblu‹ – spricht jedoch von einer neuen Erfahrung: der junge Ruhm des Dichters der ›Todesfuge‹ sollte – wie das unter Literaten und in der Politik bestimmter Verlage so üblich ist – den Ruhm eines anderen befördern, der selber längst tot und an diesem Treiben unschuldig war. Die „Goll-Affäre" bedeutete für Celan eine tödliche Bedrohung von einer Seite aus, von der er sie nicht erwartet hatte. Der genannte Will Vesper hatte Heines ›Loreley‹ im neuen „Reich" anonym als Volkslied fortleben lassen wollen; Celan erinnerte seinen rumänischen Förderer Margul-Sperber an die einstigen Angriffe Vespers und sah sich nun selbst als den Dichter, „den es nicht gibt". Wenn es unter den neuen Feme-Mördern des Gedichts ›Huhediblu‹ nicht nur vispert, sondern auch „vespert", dann ist dieses neue Vorgehen im Sinne Vespers gemeint. Die Krise, in die Celan durch grundlose Plagiatvorwürfe gestürzt wurde, ging zusammen mit den ersten Schüben der Erkrankung, die später zum Tode führte, und so war nicht daran zu denken, daß er sich mit jenem treffen konnte, dessen Aufmerksamkeit eine

Hilfe und Bestätigung, dessen Denken eine Wegweisung, dessen einstiges Handeln aber eine Bedrohung darstellte: erst 1967 kam es zur Begegnung zwischen Celan und Heidegger. Gerhart Baumann hat darüber im einzelnen berichtet. Schon der Tag der Freiburger Lesung Celans, der 24. Juli 1967, wurde so gewählt, daß Heidegger anwesend sein konnte. „Schon lange", so schrieb Heidegger während der Vorbereitung an Baumann, „wünsche ich, Paul Celan kennen zu lernen. Er steht am weitesten vorne und hält sich am meisten zurück. Ich kenne alles von ihm, weiß auch von der schweren Krise, aus der er sich selbst herausgeholt hat, soweit dies ein Mensch vermag . . . Es wäre heilsam, P. C. auch den Schwarzwald zu zeigen." Heidegger ließ die Buchhändler der Stadt bitten, für die Tage der Lesung Celans Gedichtbände auszulegen. Er sorgte dafür, daß nach dem Tode Ludwig von Fickers Birgit von Schowingen (dessen Tochter) eingeladen wurde; so stellte Heidegger richtig den Bezug zu Trakl, der ja von Ficker gefördert worden war, her.[14]

Heidegger war mit unter denen, die vor der Lesung Celan im Hotel abholten und sich dabei zu einem Gespräch in der Halle zusammenfanden. Als der Gedanke an eine Photographie aufkam, erklärte Celan „denkbar entschieden", er „wünsche nicht, zusammen mit Heidegger photographiert zu werden". Heidegger ließ sich durch die brüske Wendung in seiner Freundlichkeit nicht beirren; Celan, der sich kurze Zeit entfernt hatte, erklärte nach der Rückkehr, seine Einwände gegen das Photo mit Heidegger seien entfallen (was natürlich ohne Widerklang blieb). Im Auditorium maximum hatten sich weit über tausend Hörer eingefunden. Celan konnte sie mit seinen Gedichten unmittelbar ansprechen; nach einer Pause las er zusätzlich weitere Gedichte und endete mit dem Schlußgedicht des Zyklus ›Atemkristall‹. In dem kleinen Kreis nach der Lesung kam Heidegger auf den Vorschlag des „heilsamen" Besuches des Schwarzwalds zurück und verband ihn mit Celans Bitte, ein Hochmoor zu besuchen. Man sprach sich ab; doch als Heidegger aufgebrochen war, „erhob Celan Einwände und Bedenken gegen den Vorschlag, dem er kurz zuvor sich keineswegs widersetzt hatte: es falle ihm schwer, mit einem Manne zusammenzukommen, dessen Vergangenheit er nicht vergessen könne; das Mißbehagen steigerte sich rasch zur Ablehnung". Da Celans Vorbehalte „unüberwindlich" blieben, überließ man die Entscheidung dem anderen Morgen. Doch kam die Fahrt zur Todtnauberger Hütte zustande (mit Gerhard Neumann und Silvio Vietta). Wegen Prüfungen konnte Gerhart Baumann erst später zu den anderen stoßen; der Weg über Knüppelpfade ins Horbacher Moor mußte des Regens wegen abgebrochen werden. Mittags, vor dem Gasthof, sprach Celan von den Radierungen, die seine Frau zu den Gedichten des Zyklus ›Atemkristall‹ gestellt hatte: war das ein Hinweis, daß die Graphik dieser Lyrik hatte begegnen können, das Denken nicht? Am folgenden Tag fuhr Celan nach Frankfurt.

Dort traf er auch Marie Luise von Kaschnitz, die nach Baumanns Bericht „zu ihrer Überraschung einen völlig veränderten, einen anderen Celan vor sich sah: ‚Was haben die in Freiburg aus ihm gemacht, was ist in ihm dort vorgegangen; er ist nicht wiederzuerkennen!', äußerte sie wiederholt gegenüber Nahestehenden und zu mir selber. Es war eine Wandlung, in der sich für sie etwas Unbegreifliches vollzogen hatte." Auf diese Frankfurter Tage datierte Celan auch sein Gedicht ›Todtnauberg‹.

Welche Berichte über Celans Begegnung mit Heidegger stimmen nun, war er tief verstört und enttäuscht, oder hatte er neue Hoffnungen gewonnen? Offenbar stimmen beide Arten von Berichten. Im Denken Heideggers fand Celan eine Offenheit nicht nur für Dichtung überhaupt, sondern für eine Dichtung, wie er sie suchte. In Gesprächen im Sommer 1969 berichtete er denn auch, daß er bei Heidegger eine Hoffnung auf Wandlungen gefunden habe, eine Hoffnung, die Celan trotz aller Distanzierungen mit dem Mai 1968 verband. Ich meinte wie schon in den ersten Gesprächen von 1957 ihm sagen zu müssen, daß Heidegger in manchen Punkten doch anders denke, als er voraussetze, in manchen anderen Punkten aber von der Sache her zu korrigieren sei. Die Offenheit für Heidegger schloß bei Celan nicht aus, daß er die Handlungen von 1933 aufgeklärt sehen wollte. Er hatte immer gesagt, er werde – anders als Buber! – Heidegger keinen Persilschein (zum Reinwaschen) ausstellen. So lehnte er denn auch („nicht leicht") ab, als ich ihn im Februar 1963 fragte, ob ich ihm (nach so vielen Gesprächen über dieses Thema) mein Heidegger-Buch widmen dürfe – in diesen Jahren der Krise und Krankheit konnte er seinen Namen nicht mit dem Namen Heideggers verbunden sehen. Bei Heidegger überraschte es mich in den Gesprächen 1959 und 1961, daß er Celans Gedichte schon kannte und sich für Celan einsetzte. Freilich wollte er Celan zu sehr von dem Gedicht her sehen, das dieser Char gewidmet hatte. Celan hatte Chars Tagebuch aus dem Maquis als eine Huldigung an den französischen Widerstand übersetzt; doch die heroisch-pathetische Sprache Chars blieb ihm schließlich fremd, und er selbst ging andere Wege. Warum Celan auf diese anderen Wege kam, blieb Heidegger nicht verschlossen; ich erinnere mich noch des Abends, an dem ich ihm wiedergab, was Celan mir über Arbeit und Tod in jenen Lagern erzählt hatte (den „Steinbruch" am südlichen Bug), wohin seine Eltern „verbracht" worden waren. Das wollte Heidegger genau wissen. Wenn Celan nicht gehofft hätte, daß Heidegger die lautlose Stimme der Toten dieser Lager höre, wäre er nie zu ihm gegangen.

Im Frühjahr 1970 kam Celan von der Stuttgarter Tagung der Hölderlin-Gesellschaft (auf der er Gedichte gelesen hatte) nach Freiburg. Heidegger dachte daran, Celan bei einem erneuten längeren Besuch die Hölderlin-Landschaften zu zeigen: das obere Donautal (die Heimat von Heideggers Vorfahren), den Bodensee und Hauptwil. Doch schon die geplante öffentliche Vorlesung im Mai aus Anlaß einer Lenau-Tagung wurde verhindert durch Celans Tod. Im März trug Celan in einem kleinen Freiburger Kreis Gedichte aus ›Lichtzwang‹ vor. Selbstverständlich war Heidegger dabei. Doch: „An jenem denkwürdigen Gründonnerstag verweilte er nachsinnend am Gartentor seines Hauses, um mit Erschütterung mir zu vertrauen: ‚Celan ist krank, – heillos' – eine Eröffnung die ich nicht gelten lassen wollte, nicht anerkennen konnte" (wie Gerhart Baumann berichtet).[15] Wollte Heidegger eine medizinische Diagnose geben? Schwerlich war er der Auffassung jener, die auch Celans spätere Gedichte aus seiner Krankheit erklären wollen – als ein Hören auf die Stimmen transzendenter Mächte, die in dieses Leben eingreifen, den Dichter als Zeugen herausstellen, vor dem man sich dann auch entscheiden muß. Heideggers „heillos" entsprach wohl eher dem „Heilsamen", das Heidegger mit dem Schwarzwald und den Hölderlin-Landschaften Celan hatte nahebringen wollen: der ständige Blick auf Verfehlung, Schuld und Böses führt zur Selbstzerstörung, schlägt die Kräfte aus, in denen Heidegger selbst das Rettende fand. Celan aber mußte von seiner Seite aus unerbittliche Klarheit und Aufrichtigkeit verlangen; Hoffnung gab es für ihn nur im Durchstehen der äußersten Ausgesetztheit und der Hoffnungslosigkeit. Hier tut sich ein Unterschied der Wege auf, der auch geschichtlich schon vorgegeben war – etwa im Unterschied zwischen der Mystik Eckharts und der Kontemplation Laotses auf der einen Seite, der jüdischen Mystik auf der anderen Seite. Hat man 1967 in Freiburg verstanden, was die Schlußverse des Zyklus ›Atemkristall‹ („dein unumstößliches / Zeugnis") meinten? Nicht vom Zeugnis des Dichters ist die Rede, denn sein Sprechen ist nur Widerklang, sondern von einem Du, dessen Atem aus den Todesmassen des Eises kommt, von einem Du, in dem die tote Mutter und die verbrannte „Schwester" begegnen, aber auch die helfende Macht der liebend Nahen, von einem Du, das so die Züge der Schechina annimmt. Was die Bitte zum Gang ins Moor besagte, hat Celan im Juli 1968 im Gedicht ›Hochmoor‹ (aus ›Schneepart‹) dargelegt: das Tote baut das Moor auf, holt über fleischfressende Pflanzen wie den Sonnentau auch die Insekten in sich hinein (die seit je für die Dichter stehen), wartet darauf, daß Gerechtigkeit endlich geschieht. Diese Dinge konnten 1967 und 1970 noch nicht durchsichtig sein; sie sprechen aber auch schon aus dem Gedicht ›Todtnauberg‹. Bei meinem letzten, abschiedlichen Gespräch mit Heidegger 1972 war das erste Thema des Gespräches das Verhältnis Celans zu Hölderlin; doch die eilige Art, mit der Heidegger den bibliophilen Druck von ›Todtnauberg‹ herbeiholen wollte, schien mir nicht darauf zu deuten, daß ihm die Doppelbödigkeit und Abgründigkeit des Gedichts aufgegangen waren.

In Stuttgart bei der Hölderlin-Gesellschaft war Celan auf viel Unverständnis gestoßen, dazu auf Fremdheit: entweder wollte man Dichtung vorschnell politisch auffassen oder aber festlegen auf die Ästhetik reiner Expression. „Gespräche – durch Gitter getrennt!", so sagte Celan vor allem mit Bezug auf entsprechende Äußerungen von Martin Walser.[16] Mußte Celan nicht fürchten, daß auch sein eigenes Dichten in unangemessene Zusammenhänge gerückt würde? Hugo Friedrich hatte 1956 sein immer wieder aufgelegtes Buch ›Die Struktur der modernen Lyrik‹ publiziert; als „moderne Lyrik" galt dabei das, was von Baudelaire und Mallarmé grundgelegt worden und in seiner Struktur vor allem durch Negativität gekennzeichnet war. „So große Lyriker wie George und Hofmannsthal" können in diesem Zusammenhang als bloße „Erben und Spätklassiker" übergangen werden. Daß in unserer Zeit z. B. das Gedicht nach Auschwitz die Struktur der Modernität noch einmal vom Ansatz her zu verwandeln hatte, wird gar nicht erst in Erwägung gezogen. Im übrigen schreibt der Professor in seinem Vorwort beruhigend: „Ich selbst bin auch kein Avantgardist. Mir ist bei Goethe wohler als bei T. S. Eliot." Celan wird nicht erwähnt, aber Celan mußte fürchten, daß auch seine Gedichte diesem Ansatz unterworfen, damit aber um ihr eigenes Anliegen gebracht würden. (Eine ähnliche Furcht galt der möglichen Einordnung als „Altmetaphernhändler" in die ewig wiederkehrenden „manieristischen" Tendenzen, wie Gustav René Hocke sie so eindringlich von E. R. Curtius her analysiert hatte.) Hugo Friedrich wollte 1970 nun endlich auch Celan – inzwischen eine Celebrität – kennenlernen; ein Termin wurde verabredet, doch am Abend oder in der Nacht vorher brachte Celan gegenüber Gerhard Neumann in Bad Krozingen seine Vorbehalte vor. „Zuweilen habe er mehr für sich wie gegenüber den anderen seinen Argwohn gegenüber Friedrich vorgebracht, seiner Gesinnung in den dunklen Jahren mißtraut; worauf er sich dabei bezog, auf welche Hinweise er sich berief, war nicht aufzuklären." Vielleicht traute Celan die „Gesinnung", um die es ihm ging, einem Literaturprofessor nicht zu, der im „modernen" Dichten die Entscheidungen, die Celan selbst für nötig hielt, nicht sah. So hat Celan den Termin am anderen Morgen „vergessen"; diese Kränkung hielt Hugo Friedrich nicht ab, sich weiter um die Zukunft Celans zu sorgen (ihm eine Lektorenstelle am Freiburger Romanistischen Seminar freizuhalten). Celan bekam in diesen Tagen noch die gerade erschienene Studie von Gerhard Neumann: ›Die absolute Metapher. Ein Abgrenzungsversuch am Beispiel Stéphane Mallarmés und Paul Celans‹. Als Celan die Abhandlung eingesehen hatte, kam es zu einem Zornausbruch: „Mallarmé – das ist auch ein Fetisch!" Celan sah sich jedenfalls grundsätzlich mißverstanden und verbat sich die Anwesenheit von Brigitte und Gerhard Neumann, die ihm doch nahestanden, bei seiner Lesung. In dieser Kurzschlußhandlung ging es wohl weniger um die bestimmte Abhandlung, als überhaupt um die Bestimmung der Struktur moderner Lyrik, wie sie nun einmal mit dem Buch Friedrichs verknüpft ist (wie auch mit Gottfrieds Benns Rede ›Probleme der Lyrik‹).

Celan konnte Heidegger nur mit den stärksten Vorbehalten entgegentreten; von dem her, was 1933 geschehen war, verband sich für ihn mit Heidegger so etwas wie eine tödliche Bedrohung. Wenn es auch nicht zu einer Aussprache über die entscheidenden Fragen kam, so suchte Celan doch die Nähe, weil er eine Offenheit für seine Weise des Dichtens voraussetzte. Zu dem Verfasser des Buches über die Struktur der modernen Lyrik ging Celan gar nicht erst hin, weil er nicht annehmen konnte, dort auch nur Luft zum Atmen (für seinen ›Atemkristall‹) zu finden. Da nun einmal Celans Weg nach Freiburg und Todtnauberg zu einem Zeichen geworden ist, sollte eine Universität, die ihre Vergangenheit zu „bewältigen" sucht, diesen Unterschied nicht außer acht lassen; der Blick auf den Rektor von 1933 darf nicht dazu verleiten, daß man zu den Fragen, zu denen Heidegger führen wollte und konnte, gar nicht erst kommt. Sicherlich geht es um die Vergangenheit, mehr aber noch darum, daß die Universität gegenwärtig ist – gegenwärtig für einen Besucher wie Celan, gegenwärtig überhaupt für die heutigen Aufgaben. Heideggers Bemühungen um Celan (die man auch als eine Geste mit Bezug auf Auschwitz nehmen darf) mögen nicht bis dahin gekommen sein, wohin sie kommen sollten. Sie können uns aber immer noch die Frage etwas schwieriger machen, was denn Heideggers Hinweise auf das „Rettende" z. B. in Dichtung und Kunst für eine Philosophie besagen, der es auch um Politik und Praxis geht.

2. Praktische Philosophie und ethische Grundlegung

Wer in den Jahren nach dem letzten Krieg den Weg zur Philosophie fand, mußte in ihr auch jene Orientierung suchen, die vermeiden konnte, wofür Heideggers Irrweg von 1933 stand. Dieser Irrweg freilich, so zeigte es sich dem Überlegen, war kein bloßes Aus-der-Rolle-Fallen eines einzelnen Philosophen gewesen; er hatte seine Vorbereitung gehabt in dem, was etwa 1914 von deutschen Philosophen (und nicht nur von deutschen) zur Rechtfertigung des Krieges, dieses Sturzes in die Selbstzerstörung Europas, vorgebracht worden war. Heidegger erreichte nach 1945 aus Überlegungen heraus, die sich etwa seit 1940 vorbereitet hatten, eine überraschende zweite Wirkung; diese Wirkung wurde dadurch unterstützt (wenn nicht überhaupt ermöglicht), daß sich Anstöße seines Denkens nunmehr in breiter Weise in Theologie und Psychiatrie, in der Aufarbeitung der Metaphysikgeschichte und dem neuen Aufbau der Philosophie durchsetzten. So gut wie keiner von denen, die Heideggers Schüler gewesen waren oder auf ihn eingingen, versäumte es, sich um einen neuen Aufbau der Praktischen oder Politischen Philosophie zu mühen. Daß eine phänomenologische oder hermeneutische Philosophie eine ethisch-politische Dimension habe, wurde von Hans-

Georg Gadamer herausgestellt wie von Joachim Ritter, von Max Müller wie von Ludwig Landgrebe; Karl-Heinz Volkmann-Schluck versuchte sogar, Tocquevilles Überlegungen zur Vermeidung der Diktatur durch Stützung der Demokratie von Heideggers Entfaltung eines seinsgeschichtlichen Denkens her zu verstärken.[17] Diese Weiterentwicklung von Anstößen Heideggers konnte an Heidegger selbst anknüpfen, vor allem an jene schon legendären frühen Vorlesungen, wie Heidegger sie von 1919–1923 in Freiburg gehalten hatte. Damals wollte Heidegger seine Weise, „Phänomenologie" zu treiben, in Husserls Jahrbuch durch eine große Auseinandersetzung mit der aristotelischen Tradition darstellen. Dabei ging er aus vom sechsten Buch der Nikomachischen Ethik, das eine Orientierung in den Situationen hier unter dem wechselnden Mond verlangt und dieser Orientierung einen eigenen Logos und einen eigenen Bezug zur Wahrheit zuspricht. Diese Ausrichtung des Fragens sei durch eine unzulängliche Bestimmung von Sein und Zeit und durch eine zu schmal ansetzende Hermeneutik der Aussage verdeckt, durch den christlichen Bezug auf den Kairos abseits von der Philosophie aber neu verschärft worden.

In einer Art von Gewaltakt hatte Heidegger 1927 die ersten beiden Abschnitte von ›Sein und Zeit‹ zur Publikation gebracht und sich damit an die Spitze der damals Philosophierenden gestellt. Die Publikation blieb nicht nur Fragment; Heidegger suchte auch bald tiefer zu graben, als er es dort vermocht hatte. Ließ sich die Eigenständigkeit einer Orientierung in der Situation, wie sie Aristoteles gegenüber dem Tugendwissen Platons behauptet hatte, ausbauen zu einem neuen philosophischen Ansatz? Das Sein, das Platon als Idee interpretiert hatte, verweist schon von seinem Wortfeld her auf Vergessenes; wenn wir neben Formen wie „wir sind" auch Formen wie „ich bin" gebrauchen, dann kommt ein alter Stamm bhû zum Vorschein, den Heidegger auch in einem (angeblichen) vorsokratischen Grundwort wie physis hört. Mit Heraklit aletheia und logos aus dieser physis zu denken, das wird nun Heideggers Aufgabe. Heidegger findet den leitenden Seinssinn für die Mannigfaltigkeit des Seins nunmehr nicht mehr mit der scholastischen Tradition in der ousia, sondern in der energeia. Diese energeia des Aristoteles aber ist ihm ein Nachklang dessen, was bei den frühesten griechischen Denkern als eine bald vergessene Spur Thema war. Da Heidegger das Zeitproblem in einer neuen Weise in die energeia hineinträgt, kann sie ihm nicht mehr das sein, was in ein Ziel kommt: entelecheia; sie ist früher als die Möglichkeit, aber diese ist höher, so daß die Wirklichkeit ein offenes Geschehen bleibt. Was am Anfang der klassischen philosophischen Tradition stand, kommt aber auch an ihrem Ende zur Sprache, wenn Nietzsche nach der Einheit des Dionysischen und Apollinischen fragt: nach der Form und dem Sein, die dem Werden zugehören. Hölderlin hat diesen Zusammenhang jedoch reiner erfahren, wenn er in einem seiner letz-

ten Gedichte sagt: „Es ereignet sich aber das Wahre." Als Heidegger 1923
nach Marburg gekommen war, ging er gleich im ersten dortigen Semester zu
Bultmann in ein Seminar über die Ethik des Apostels Paulus. Mit dem
Theologen, der zu seinem Freunde wurde, teilte Heidegger die Auffassung,
daß die Ethik einen Bezug haben müsse zur Einmaligkeit des Augenblicks,
der vom Glauben als ein „eschatologischer" erfahren wird. Doch eben diesen Augenblick glaubte Heidegger nunmehr mit Hölderlin auffassen zu
müssen als die Augenblicks-Stätte für das Ereignis der Wahrheit – als die
Polis im Sinne der Griechen, in der ausgesetzte Einzelne in tragischen Situationen Heiliges und Göttliches erfahren. Mit Kierkegaard wurde die
„Jähe", von der Platon gesprochen hatte (exaiphnes), in einem radikalen
Sinne als Zeit gedacht.

Heidegger hatte seinen neuen Ansatz noch zusammen mit Max Scheler
ausarbeiten wollen. Als Scheler plötzlich starb, stellte Heidegger ihn in der
Logik-Vorlesung vom Sommer 1928 zusammen mit Dilthey und Max Weber: diese drei seien rücksichtslos dem entgegengegangen, „was die Zeit
erst dunkel heranwälzt, was sich nicht in das Überkommene aufrechnen
läßt –, entgegen einem Menschentum, das sich nicht in einen seichten anti-
kisierenden Humanismus beschwichtigen und nivellieren läßt". Er sei sich,
so sagte Heidegger, mit Scheler im letzten Gespräch einig gewesen, daß das
Problem der Metaphysik neu gestellt werden müsse; doch konnte Heidegger nicht den ausschweifenden Spekulationen Schelers folgen, die zum
Drang im Menschen das Neinsagen als Bedingung des Geistes und seines
Wesensblicks stellten. Der Mensch sei weder Nein-Sager noch Ja-Sager,
sondern „der Warum-Frager". In jedem Fall gehe es nicht nur um die Fundamentalontologie, wie ›Sein und Zeit‹ sie hatte exponieren sollen, sondern
auch um eine darauf aufbauende metaphysische Ontik oder Metontologie.
Da diese Metontologie auch Fragen wie die nach der Stellung des Menschen im Kosmos zu übernehmen hatte, entwickelte Heidegger in der Vorlesung vom Winter 1929/30 auch eine Philosophie des Organischen. Auf dieser Basis sollte in einer „Metaphysik der Existenz" auch die „Frage der
Ethik" gestellt werden.[18] Doch bleibt Heidegger dabei, daß die Ausrichtung auf die Situation und den Augenblick nicht objektiviert werden könne
von angeblichen „Werten" her. Hans Jonas hat im Rückblick zwar gemeint,
die existentielle Interpretation des Neuen Testaments oder der Gnosis von
›Sein und Zeit‹ her sei möglich gewesen, weil ›Sein und Zeit‹ selbst ein gno-
stisches Christentum säkularisiert habe; er hat sich in der Emigration in
Palästina und Amerika dieser Position entgegengestellt und nach dem „Leben" gefragt sowie nach der „Verantwortung", die der Mensch gegenüber
dem Abenteuer des Lebens auf dieser Erde hat. Doch hat Heidegger solche
Ansätze von Scheler her schon unmittelbar nach der Publikation von ›Sein
und Zeit‹ zur Diskussion gestellt.

Bezeichnenderweise wollte Martin Heidegger Max Schelers Nachlaß mit Hilfe des Nietzsche-Archivs edieren; schließlich mußte er jedoch selbst aus der Kommission für die Edition der Werke Nietzsches austreten, da die nationalsozialistischen Instanzen ein Imprimatur und damit so etwas wie eine Zensur forderten. Die Vorlesung ›Die Grundbegriffe der Metaphysik‹ vom Krisenwinter 1929/30 sieht einen Nietzscheanismus in dem Antagonismus von Leben und Geist, wie er vom späten Scheler, aber auch von Spengler, Klages und Leopold Ziegler aufgestellt worden war. Nietzsche soll den genannten Antagonismus im Zusammenhang zwischen dem dionysischen Erleiden des Werdens und dem apollinischen Gewinnen der Form als Grundgesetz der abendländischen Geschichte gefaßt haben.[19] Bisher blieb verdeckt, daß Heidegger auch jene Diagnose eines Weltbürgerkrieges akzeptierte, die Nietzsche bis in die Wahnsinnszeit hinein entwickelte: jene, die dionysisch die Tiefe des Lebens erfahren, müssen Rang und Unterschied bewahren und aus der Freiheit der Frühe und eines tragischen Zeitalters heraus sich dem Sklavenaufstand zugunsten der Gleichheit entgegenstellen, der sich im hellenistischen Christentum durchsetzte und sowohl im Liberalismus wie im Sozialismus seine Nachzügler hat. Es war gerade die Übernahme dieser Diagnose, die Heidegger in der Edition seines ›Nietzsche‹ 1961 aus der ersten Nietzsche-Vorlesung stillschweigend strich. (Erst 1985 wurden die eliminierten Passagen durch die Edition dieser Vorlesung innerhalb der Gesamtausgabe zugänglich.) An einer der gestrichenen Stellen bekommt Stefan George unrecht, weil er in seinem Nietzsche-Gedicht von dem Denker gesagt hatte, dieser habe sich zu eisigen Felsen und zu den Horsten grauser Vögel verstiegen. „Nietzsche war außer Hölderlin der einzige gläubige Mensch, der im 19. Jahrhundert lebte." (Nicht im Manuskript stand die mündlich vorgetragene Bemerkung, Heidegger habe „mit vollem Bewußtsein" den Satz über den Tod Gottes in die Rektoratsrede von 1933 aufgenommen.) Durch die schlagendsten Stellen aus Nietzsches Texten unterbaute Heidegger die politische Diagnose: „Europa will sich immer noch an die ‚Demokratie' klammern und will nicht sehen lernen, daß diese sein geschichtlicher Tod würde. Denn die Demokratie ist, wie Nietzsche klar sah, nur eine Abart des Nihilismus, d. h. der Entwertung der obersten Werte, derart, daß sie eben nur noch ‚Werte' und keine gestaltgebenden Kräfte mehr sind. ‚Die Heraufkunft des Pöbels', ‚der soziale Mischmasch', ‚die gleichen Menschen', ‚bedeutet noch einmal die Heraufkunft der *alten Werte'*." An einer anderen 1961 gestrichenen Stelle überträgt Heidegger Nietzsches Diagnose ausdrücklich in die Zeit nach der russischen Oktoberrevolution: „Für Nietzsche ist das Christentum ebenso nihilistisch wie der Bolschewismus und daher ebenso wie der bloße Sozialismus." Nietzsche selbst hatte nicht einmal vom Marxismus gesprochen!

›Sein und Zeit‹ war noch ganz auf den Einzelnen ausgerichtet, der die

Todesangst aussteht und sich so dem Gewissen verpflichtet weiß. Sicherlich war die „Eigentlichkeit" dem „Man" schroff und unvermittelt gegenübergestellt worden; mit dem Grafen Yorck von Wartenburg polemisierte Heidegger gegen die „öffentliche Meinung", die die „Individualität des Sehens" unterdrückt. Wenn es heißt, in der „Wiederholung" des Gewesenen müsse das Dasein „sich seinen Helden wählen", scheint so etwas wie ein präfaschistischer Heroismus belegbar zu werden. Doch kombiniert Heidegger hier Kierkegaards Gegenüberstellung von Wiederholung und Erinnerung mit einer Redeweise, die Goethe ausgerechnet in der ›Iphigenie‹ gebraucht. Dort sagt Pylades zu Orest: „Ein jeglicher muß seinen Helden wählen." Handstreichartig, aber ohne Konsequenzen für die ausweisende Analyse, wird plötzlich auch noch das Begriffspaar „Generation" und „Volk" eingeführt. Doch dieser Hinweis auf die übergreifende Geschichte bleibt eine unausgefüllte Leerstelle.[20] Als Heidegger mit Nietzsche den Verlust möglicher geschichtlicher Größe thematisierte und dabei auch die Diagnose des Weltbürgerkrieges übernahm, mußte sich alles ändern: Der Führer, der als der große Schaffende für sein Volk das Risiko der schöpferischen Tat übernahm, konnte akzeptiert werden. Das Drängen über eine bloße akademische Philosophie hinaus konnte dadurch verstärkt werden, daß längst andere Philosophen ihre anderen Optionen gefällt hatten. (So wußte Heidegger über seine Bekanntschaft mit Frau und Herrn Szilasi sicherlich darum, wie Georg Lukács sich über Nacht für die Räterepublik entschieden, bald auch ein Erschießungskommando im Dienst des Weltgeistes geführt hatte, usf.)[21] Hermann Mörchen konnte deshalb über einen Besuch auf Heideggers Hütte in Todtnauberg zu Silvester 1931 in sein Tagebuch eintragen, daß die Familie Heidegger nationalsozialistisch geworden war. „Ich hätte es nicht gedacht. Doch es ist eigentlich nicht zu verwundern. Verstehen tut er nicht viel von Politik. Und so läßt ihn wohl wesentlich sein Abscheu vor aller mittelmäßigen Halbheit von der Partei etwas erhoffen, die etwas Entschiedenes zu tun und damit vor allem dem Kommunismus wirksam entgegenzutreten verspricht. Demokratischer Idealismus und Brüningsche Gewissenhaftigkeit könnten, wo es einmal so weit gekommen sei, nichts mehr schaffen. So müsse heute eine Diktatur, die vor Boxheimer Mitteln nicht zurückschrecke, gutgeheißen werden." Aus den sog. Boxheimer Dokumenten ging hervor, welche Personen nach einer Machtergreifung der Nazis eliminiert werden sollten; diese Dinge konnten den neuen Jünger Nietzsches so wenig schrecken, wie sie Lukács und andere geschreckt hatten. Mörchen notierte deshalb weiter: „Nur durch eine solche Diktatur sei die schlimmere kommunistische, die alle individuelle Persönlichkeits-Kultur und damit alle Kultur im abendländischen Sinne überhaupt vernichte, zu vermeiden. Mit politischen Einzelfragen beschäftigt er sich wohl kaum. Wer hier oben wohnt, der hat für all das andere Maßstäbe . . ."

Natürlich folgte Heidegger Nietzsche nicht in den Einzelheiten. (Nietzsche hatte für seinen Weltbürgerkrieg und seine internationale Herrenkaste sehr konkrete Vorstellungen; eine späte Notiz spricht gerade den jüdischen Bankiers noch Wissen um Unterschiede zu – also jenen, die bei einer sozialistischen Revolution zuerst eliminiert wurden.) Nach dem Abbruch seines Engagements als Rektor der Freiburger Universität las Heidegger nicht über den Staat, sondern über Logik, nämlich über den Logos Heraklits, dann über Hölderlins Hymnen. Dabei hielt er denn auch fest, daß Hölderlin – vor allem in seinen Briefen an Böhlendorff – das Gesetz der abendländischen Geschichte reiner erfaßt habe als Nietzsche. „Was Hölderlin hier als Wesen des geschichtlichen Daseins sieht, die widerstreitende Innigkeit des Mitgebenen und Aufgegebenen, hat Nietzsche unter den Titeln des Dionysischen und Apollinischen wieder entdeckt, aber nicht wie Hölderlin in solcher Reinheit und Einfachheit; denn inzwischen mußte Nietzsche hindurch durch all jenes Fatale, was mit den Namen Schopenhauer, Darwin, Wagner, Gründerjahre angezeigt ist. Ganz zu schweigen von jenem Fatalsten, was die nachkommende und heutige Nietzschedeutung in all ihren Richtungen daraus gemacht hat."[22] Als Jaspers in seinem lebhaften Publizieren Heidegger wieder einmal eine Veröffentlichung geschickt hatte und dieser auch von dem geplanten Nietzsche-Buch hörte, schrieb Heidegger dem Freunde am 1. Juli 1935, dieser Gruß habe ihn sehr gefreut, „denn die Einsamkeit ist nahezu vollkommen". In dieser Einsamkeit schrieb Heidegger 1936–38 sein eigentliches Hauptwerk, die ›Beiträge zur Philosophie‹. Noch einmal, weniger von Nietzsche und mehr schon von Hölderlin her, sollte der neue Aufbruch philosophisch vorbereitet werden. Aber Heidegger mußte einsehen, daß die Zeit diesen Weg (der eine schroffe Kritik des wirklichen Nationalsozialismus einschloß) nicht gestatte, und so ließ er die Arbeit unfertig liegen, um ganz neu und anders anzusetzen. (Erst 1989, zum hundertsten Geburtstag Heideggers, konnten die ›Beiträge zur Philosophie‹ erscheinen.) Nietzsche sollte in den weiteren Nietzsche-Vorlesungen und -Arbeiten nichts mehr zu tun haben mit dem, was die Griechen uns als Aufgabe hinterlassen haben; er wurde zurückgeführt auf Machiavelli, der nur Römisches, damit eine totalitäre Politik programmiert habe und deshalb durchaus auch für die Zuchtprogramme und die Rede von der „blonden Bestie" verantwortlich sei.[23] Als der Heidelberger Biochemiker und Nobelpreisträger Richard Kuhn 1942 den Frankfurter Goethepreis bekam, notierte sich Heidegger: „Die Forschungen des in diesem Jahre mit dem Goethepreis der Stadt Frankfurt ausgezeichneten Chemikers Kuhn eröffnen bereits die Möglichkeit, die Erzeugung von männlichen und weiblichen Lebewesen planmäßig je nach Bedarf zu steuern. Der Schrifttumsführung im Sektor ›Kultur‹ entspricht in nackter Konsequenz die künstliche Schwängerungsführung." Die „Führer", die die Schrifttumsführung eines

Goebbels nun mit der Bedarfsdeckung des Menschenmaterials besser verbinden könnten, seien die „maßgebenden Rüstungsarbeiter"; sie brächten über den Instinkt für das Organisieren den Untermenschen in den proklamierten Übermenschen ein. Wäre diese Notiz damals an das Licht oder an das Dunkel des Tages getreten, so hätte das den Philosophen Kopf und Kragen kosten können. Jedenfalls hatte er seine Erfahrung mit dem Nationalsozialismus gemacht.

Die „Freiburger Schule" Arnold Bergstraessers hat nach dem letzten Kriege die Politikwissenschaft aufzubauen versucht als eine praktische Wissenschaft aus dem aristotelischen Verständnis von Praktischer Philosophie heraus. Politik konnte so aufgefaßt werden als Werk der Wahrheit; damit waren der Bezug zu Heidegger und die Auseinandersetzung mit ihm ein Grundanliegen. Hatte Heidegger aber nicht in der Zeit, in der er vom Staatswerk sprach, die Wahrheit als ein offenes Geschehen, als Miteinander von Entbergung und Verbergung verstanden? Dieser „dämonische" Lebens- und Wahrheitsbezug schien korrigiert werden zu müssen durch den Rückgang auf die metaphysische Tradition und deren Lehre von den Wesensordnungen und letzten Gründen.[24] Gehört aber dieses „Dämonische" nicht zu den Grunderfahrungen unseres Jahrhunderts? Als Helmuth Pleßner 1928 seine „Einleitung in die philosophische Anthropologie" ›Die Stufen des Organischen und der Mensch‹ vorlegte, gab er als Leitwort des 18. Jahrhunderts „Vernunft" an, als Leitwort des 19. Jahrhunderts „Entwicklung", als Leitwort der eigenen Zeit aber das „dämonische Leben", das nicht auf Vernunft und Fortschritt zurückgebracht werden könne. Hat Heidegger die Aufgabe einer neuen Auseinandersetzung mit Aristoteles gesehen, sich aber an die Dämonien des Jahrhunderts verloren, statt den Ansatz des Aristoteles mit den sachlich notwendigen Korrekturen fortzuführen? Aristoteles hat den Gedanken des Bundes der Bürger seiner Politik zugrunde gelegt; doch hat er das Erbe des Polis übernommen in einer Zeit, die längst auf anderen Wegen war. Wird nicht überhaupt die Gründung der Polis verkannt, wenn sie von Aristoteles bis Hegel als Tat eines Theseus gesehen wird, der dann auf seine Macht verzichtet? Wenn sie also vom Zusammenspiel der alten Adelsherrschaft mit den neuen „bürgerlichen" Schichten und nicht von deren Streit her gesehen wird? Was in der antiken Welt nicht gelang, vollzog die europäische Geschichte: sie gab den bürgerlichen Schichten die geschichtliche Führung. Doch zerstörte sich Europa nicht auf diesem Wege selbst? Da Europa dem heutigen Weg zu einer Weltzivilisation die leitenden Impulse gab, fragt diese Frage zugleich danach, ob sich überhaupt noch Wege in eine sinnvolle Zukunft abzeichnen. Nachdem Heidegger seine Blindheit für politische Probleme ausgerechnet um 1933 hatte abarbeiten wollen, führte ihn die Einsicht in den Totalitarismus des Nationalsozialismus zu der Frage, ob der Totalitarismus sich in Zukunft nicht mit ungeheuer gesteigerten technischen Möglichkeiten durchsetzen könne. Noch im hohen Alter beteiligte Heidegger, der sich sonst völlig zurückgezogen hatte, sich noch an einer Initiative, die ein Moratorium im Ausbau der Atomenergie forderte.[25] Doch eine zulängliche Orientierung im politischen Feld auch von der Philosophie her hat er nicht mehr aufgebaut.

Heidegger hat in der Hölderlin-Vorlesung vom Winter 1934/35 von den „Halbgöttern" gesprochen, die als die ausgesetzten tragischen Einzelnen von der Erfahrung des Heiligen her neue Bindungen für alle finden müssen. Wenn er 1966 in seinem ›Spiegel‹-Interview sagte: „Nur noch ein Gott kann uns retten", dann dachte er an eine „Göttin" wie Athene, die vom Parthenon herab das Leben der Polis ausrichtet.[26] Was als hermeneutische Philosophie und als Rehabilitierung der Praktischen Philosophie aufgebaut wurde, blieb für Heidegger in jener Vorläufigkeit stehen, die immer noch vom Überlieferten her restaurieren wollte und mit der Krise der Zeit nicht ernst machte. Muß man in dieser Krise aber nicht umgekehrt ganz anders ansetzen, als Heidegger es tut, nämlich den „Königsweg der Ethik" beschreiten? So versucht es Emmanuel Lévinas, der Ende der zwanziger Jahre bei Husserl und Heidegger in Freiburg studierte und dann entscheidend beitrug zur Ausbreitung der phänomenologischen Philosophie in Frankreich. Als er durch ein letztlich glückliches Geschick (die Kriegsgefangenschaft) der „Endlösung" entronnen war, hat er das Transzendieren des Daseins als ein Begehren gefaßt, das sich am Anderen bricht, dessen „Antlitz" wahrt, so aber in der Andersheit des Anderen einem sich entziehenden „Unendlichen" begegnet. In dieser Unendlichkeit zeigt sich Gott, der nach der Idee des messianischen Friedens an allen vorbeigeht und so jedem seinen Platz einräumt. Wer wieder (vielleicht unter Berufung auf die Griechen) in einer von Mythen umschlossenen Welt „Bodenständigkeit" gewinnen will, macht sich wehrlos gegenüber dem Totalitarismus. Was Heidegger im „Ereignis" als Verwindung des metaphysischen Ausgriffs auf das Seiende im ganzen beansprucht, ist für Lévinas selber noch die Behauptung der Identität in einem schlechten metaphysischen Sinn. Wird diese Identität auch als eine geschichtlich zu gewinnende gedacht, so macht sie doch die Differenz und Andersheit zu etwas Sekundärem und muß deshalb selber in die Gefahr, totalitär zu werden, geraten. Bleiben aber nicht auch gegenüber diesem ethischen Ansatz, wie Lévinas ihn ausgestaltet, Bedenken? Kann Gewalt nicht auch vom Anderen her einbrechen? Kennt Heidegger wirklich nicht die Andersheit? Folgt er vielleicht nicht nur einem anderen Ideal – nicht der „Nächstenliebe", sondern mit Nietzsche dem griechischen Ideal der Freundschaft, in der man sich hilft, um sich dann zu lassen? Darf überhaupt die Philosophie den Namen Gottes beanspruchen, und das auch noch von einer bestimmten Tradition her?[27]

Von dem Freiburger Lehrstuhl aus, den einst Husserl und Heidegger innehatten, hat Werner Marx sich um die Frage einer Grundlegung der Ethik bemüht. In seinem Buch ›Heidegger und die Tradition‹ hat er gezeigt, wie Heideggers Denken in einen Übergang hinein und zu einem anderen Anfang hin führt. Dabei treten die Überlegungen in den Vordergrund, wie Heidegger sie nach 1945 durchgeführt hat. So kann Werner Marx in seinem Buch ›Gibt es auf Erden ein Maß?‹ „Grundbestimmungen einer nichtmetaphysischen Ethik" in der Anknüpfung an Heideggers späte Gedanken über Tod und Sterblichkeit entfalten: erfährt der Mensch seine Sterblichkeit, dann kann eine Verwandlung mit ihm eintreten; er sieht sich solidarisch mit den anderen Sterblichen, und so öffnet sich die ethische Dimension. In einem weiteren Buch ›Ethos und Lebenswelt. Mitleidenkönnen als Maß?‹ zeigt Werner Marx, daß wir auch dann, wenn wir uns ethisch verpflichtet wissen, in „vielen Welten" leben – daß z. B. der kühl rechnende Geschäftsmann zugleich seine politischen Optionen hat und in seiner Familie lebt. Persönliche Lebenserfahrungen sind in diese Überlegungen eingegangen: Der junge Jurist wurde 1933 brüsk aus Deutschland vertrieben; er mußte in England, Palästina und Amerika einen praktischen Beruf ergreifen, ehe er über das Studium der Ökonomie und Philosophie in New York wieder nach Deutschland zurückkam. Doch bleiben von der Aufgabenstellung einer Praktischen Philosophie her nicht auch dieser ethischen Grundlegung gegenüber Fragen? Soll man mit Platon auf die Verwandlung des Menschen setzen oder mit Hobbes darin die gefährliche und illusionäre Ausrichtung auf das Gute sehen, über das sich die Menschen nie einigen werden? Läßt sich vom Verhältnis zwischen Du und Ich her die politische Dimension gewinnen, kann nicht selbst das „Mitleid" zu einem ethisch nicht zu rechtfertigenden Handeln verführen? Es ist kein Zweifel, daß es Situationen gegeben hat und immer wieder geben kann, in denen nur die helfende Tat der „36 kleinen Gerechten" die Waage, auf der die Zeit gewogen wird, ein wenig zurechtzurücken vermag; doch muß es der Praktischen Philosophie auch um die Strukturen gehen, die solche Situationen vermeiden helfen.[28]

Die ethische Grundlegung einer Praktischen Philosophie bleibt eine schwierige, kontrovers diskutierte Aufgabe. Heideggers Irrweg von 1933 gab auch den Anstoß, nach einer Praktischen Philosophie zu suchen, die die Philosophie besser gerüstet macht für eine Konfrontation mit der Politik. So muß der Historiker eine zulängliche Aufklärung dessen anstreben, was 1933 wirklich geschehen ist. Der Bezug auf das Vergangene darf aber nicht zum Alibi werden dafür, daß man den Aufgaben der Gegenwart ausweicht.

Anmerkungen

¹ Vgl. das Gespräch, das Bernd Martin und Gottfried Schramm mit Max Müller führten: Freiburger Universitätsblätter 92 (Juni 1986), S. 20, 19. Vgl. auch diesen Band, S. 95ff.

² Vgl. Karl Jaspers, Notizen zu Martin Heidegger, hrsg. v. Hans Saner, München/Zürich 1978, S. 13, 16 u. ö. Zum Thema vgl. auch meinen Aufsatz: Heideggers politisches Selbstverständnis, in: Heidegger und die praktische Philosophie, hrsg. von Annemarie Gethmann-Siefert und Otto Pöggeler, Frankfurt a. M. 1987, S. 17–63.

³ Vgl. die Berichtigungen von O. F. Bollnow, wiedergegeben in meiner Besprechung: Den Führer führen? Heidegger und kein Ende, in: Philosophische Rundschau 32 (1985), S. 26–67, vor allem S. 45f.

⁴ Vgl. Karl Löwith, Mein Leben in Deutschland vor und nach 1933. Ein Bericht, Stuttgart 1986, S. 19, 22, 58, zu Becker 11f., 45ff., 138; zum Folgenden 26, 58f.

⁵ Vgl. Karl Löwith, Sämtliche Werke, Band 1, Stuttgart 1981, S. 198–208; vgl. auch den in Anm. 4 genannten Bericht, S. 51, 53.

⁶ Vgl. Margarete Susman, Das Buch Hiob und das Schicksal des jüdischen Volkes, Neuauflage Freiburg i. Br. 1968, S. 227f. Über Judenverfolgung und -vernichtung unter der nationalsozialistischen Diktatur vgl. Bernd Martin in einem Sammelband, der aus einer Ringvorlesung der Freiburger Universität hervorgegangen ist: Die Juden als Minderheit in der Geschichte, hrsg. von B. Martin und E. Schulin, München ³1985, S. 290–315.

⁷ Vgl. Hannah Arendt, Sechs Essays, Heidelberg 1948, S. 66.

⁸ Vgl. Hannah Arendt, Sechs Essays, S. 42f.

⁹ Vgl. Hannah Arendt, Vom Leben des Geistes, Band II: Das Wollen, München 1979, S. 190f. Zum Folgenden vgl. Elisabeth Young-Bruehl, Hannah Arendt. Leben und Werk, Frankfurt a. M. 1986, S. 235 (Laotse), 603 (Benjamin und Heidegger).

¹⁰ Der Satz wird zitiert in der Widmung der ›Sechs Essays‹ an Jaspers; im zweiten Band von ›Vom Leben des Geistes‹ (S. 179) wird das Gesagte dann auch für Heideggers Gestimmtheit von 1946 geltend gemacht. Der Aufsatz ›Martin Heidegger zum 80. Geburtstag‹ erschien in: Merkur 10 (1969), S. 893–902.

¹¹ Vgl. Erinnerung an Martin Heidegger, hrsg. von G. Neske, Pfullingen 1977, S. 245. Weizsäcker findet in Schadewaldts Äußerung einen „Erklärungswert": Heidegger habe im Nationalsozialismus eine Gegenbewegung gegen den „westlichen" Rationalismus gesehen: ebd., S. 246. Weizsäckers Hinweis, 1933 habe die Verführungskraft des Nationalsozialismus in einer „Pseudoausgießung des Heiligen Geistes" (W. Kütemeyer) gelegen, wird erörtert von Fritz Stern, Der Nationalsozialismus als Versuchung, in: Fritz Stern, Hans Jonas, Reflexionen finsterer Zeit, Tübingen 1984, S. 39. Zu Schadewaldts Vorschlag von 1933, Heidegger zum Rektor zu wählen, vgl. Hugo Ott, Martin Heidegger als Rektor der Universität Freiburg i. Br. 1933/34, I., in: Zeitschrift des Breisgau-Geschichtsvereins (›Schau-ins-Land‹) 102 (1983), S. 121ff., vor allem 130f. – Zum Folgenden (zur Übersetzung von energeia) vgl. Martin Heidegger, Metaphysische Anfangsgründe der Logik, Frankfurt a. M. 1978, S. 105.

¹² Vgl. Bernward Vesper, Die Reise, Frankfurt a. M. 1977, S. 54. Zum Folgenden vgl. Emil L. Fackenheim, To Mend the World, New York 1982, S. 169, 170, 181, 199.

[13] Ich glaube allerdings nicht, daß Hölderlins Anmerkungen zu den Tragödien des Sophokles und Celans Meridian-Rede in eine Übereinstimmung zu bringen sind; die Nichtübereinstimmung macht vielmehr einiges erklärlich in der Begegnung oder Nichtbegegnung von Heidegger und Celan. Auch können wir heute Hölderlin nicht mehr von Heidegger aus lesen. Vgl. dazu meine Einleitung zu dem Sammelband: Jenseits des Idealismus. Hölderlins letzte Homburger Jahre, hrsg. von Chr. Jamme und O. Pöggeler, Bonn 1987. Zum Folgenden vgl. Philippe Lacoue-Labarthe, La poésie comme expérience, Paris 1986, S. 133, 152, 167f.

[14] Vgl. Gerhart Baumann, Erinnerungen an Paul Celan, Frankfurt a. M. 1986, S. 59f., 66f.; zum Folgenden 63, 60f. 67, 68ff.

[15] Vgl. G. Baumann (s. Anm. 14), S. 79f. Zum Folgenden vgl. das Kapitel ›Todtnauberg‹ in meinem Buch: Spur des Worts. Zur Lyrik Paul Celans, Freiburg/München 1986, S. 259ff.; dort auch S. 165ff. über ›Atemkristall‹, S. 293ff. über das Motiv des Moors; über „Vespern" S. 362.

[16] Vgl. G. Baumann (s. Anm. 14), S. 91; zum Folgenden S. 81ff., 125, 85. – Im Jahre 1987 wurde „entdeckt", daß der wohl berühmteste amerikanische Literaturkritiker, Paul de Man, in seiner frühen Jugend zur Zeit der nationalsozialistischen Besetzung Belgiens kollaboriert und auch antisemitische Artikel geschrieben hat. Unabhängig von dieser „Entdeckung" war aber längst die Frage gestellt, ob de Man z. B. das von ihm exemplarisch behandelte Verhältnis Hölderlin–Celan und damit das Problem „moderner Lyrik" als einer Lyrik nach Auschwitz richtig erfaßt hatte. Das war nicht der Fall, und bloß biographische Nachweise können diese sachliche Frage überhaupt nicht klären. Vgl. dazu und z. B. zu J. Derridas Celan-Buch den Vortrag ›Passing-by and Trace: Hölderlin and Celan‹, den ich 1986 in Jerusalem und 1987 in den USA gehalten habe (in: Hegel and Hölderlin. Speculative Philosophy and Hermeneutics, An International Colloquium at Yale, ed. by Cyrus Hamlin, in Vorbereitung).

[17] Vgl. den Überblick über die verschiedenen Ansätze in meiner Schrift: Philosophie und Politik bei Heidegger, Freiburg/München 1972 und 1974, S. 113ff. Vgl. auch meinen Vortrag: Die ethisch-politische Dimension der hermeneutischen Philosophie, in: Probleme der Ethik zur Diskussion gestellt, hrsg. von G.-G. Grau, Freiburg/München 1972, S. 45–81.

[18] Vgl. M. Heidegger, Metaphysische Anfangsgründe der Logik (s. Anm. 11), S. 65, 165, 280, 199; zur energeia S. 280. Zum Folgenden vgl. Martin Heidegger, Die Grundbegriffe der Metaphysik, Frankfurt a. M. 1983, S. 261ff.; Hans Jonas, Das Prinzip Verantwortung, Frankfurt a. M. 1979.

[19] Vgl. Heidegger, Die Grundbegriffe der Metaphysik (s. Anm. 18), S. 103ff. Zum Folgenden vgl. Martin Heidegger, Nietzsche: Der Wille zur Macht als Kunst, Frankfurt a. M. 1985, S. 190ff., 31. – Man sagt, in der französischen Philosophie hätten bis 1960 der Hegel der ›Phänomenologie des Geistes‹ und dazu Husserl und Heidegger geherrscht, danach sei eine Gegenbewegung mit Nietzsche zum Zuge gekommen; zur Zeit interpretiert Nietzsche mit seiner Lehre vom vielperspektivischen Interpretieren Heidegger. Die Frage ist, ob dabei Nietzsches „große Politik" und z. B. seine Lehre von der ewigen Wiederkehr wirklich ernst genommen werden. Diese Festlegung der Philosophie auf Hegel, Nietzsche und Heidegger setzte sich im übrigen schon in den dreißiger Jahren durch. Hegel war für Heidegger – so auch in der un-

publizierten Vorlesung vom Sommer 1933 – der Repräsentant der europäischen Vernunft, der sich jedoch in seiner ›Phänomenologie des Geistes‹ der Geschichte geöffnet hatte, aber die anfängliche Frage verdeckte; ihm wurde Nietzsches Vernunftkri-
tik entgegengestellt. Als Husserls Assistent Eugen Fink nach dem Tode Husserls
nach Löwen emigrierte, hielt er dort Lehrveranstaltungen über Husserls ›Reduk-
tion‹, Heideggers ›Konzeption der Aletheia‹, Hegels ›Phänomenologie des Geistes‹
und Rilkes ›Duineser Elegien‹ (Nietzsche konnte damals, wo Mussolini und Hitler
sich auf ihn beriefen, schwerlich Thema sein). Schon die Titel zeigen, daß Fink Heideggers Umwandlung der philosophischen Fragestellung akzeptiert hatte; diese war
also unabhängig von einer bestimmten politischen Option. Heidegger hat denn auch
seine Laudatio zu Finks 65. Geburtstag mit einer Valéry-Übersetzung von Paul
Celan unterstützt und Fink die Vorlesung ›Die Grundbegriffe der Metaphysik‹
gewidmet (s. Anm. 18, S. V und S. 533 ff.).

    20 Vgl. Martin Heidegger, Sein und Zeit, Tübingen [7]1953, S. 403, 385, 384.

    21 Über Heideggers Verhältnis zu Szilasi vgl. Hugo Ott, Um die Nachfolge Martin
Heideggers nach 1945, in: Philosophie und Poesie (Festschrift O. Pöggeler, hrsg. von
Annemarie Gethmann-Siefert), Band 2, Stuttgart 1988, S. 37 ff., vor allem S. 53 ff. Zu
Lukács vgl. Karol Sauerland, Vom späten zum jungen Lukács und Bloch, in: Schwei-
zer Monatshefte 68 (Juni 1988), S. 511 ff. – Zum Folgenden vgl. Hermann Mörchen
in der Sendung ›Philosophie heute‹ des Westdeutschen Fernsehens (Drittes Pro-
gramm, 23. Januar 1989: ›Der Zauberer von Meßkirch – Martin Heidegger‹. Regie:
Ulrich Boehm, Rüdiger Safranski).

    22 Vgl. Martin Heidegger, Hölderlins Hymnen ›Germanien‹ und ›Der Rhein‹,
Frankfurt a. M. 1980, S. 293 f. Ähnlich Martin Heidegger, Nietzsche, Band 1, Pfullingen 1961, S. 124. Weitere Angaben zu Heideggers politischer Einstellung in meinem
Vortrag: Kunst und Politik im Zeitalter der Technik, in: Heideggers These vom Ende
der Philosophie, Verhandlungen des Leidener Heidegger-Symposiums April 1984,
hrsg. von F. Fresco u. a., Bonn 1989, S. 93 ff.

    23 Vgl. Heidegger, Nietzsche (s. Anm. 22), Band 2, S. 144, 221, 309, 200. Zum Fol-
genden vgl. Martin Heidegger, Vorträge und Aufsätze, Pfullingen 1954, S. 93 ff.
Ohne diese Totalitarismus-Kritik schon aus der Nazizeit hätte Heidegger nach dem
Kriege kaum jene ansprechen können, die dann mit ihm neue Wege der Besinnung
suchten.

    24 Vgl. Alexander Schwan, Politische Philosophie im Denken Heideggers, Köln/
Opladen [2]1989; zu den Parallelen in der Theologie (zu Gogartens Engagement für den
Nationalsozialismus und zu Bultmanns Widerstand) vgl. A. Schwan, Geschichtstheo-
logische Konstitution und Destruktion der Politik, Berlin/New York 1976. Stärker als
Schwan möchte ich in Heideggers Frage nach der Technik eine Infragestellung der
traditionellen Praktischen oder Politischen Philosophie sehen; vgl. dazu die Kontro-
verse zwischen Schwan und mir, einerseits A. Schwan, Wahrheit – Pluralität – Freiheit, Hamburg 1976, S. 96 ff., andererseits das Nachwort zur 2. Aufl. meiner Schrift:
Philosophie und Politik bei Heidegger (s. Anm. 17).

    25 Vgl. Günter Altner, Die Überlebenskrise in der Gegenwart, Darmstadt 1987,
S. 181. – Aron Gurwitsch hat seit 1929 eine Phänomenologie der sozialen Welt (in
anderer Weise als Alfred Schütz) aufzubauen versucht; bezeichnenderweise kam die
geplante Habilitationsschrift der politischen Verhältnisse wegen erst ein halbes

Jahrhundert später zur Publikation: Die mitmenschlichen Begegnungen in der Milieuwelt, Berlin 1977.

[26] Wie Heidegger Ende der fünfziger Jahre in den Bildern Klees eine Verwandlung des universalen technischen Ausgriffs sah, habe ich zu zeigen versucht in: Die Frage nach der Kunst, Freiburg/München 1984, S. 26 ff.

[27] Von Heidegger und vom Zenbuddhismus aus entfaltet Keiji Nishitani (Was ist Religion?, Frankfurt a. M. 1982) einen Ansatz, der sich kritisch gegen die westlichen Traditionen wenden kann. Zu den unterschiedlichen Ansätzen von Lévinas und Nishitani vgl. meinen Hinweis in: Heidegger und die hermeneutische Philosophie, Freiburg/München 1983, S. 358 ff.

[28] Zum einzelnen vgl. meinen Beitrag ›Gibt es auf Erden ein Maß?‹ vom Mühlheimer Kolloquium zum 75. Geburtstag von Werner Marx, in: Sterblichkeitserfahrung und Ethikbegründung, hrsg. von W. Brüstle, L. Siep., Essen 1988, S. 127 ff. Vgl. ferner die unterschiedlichen Ansätze in den Vorträgen von H.-G. Gadamer, A. Peperzak und W. Marx in: Phänomenologische Forschungen, Band 19: Vernunft und Kontingenz, hrsg. von E. W. Orth, Freiburg/München 1986, S. 121 ff.

II. DOKUMENTATIONSTEIL

AUSSAGEN VON ZEITZEUGEN
ÜBER HEIDEGGERS POLITISCHES HANDELN

BEKENNTNISSE

Ein Gespräch mit Max Müller*

Am 1. Mai 1985 stellte sich der Philosoph Max Müller den Fragen von Bernd Martin und Gottfried Schramm, zweier Historiker der Freiburger Universität. Müller promovierte 1930, 24jährig, mit einer Arbeit ›Über Grundbegriffe philosophischer Wertlehre‹ bei Martin Honecker, Korreferent war Heidegger. 1937 folgte in Freiburg die Habilitationsschrift ›Wahrheit und Wirklichkeit. Systematische Untersuchungen zum Realitätsproblem in der thomistischen Ontologie‹. Nach Kriegsende wirkte er zunächst als Dozent und von 1946 bis 1960 als Professor in Freiburg i. Br., 1960 bis 1971 versah er ein Ordinariat in München. Nach der Emeritierung nahm er seinen Wohnsitz wieder in Freiburg, wo ihm die Theologische Fakultät die Würde eines Honorarprofessors verlieh. Hauptwerke u. a.: Sein und Geist, 1940, ²1981; Die Existenzphilosophie im geistigen Leben der Gegenwart, 1949, ³1964, ⁴1986; Erfahrung und Geschichte, 1971; Philosophische Anthropologie, 1974; Der Kompromiß, 1981.

SCHRAMM: In den letzten Monaten sind neue Zeugnisse über den berühmtesten Freiburger Philosophen des 20. Jahrhunderts ans Licht gekommen. Diese halten uns an, einen Abschnitt seines politischen Lebens ernst zu nehmen, von dem manche gemeint hatten, man könne ihn mit dem verharmlosenden Ausdruck eines „Platonischen Irrtums", als eine auf die Jahre 1933 und 1934 beschränkte Blicktrübung beiseite legen. Offenbar hat man es sich dabei zu einfach gemacht. Wir sind froh, daß Sie bereit sind, sich unseren Fragen zu stellen: als ein Augenzeuge, der Heidegger in den kritischen Jahren aus nächster Nähe beobachtet hat.

MARTIN: Zu Beginn empfiehlt es sich, einige Stationen ins Gedächtnis zurückzurufen, die einen Orientierungsrahmen für unser Gespräch liefern können. Martin Heidegger, 1889 im oberschwäbischen Meßkirch geboren, wurde 1922 Extraordinarius, später Ordinarius für Philosophie in Marburg und blieb dort bis 1928. Dann folgte er dem Ruf auf das Ordinariat in Freiburg, das durch die Emeritierung von Edmund Husserl[1] freigeworden war. Nicht erst seit der Publikation von ›Sein und Zeit‹, also seit 1927, galt Heidegger als der kommende Mann, der aufgehende Stern der deutschen Philosophie. Am 21. April 1933 wurde er, ohne daß dabei die Partei direkt eingegriffen hätte, zum Rektor der Albert-Ludwigs-Universität gewählt. Der NSDAP trat er am 1. Mai 1933 bei. Am 27. Mai 1933 hielt er anläßlich der

* Zuerst in: Freiburger Univ.bl. 92 (1986), S. 13–31. – Die Fußnoten besorgte Bernd Martin.

feierlichen Übernahme des Rektoramtes eine Rede,[2] die ihm mehr Kritik eintragen sollte als jede andere seiner Äußerungen. Nach eigenen Aussagen war
es ein unerfreuliches Gespräch im Hochschulministerium in Karlsruhe, das
ihn im Februar, am Ende des Wintersemesters 1933/34, veranlaßte, sein Rektorat niederzulegen. Nach den Aktenfunden unseres Kollegen Hugo Ott[3]
überwarf er sich aber mit dem Regime keineswegs deshalb, weil er die NS-
Radikalität ablehnte, sondern weil er vielmehr auf seine eigene, eigenwillige
Weise radikal war, die den Nationalsozialisten schon bald nicht mehr in den
Kram paßte. Offiziell gab er sein Rektoramt am 23. April 1934 ab. Somit hat
er genau ein Jahr lang an der Spitze unserer Universität gestanden. Es geht
uns in unserem Gespräch nun darum, das politische, geistige und menschliche
Umfeld dieses denkwürdigen Rektorats ein wenig aufzuhellen.

SCHRAMM: Erlauben Sie noch eine Präzisierung unserer Fragerichtung:
Wir wollen gerne wissen, wo ein Mann, der sich das ganze Leben lang als
Philosoph, nicht als Politiker, aber eben doch eine gewisse Wegstrecke lang
als politischer Wegweiser verstanden hat, seinen politischen Ort hatte – vor
1933, am Anfang der nationalsozialistischen Herrschaft, als er eine wichtige
Verantwortung übernahm, und weiterhin in den anschließenden Jahren bis
1945, solange er noch öffentlich als Freiburger Universitätslehrer wirken
konnte.

MARTIN: Wann haben Sie Martin Heidegger kennengelernt, wie war Ihr
erster Eindruck?

MÜLLER: Ich hatte meine Studien in Berlin begonnen. Dort „betrieb" ich
primär Geschichte und hatte auf diesem Felde Lehrer, die mich tief beein-
druckten und denen ich mein Leben lang verbunden geblieben bin. Das
waren Friedrich Meinecke und Hans Rothfels.[4] Dann ging ich nach München
und kehrte, nach einem Jahr Paris, dorthin zurück. Philosophie bezog ich in
meine Studien ein, weil ich meinte, als Historiker müsse man eine philosophische Grundlage haben. Als ich, um mein Studium abzuschließen, nach
Freiburg übersiedelte, kannte ich von Heidegger noch nichts als seinen großen Ruf. Von ›Sein und Zeit‹ ging eine magische Ausstrahlung aus. Ich
hatte das Werk zwar noch nicht gelesen, sagte mir aber: Bei diesem Mann
will ich einmal im Seminar sitzen. Heidegger begann seine Freiburger Tätigkeit mit einem Proseminar über ›Kants Grundlegung zur Metaphysik der
Sitten‹. Ich erinnere mich noch lebhaft, wie ich unten im Erdgeschoß der
Universität herauszufinden suchte, wo Heidegger das Proseminar abhielt,
für das im Philosophischen Seminar mit seinen 20 bis 25 Plätzen nicht genug
Raum war. Ein kleiner Mann hinter mir fragte: „Was suchen Sie denn?" Ich
sagte: „Ich suche den Hörsaal Heideggers." Da erwiderte er: „Ich such' den
auch. Ich bin Heidegger." Schließlich fanden wir auf dem Plan, was wir
brauchten, und gingen zusammen hinauf. Eine Fülle von angesehenen philosophischen Schülern Heideggers saßen in der Runde. Aber in der ersten

Stunde wollte er nicht die ihm Bekannten fragen. Statt dessen frug er gerade mich sehr viel und sprach mich am Ende an: „Sie müssen auch in meine Aristoteles-Übung." Ich sagte: „Herr Professor Heidegger, ich stehe kurz vor dem Staatsexamen, zwei solche philosophischen Übungen sind für mich zuviel." Da erwiderte er: „Ach, das ist sicher ein Vorwand. Sie können vielleicht nicht genug Griechisch?" Ich darauf: „Das ist das einzige, was ich mir zutraue: genug Griechisch." Da bestand er darauf: „Sie kommen mit ins Oberseminar." Dieses Oberseminar war eine große Sache. Nicht nur Studenten, auch Kollegen saßen darin: Oskar Becker,[5] ein Philosoph der Mathematik, der später Ordinarius in Bonn wurde, Julius Ebbinghaus,[6] der dann in Marburg wirkte, Gustav Siewerth,[7] Simon Moser,[8] später Ordinarius in Karlsruhe, Bröcker[9] und dessen zukünftige Frau Käthe Oltmanns,[10] schließlich Eugen Fink.[11] Es war also schon eine tolle Sache, wo sehr viel verlangt wurde. So kam ich, so rasch wie nur denkbar, in ein näheres Verhältnis zu Heidegger. An Politik hat niemand von seinen Schülern damals gedacht. In diesen Übungen kam kein politisches Wort vor.

MARTIN: Wann war das?

MÜLLER: Im Winter 1928 auf 1929. Es war das letzte Semester, in dem Husserl eine Vorlesung mit Übung hielt: Sie ging über die ›Phänomenologie der Einfühlung‹. Der Zufall wollte es, daß Heideggers Verhältnis zu Husserl schon bei unserem ersten Zusammentreffen zur Sprache kam. Ich sagte nämlich: „Und im übrigen verstehe ich auch von Phänomenologie nichts, und Sie haben angekündigt ›Phänomenologische Übungen zu Aristoteles‹. Ich weiß nicht, was das sein soll." „Ach was", antwortete Heidegger, „papperlapapp! Das ist eine Geste für meinen Lehrer Husserl. Inhaltlich brauchen Sie von Husserl gar nichts zu kennen. Denn meine Art der Interpretation hat mit ihm überhaupt nichts zu tun." Ich besuchte gleichzeitig dann auch Husserls ›Phänomenologie der Einfühlung‹. In der Tat, weder in ihrer Art noch in ihren Thesen hatten die beiden Philosophen etwas miteinander gemein.

SCHRAMM: Heideggers Seminare und Vorlesungen, sagten Sie, waren ganz unpolitisch. Trotzdem wird man doch annehmen dürfen, daß Heidegger, ausgesprochen oder unausgesprochen, wie jeder von uns eine politische Vorstellungswelt besaß. Können Sie uns Faktoren benennen, die diese Vorstellungswelt mitgeprägt haben?

MÜLLER: Heidegger pflegte mit seinen Studenten einen ganz anderen Stil als die übrigen Professoren. Man machte zusammen Ausflüge, Wanderungen zu Fuß und auf Skiern. Da kam natürlich das Verhältnis zu Volkstum, zur Natur, aber auch zur Jugendbewegung zum Ausdruck. Das Wort „völkisch" stand ihm sehr nahe. Dabei dachte er nicht an irgendeine Partei. Seine Hochschätzung des Volkes war auch verknüpft mit bestimmten wissenschaftlichen Vorurteilen, z. B. mit der absoluten Ablehnung von Soziologie und Psychologie als großstädtisch-dekadenten Denkweisen. Er sagte: „Wir müssen stark sein, um derartige Dinge nun hintanzuhalten. Die Soziologie macht aus der Geschichte ein ahistorisches System, und die Psychologie begreift überhaupt nicht, daß Geschichte nur verstehbar ist von den Ansprüchen, die sie an uns stellt und nicht von unseren Vorstellungen." Gegen die „bürgerliche" Philosophie polemisierte er, weil sie Wertphilosophie sei. Gern sagte er: „Das ist die letzte Dekadenz des Bürgertums. Wer kann sich für Werte einsetzen und begeistern? Man begeistert sich für bestimmte Aufgaben. Aufgaben sind Gestaltungsaufgaben, und die Gestaltung ist das Werk. Der Wertphilosophie gegenüber muß eine Werkphilosophie entstehen. Nur Konkretes verpflichtet, Werte verpflichten niemals."

SCHRAMM: Eine konservative Philosophie war das kaum, denn konservative Philosophien pflegen doch Wertphilosophien zu sein. Sie gehen von verpflichtenden Werten aus. Was Heidegger der bürgerlichen Philosophie vorwirft, hätte er ebensogut der katholischen Philosophie vorwerfen können.

MÜLLER: Sie müssen bedenken, daß „Wertphilosophie" bei den großen Philosophen der „philosophia perennis", etwa bei Thomas von Aquin (aber auch bei Hegel), keine Rolle spielt. Hier geht es allein um das Gute, das angestrebt und gewollt werden muß. Im Gegensatz zu Max Scheler[12] kennt z. B. Thomas von Aquin auch den Begriff des Gefühls nicht. Daß man etwas mit dem Gefühl als Wert erfassen könne, war für Heidegger von vornherein eine Verirrung. Wie man auch die Vorgeschichte seiner Einstellung rekonstruiert: seine Haltung war in die damalige Philosophie schwer einzuordnen. Er stand, als er habilitiert wurde, ganz nah bei Rickert.[13] Rickert war bei seiner Habilitation Korreferent gewesen. Es war der katholische Philosoph Artur Schneider,[14] der die Habilitation beantragte. Wichtig war für Heideggers Prägung, daß er aus einem halbbäuerlichen Kleinbürgertum hervorgegangen war. Mit der Universität betrat er ein ganz fremdes Milieu, und das sollte ihn immer in einem Zwiespalt halten. Das damals im Fach Philosophie besonders berühmte Freiburg und das kleine, unscheinbare oberschwäbische Meßkirch andererseits, das ihn immer wieder zurückzog – diese beiden Heimaten haben sich bei ihm nie zu einer bruchlosen Einheit gefügt. Als radikalen Philosophen hat ihn die institutionalisierte Philosophie der katholischen Kirche schockiert. Er mußte dieses Joch der Kirche sprengen, aber konnte ihre Tradition doch nie verlassen. Wenn die Institution Kirche ihm die Weise des Religiösen vorschreiben wollte, dann hat ihn das in einen inneren Konflikt gebracht, den er niemals ganz überwinden sollte. Er war gegen diese bestimmte Art der kirchlichen Form. Aber andererseits sagte er: „Es ist eine Tradition des Abendlandes, eine Verbindung griechischer und jüdischer Linien, die wir nie verlassen können. Auch wenn diese Tradition zu Ende ist, müssen wir sie noch mitnehmen in eine neue Zeit." Man kann sagen: Er hat unter der Kirche gelitten. Sie war für ihn eine Fessel, die

er nicht ganz abschütteln konnte, oder ein Angelhaken, den er nie ausrei-
ßen konnte. Eine Haßliebe...

SCHRAMM: Hat er denn jemals zu einer Institution ein klares, positives
und zugleich kritisches Verhältnis gefunden? Gehört zu seiner Philosophie
nicht, ebenso wie zu seinem politischen Verhalten, eine im Grunde unklare
Einstellung zu Institutionen?

MÜLLER: Ich glaube, daß er die Notwendigkeiten von Institutionen – in
vielen Gesprächen kam das heraus – sehr klar gesehen hat. Denn es drehte
sich bei ihm immer alles um die Gestalt. Darum die Führergestalt oder die
Gestalt Stefan Georges[15] oder die Gestalt des Arbeiters, aber auch Form
und Gestalt der Gemeinschaft. Ernst Jünger[16] hat großen Einfluß auf ihn
ausgeübt. Verpflichtend waren für ihn nicht abstrakte Werte und Normen,
sondern konkrete Gestalten, denen man nachfolgen und die man nachvoll-
ziehen kann. Die Gestalt, die ein Volk gewinnen muß, ist das Werk. Und
diese Gestalt muß einerseits ihm eigentümlich sein, aber andererseits verschwindet in ihr der Gegensatz Objektivität – Subjektivität. Es ist unsere
Gestalt und doch objektive Gestalt.

SCHRAMM: Verstehe ich recht: eine Grundgröße der Moderne, die komplizierte Organisiertheit in Institutionen, hat sich bei ihm gleichsam in zwei
Richtungen verflüchtigt: einmal in eine Fixierung auf Leitfiguren, Führer-
persönlichkeiten, hinter denen die Verfaßtheit ihres Anhangs verblaßt, und
zum anderen die Mythisierung von etwas so Diesseitigem wie Institutionen
und dem, was sie leisten, zu „Gestalten"?

MÜLLER: Von Mythisierung kann man sehr wohl reden. So war Heideggers Hölderlin, der bei ihm eine sehr große Rolle spielt, natürlich eine
mythisierte Hölderlingestalt. Er nahm, wie Heidegger ihn sah, bereits die
gesamte religiöse Problematik von heute vorweg. Für Hölderlin, wie Heidegger ihn verstand, ist das Christentum groß, aber an seinem Ende. Und
Christus hat die Aufgabe, alle Religionen zu vereinigen und damit die Kon-
fessionalität zu überwinden. Nun aber zum Problem der Institutionen:
Sehen Sie, Heidegger war immer hier deutlich von allen sogenannten „bürgerlichen" Philosophen unterschieden, einer der ersten, der das Problem
der technischen Neuzeit wahrnahm. Ihm ist die Technisierung als Zentral-
problem aufgegangen. Eben das hat ihn an Ernst Jünger fasziniert: die son-
derbare Einheit von Romantizismus und Technizismus. Hier, meinte Heidegger, liege das Neue. Er sagte etwa so: „Alles andere sind Ausläufer,
nichts als Konservative der Vergangenheit." Mit dem bürgerlichen Zeitalter
wollte er sich nicht identifizieren. Er war kein richtiger Bauer oder Klein-
bürger von Meßkirch mehr, aber er war auch nie „urban" geworden. Ein
Romantizismus hielt ihn an „Blut und Boden" fest, und die Technizität zog
ihn zur „neuen Gesellschaft". Diese begründete für ihn ein ganz anderes
Verhältnis zu den Dingen, eben das technische Verhältnis. Gewiß, dieses

Verhältnis führte schließlich auf einen unvermeidbaren Irrweg. Heidegger spricht vom „Gestell", das nicht abzulehnen ist, sondern bis zum Ende durchgeführt werden muß. Dann kommt – das ist wieder missionarisch-romantisch – die neue Welt. Übrigens verbindet ihn die Überzeugung, ein neuer Mensch werde geboren, nicht nur mit Ernst Jünger, sondern auch mit Ernst Bloch [17] und Marx. In seinem Humanismusbrief [18] hat Heidegger später gezeigt, daß Marx philosophisch doch mehr wert sei als die bürgerlichen Wertphilosophen, denn er geht konkret auf die Geschichte der Arbeit ein. Was Heidegger und Marx trennt, ist, daß am Ende der „Werkgeschichte" bei Heidegger die große Enttäuschung steht, während sich bei Marx die Utopie der neuen Erde auftut. Im Grunde genommen geht für Heidegger der Mensch im Marxismus den Weg der Entfremdung bis zum Ende. Er hebt sie aber nicht auf, indem er nämlich ein völlig technischer Mensch geworden ist. Die Einheit von Natur und Mensch – Naturalisierung des Menschen, Humanisierung der Natur – führt dazu, daß im Grunde *beide* nicht mehr sie selbst sind.

MARTIN: Was Sie über die philosophischen Grundpositionen Heideggers ausführen, läßt eine starke Kontinuität erkennen. Er selbst hat ja behauptet, daß seine Antrittsvorlesung ›Was ist Metaphysik?‹ [19] den Inhalt der Rektoratsrede in vielem vorweggenommen hat. Das Konzept einer Wiedervereinigung der Wissenschaft wurde demnach in der Rede von 1933 nur weiter ausgeführt. Würden Sie das bestätigen?

MÜLLER: Hier berühren Sie eine in der Heidegger-Forschung umstrittene Kernfrage: ob sein Weg auf die „Kehre" hin von vornherein angelegt war oder ob in seinem Denken ein „Bruch" eingetreten ist. War ›Sein und Zeit‹ vielleicht doch noch anthropologisch gedacht? Er selbst behauptete: „Ich habe nie anthropologisch gedacht, ich habe immer vom Sein und der Welt auf den Menschen hin gedacht. Ich bin vom Weltschicksal, von der Geschichte und ihrem Auftrag auf den Menschen zugegangen und nicht von einer ,Selbstverwirklichung' des Menschen hergekommen." Wenn er eine solche Einheit behauptete, dann fügte er freilich hinzu, er habe sie damals noch nicht fertiggebracht, noch nicht geleistet. Darum ist der zweite Teil von ›Sein und Zeit‹, ja sogar der dritte Abschnitt des ersten Teils, nie mehr erschienen: Ihm fehlte für eine Fortsetzung die Sprache. Erst allmählich und in einzelnen kleinen Interpretationen – nicht in einem geschlossenen Werk – konnte er ausführen, was ihm vorschwebte. ›Sein und Zeit‹ war – laut Heidegger – von Anfang an als ein Abschied von der ganzen bisherigen Philosophie gedacht. Den Nationalsozialismus parallelisierte er insofern mit dem eigenen denkerischen Vorhaben als einen grundsätzlichen Abschied von der bisherigen Politik. Das war natürlich utopisch: Die Leute, denen er dies zutraute, wollten ja etwas ganz anderes als er in seinem Abschied vom bisherigen Denken.

MARTIN: Seit wann hat er denn gesehen, daß er sich die falschen Weggenossen gewählt hatte?

MÜLLER: In bezug auf die Partei hatte er das schon 1934 eingesehen. Aber den Glauben, daß mit dem sogenannten „Führer" eben doch noch etwas zu machen sei, auch wenn seine Gefolgschaft nichts tauge, hat er viel länger beibehalten, als er selbst es sich später eingestand. Er setzte nicht auf die Partei, sondern auf eine Person und auf die Richtung, auf die „Bewegung". Das eben wird von ihm in seinem Nachwort zur Rektoratsrede,[20] das sein Sohn Hermann veröffentlichte, in enttäuschender Weise vernebelt. Hier hat Heidegger die Radikalität seiner Intentionen in der Rückschau nicht mehr wahrhaben wollen. Die größte Enttäuschung war für mich das ›Spiegel‹-Interview.[21] Bei dieser Gelegenheit hätte er zugeben sollen, daß er damals nicht alte Werte oder die alte Universität bewahren wollte, sondern daß es ihm darum ging, die Universität „auf den Kopf zu stellen". Das gerade hatte er seit 1922 seinen Schülern immer wieder gesagt: Die Humboldtsche Universität gehört ins bürgerliche Zeitalter. Sie ist großartig konzipiert, aber heute so nicht mehr möglich.

MARTIN: Dann ergäbe sich eine hochschulpolitische Kontinuität im Denken Heideggers, die sich seit 1922 nachweisen läßt und über 1933 hinaus andauerte?

MÜLLER: Ich vermute sie bei ihm bis 1938. Nachher hat er die Hochschulpolitik sozusagen von sich weggestoßen. Man kann nicht feststellen, ob er bis ans Ende bei seinen hochschulpolitischen Vorstellungen blieb. Denn er hatte sich die Finger so verbrannt, daß er seine Meinung nicht mehr zu erkennen gab.

SCHRAMM: Verbrannt hatte er sich seine Finger ja aber schon 1934 . . .

MÜLLER: Ja, aber damals hegte er noch gewisse Hoffnungen.

MARTIN: Können Sie uns etwas von Ihren eigenen Erfahrungen mit dem „politischen Heidegger" berichten?

MÜLLER: Ich habe großartige Dinge mit Heidegger erlebt, aber auch Enttäuschendes. Auf Betreiben Gerhard Ritters,[22] zu dem ich ein sehr enges Verhältnis hatte und den ich hoch schätzte, wurde ich im Frühjahr 1933 noch zum Leiter der neu gegründeten „Fachschaft" der Philosophischen Fakultät bestellt. Heidegger widersprach: Ich sei politisch dafür nicht geeignet und hat mich dann, als er Rektor war, auch im November 1933 abgesetzt.

SCHRAMM: Welchen Eindruck hatten Sie von den Zielen, die Heidegger während seines Rektorats verwirklichen wollte? Wie verhielten sich seine Pläne zu dem, was den Nationalsozialisten vorschwebte? Wo stimmten sie überein, und wo gingen sie nicht zusammen?

MÜLLER: Eine Übereinstimmung könnte man z. B. darin sehen, daß Heidegger eine starke Aversion gegen das damalige Verbindungsstudententum empfand. Für ihn wollten die Verbindungsstudenten mit ihrer Tradition meist eine überholte Klassengesellschaft durcherhalten. Diese „Verbindungen" ließen sich nach Heideggers Überzeugung nicht mit einer radikal neuen Zukunft vereinbaren, die eine Arbeitswelt sei und keine ständische Schichtung vertrüge. Als Rektor suchte er die Verbindungen umzugestalten. Er hat sogar Abende für sie gegeben, sowohl Corps wie Burschenschaften und katholische CV-Verbindungen hat er besucht . . .

SCHRAMM: Einmal hat er sogar über den Wert der Mensur gesprochen [23] . . .

MÜLLER: Ja, obwohl er doch sich gegen das Verbindungswesen innerlich stark stellte. Die Mensur machte eine Ausnahme. Da brach seine Vorstellung vom persönlichen Einsatz durch, eine gewisse romantische Hochschätzung von Tapferkeit. Aber wie gesagt: in die technische Welt paßte für ihn dieses deutsche Verbindungsleben nicht mehr hinein.

MARTIN: Darin traf er sich also mit dem Nationalsozialismus?

MÜLLER: In der Tat. Aber auch in der Vorstellung vom „dreifachen Dienst", die er in der Rektoratsrede entwickelte.

MARTIN: Arbeitsdienst, Wehrdienst, Wissensdienst . . .

MÜLLER: Ja. Den Wissensdienst stellte er sich keineswegs als abstrakte Leistung vor. Er sollte konkret in die Gemeinschaft hineingestellt werden, also mit dem Arbeitsdienst und Wehrdienst verklammert sein. Heidegger schwebte ein ganz neuer Typ von Mensch vor: der Konkret-wissend-Handelnde. Gewiß war er kein Gleichheitsapostel. Nicht alle sollten dasselbe tun, aber sie sollten alle an einem gemeinsamen Werk mitarbeiten. Nicht die Überzeugung von einem Wert, sondern die Kooperation (– gerade nicht „Korporation" –) sollte sie zusammenschließen. Das Werk muß eine Leitung haben, wenn es konkret zustande kommen soll. Daher der Sprung zu einer Führerideologie. Aristoteles sagt schon unter Berufung auf Homer: „οὐκ ἀγαθὸν πολυκοιρανίη, εἷς κοίρανος ἐστὶ εἷς βασιλεύς", auf deutsch sagt das, daß „Vielherrschaft" nichts tauge, sondern *einer* die Entscheidung treffen und die Verantwortung tragen muß. Dies war auch das, was man die „antidemokratische" Einstellung Heideggers nennen könnte. Sie hat er wohl nie preisgegeben.

SCHRAMM: Wenn wir so etwas heute lesen, dann wird es uns leicht als reiner Nationalsozialismus erscheinen. Aber klang das für die eigentlichen Nationalsozialisten von 1933 nicht als eine Sonderart von jenem akademischen Dünkel, den sie gerade bekämpfen wollten? Der Wissensdienst wird ja an die oberste Stelle gerückt. Die Rektoratsrede dreht sich um die „Selbstbehauptung" der Universität. Dem Nationalsozialismus schwebte aber etwas ganz anderes vor: Die Universität sollte ihre Kräfte für Ziele einsetzen, die ihr von außen vorgegeben wurden. Heidegger hatte da ein, sagen wir, hehreres Bild von Universität. Er verglich sie einmal mit anderen Schulen und legte dabei großen Wert darauf, daß man sich an der Universität einem bestimmten Fach widmet, für das man sich freiwillig entschieden hat. Für den „normalen" Nationalsozialismus sah das vermutlich nach akademischer Anmaßung aus.

MÜLLER: So scheint es mir auch. Man muß auch hier Heidegger aus seiner Biographie verstehen. Die Universität war und blieb für ihn bis zu seinem Tode etwas unerhört Großes. Schon ein Studium, ein Doktortitel, eine Habilitation mußten jemandem, der aus dem kleinen Meßkirch kam, als hohes Ziel erscheinen. Dann der Ruf zunächst auf ein Extraordinariat und dann Ordinariat in Marburg und, bald darauf, auf einen ordentlichen Lehrstuhl in Freiburg, noch dazu auf den berühmten Lehrstuhl, den vor ihm Riehl,[24] Windelband,[25] Rickert[26] und Husserl innegehabt hatten. Kein Wunder, daß er da ins Hüttenbuch von Todtnauberg schrieb: „Es ist erreicht!" An der ganz hohen Einschätzung der Universität hat er immer festgehalten. Ein Beispiel: Als sein Freund, der Direktor im Caritas-Verband Heinrich Auer,[27] ein sozial sehr tätiger und verdienter Mann – es wird um 1950 gewesen sein –, Ehrensenator unserer Universität wurde, schrieb er ihm zwei wunderschöne Briefe. Darin heißt es ungefähr: „Nimm es nicht leicht, es ist etwas ganz Großes. Du bist bei all jenen Festen als Ehrensenator dabei, an denen die Universität in Erscheinung tritt, und dieses In-Erscheinung-Treten ist immer etwas Großes."

SCHRAMM: Danach ist die Universität oder noch konkreter: die Universität Freiburg die Institution gewesen, mit der er sich am deutlichsten identifiziert hat?

MÜLLER: Ja, und die er daher auch in einer unerhört einseitigen Weise nach seinem Bilde modeln wollte. Ich würde das nicht persönlichen Ehrgeiz oder Machttrieb nennen, vielmehr war das für ihn in gewisser Weise Lebenserfüllung. Daher mußte er in das Rektorat auch nicht erst hineingestoßen werden oder, wie er es später selber sehen wollte, die Bürde auf sich nehmen, um Schlimmeres zu verhindern. Nein, ihm waren im Grunde alle nicht radikal genug. Er wollte hier, in Freiburg, die Musteruniversität, die neue Universität formen. Nicht bremsen wollte er, sondern vorantreiben. Und dann kam die große Enttäuschung.

MARTIN: Dann hätte sich Heidegger eine doppelte Führerrolle zugeschrieben: als Philosoph und als Rektor?

MÜLLER: Ja, diesen beiden Rollen wollte er ein Musterbeispiel von Führung geben. Einen politischen Ehrgeiz auf anderen Ebenen habe ich nie an ihm bemerkt. Dieses Führer-sein-Wollen in einer Weise, die bis ins letzte unklar blieb, war für mich eine Enttäuschung.

SCHRAMM: Mittlerweile gibt es Anhalte, daß über dem Ehrgeiz, der „Führer" der Universität Freiburg zu werden, der noch höhere Ehrgeiz stand, sich zum Führer der deutschen Universitäten aufzuschwingen. Damit strebte er nach einem Posten, den die Nationalsozialisten in ihrem Organisationsschema keineswegs vorgesehen, geschweige denn ihm zugedacht hatten.

MÜLLER: Eigentlich erstaunlich ist, daß die Nationalsozialisten zwar die Ernennung von Dekanen und Rektoren einführten, aber das Gefüge der Universität im Grunde weitgehend beibehalten haben. Der älteste Parteigenosse im Freiburger Lehrkörper, Professor A.[28] . . .

SCHRAMM: Ein klassischer Philologe . . .

MÜLLER: Dieser Mann, wohl doch eine Fehlhabilitation des großen Wilamowitz-Moellendorff,[29] brachte es in Freiburg auch im Dritten Reich nicht einmal zu einem Lehrstuhl, obwohl er die ganze Zeit als ältester Pg. der Uni Freiburg den NS-Dozentenbund anführte und eine gefürchtete Figur war. Er konnte verhindern, daß Talente in die Höhe kamen, aber für sich selber und seinesgleichen erreichte er kaum etwas. Dem berühmten „Rasse-Günther",[30] dem die Würde eines Professors in Freiburg zuteil wurde, dürfte vor allem die Protektion seines Lehrers Eugen Fischer[31] geholfen haben: Dieser war eine große Erscheinung, nachher Direktor des Kaiser-Wilhelm-Institutes für Anthropologie in Berlin-Dahlem. Dagegen konnte unter den Nazis ein Mann wie unser Kollege Tellenbach,[32] der nie etwas mit der Partei zu tun gehabt hatte, ein Ordinariat in Münster und dann eins in Freiburg bekommen. Man mag es als eine gewisse Gegenkonzession verstehen, wenn ein hochanständiger, aber politisch dem Nationalsozialismus mehr entgegenkommender Historiker wie Klewitz[33] auch an unsere Universität kam. Aber im Grunde hat sich der Nationalsozialismus personalpolitisch an den Universitäten nur wenig durchgesetzt.

SCHRAMM: Uns interessiert noch, wie sich Heidegger zu Personen verhielt. Wie stand er zu seinen jüdischen Kollegen? Und wie ging er mit Leuten um, die Überzeugungen hatten, die ihm nicht paßten?

MARTIN: In sein Rektorat fiel die Durchführung des Gesetzes zur Wiederherstellung des Berufsbeamtentums,[34] also die Zwangspensionierung der jüdischen Kollegen.

SCHRAMM: Hier schritt man in Baden früher als im übrigen Reich zur Tat.

MARTIN: Wie hat das ein Rektor menschlich und persönlich bewältigt, der in seinen Schriften später den Rassismus nationalsozialistischer Prägung verworfen hat, weil er nicht in sein Weltbild paßte? Er schätzte zwar bestimmte „Eliten", aber keine durch rassische Selektion gewonnenen. Hat sich Heidegger vor die Kollegen, die entlassen werden sollten, persönlich gestellt oder hielt er sich heraus?

MÜLLER: Da kam, wieder einmal, eine ihm eigentümliche Zwiespältigkeit zum Durchbruch. Persönlich ist er wohl niemals gegen einen Juden gehässig geworden. Aber seinen Lehrer Husserl, der ja damals in Freiburg in der Lorettostraße wohnen blieb, hat er nicht mehr besucht. Allerdings hat er auch nichts gegen ihn unternommen. Man darf ihm abnehmen, daß er bei der Neuauflage von ›Sein und Zeit‹ während des Krieges die schöne Widmung an Husserl nicht freiwillig fallenließ. Der Verlag mußte das fordern, sonst hätte die Ausgabe nicht erscheinen können. Ein gewisser Kontakt zwischen dem Philosophischen Seminar und Husserl blieb erhalten. Aber beide Professoren, mein verehrter Lehrer Honecker[35] ebenso wie Heidegger, zeigten nicht gerade das, was man mit dem Wort „Zivilcourage" benennen könnte. Sie gingen nicht mehr persönlich zu Husserl, sondern schickten Assistenten, z. B. mich, zu ihm hin. Auf diese Weise wurde Husserl laufend unterrichtet darüber, welche Doktorarbeiten gemacht worden waren und was im laufenden Semester geschah. Er sollte sich nicht als völlig isoliert betrachten. Diese regelmäßigen Gänge im Auftrage der beiden Philosophen wurden – wie erwähnt – meist meine Sache. Dabei ergab sich stets ein wunderschönes Gespräch mit Husserl. Ich fragte einiges, und Husserl ließ seiner Rede freien Lauf. Er war ein stark monologischer Typ und hat – im Gegensatz zu seiner Frau –, ganz konzentriert auf seine philosophischen Probleme, die 1933 angebrochene Zeit nicht eigentlich als „schwer" empfunden. Philosophieren durfte er, wie er wollte, und er bezog sein volles Emeritierungsgehalt. Von Verfolgungen blieb er verschont. So hatte er alles, woran ihm lag; und daß er an der Universität nicht mehr lesen konnte, war für ihn nicht so wichtig. Die Deutsche Notgemeinschaft bezahlte ihm nach wie vor einen Assistenten.[36] Gegen Husserl hat Heidegger bei keiner Gelegenheit auch nur ein Wort gesagt. Aber hingegangen ist er seit 1933 niemals, auch bei Husserls Begräbnis fehlte er, wie die meisten Kollegen seiner Fakultät.

SCHRAMM: Das hat ihm, wie er in dem ›Spiegel‹-Interview bekannte, später leid getan.

MÜLLER: Übrigens fehlte – wie gesagt – nicht nur Heidegger. Aus der Philosophischen Fakultät ging meiner Erinnerung nach als einziger Ordinarius Gerhard Ritter mit. Die anderen Ordinarien im Trauergeleit gehörten zu anderen Fakultäten: etwa Eucken[37] und Großmann-Doerth.[38]

MARTIN: Wie verhielt sich Heidegger zu den anderen jüdischen Professoren, etwa zu Hevesy,[39] Thannhauser[40] . . .?

MÜLLER: Geachtet hat er diese Männer durchaus. Aber er machte, nachdem Thannhauser sein Ordinariat angetreten hatte, in Gesprächen darauf aufmerksam, daß ursprünglich nur zwei jüdische Ärzte in der Internistik tätig waren, dann schließlich aber in diesem Fach nur noch zwei Nicht-Juden anzutreffen waren. Das hat ihn schon etwas geärgert.

MARTIN: Das war vor 1933?

MÜLLER: Ja, vor 1933. Thannhauser ist, nachdem Hitler an die Macht gekommen war, verhältnismäßig schnell gegangen. Heidegger sagte mir, für seinen jüdischen Assistenten Brock[41] habe er einen Brief nach England geschrieben, damit er dort gut aufgenommen würde. Brock hat das, glaube ich, nie dementiert. Aber von dem Moment an, als Heidegger Rektor wurde, hat er keinen jüdischen Schüler, der bei ihm eine Doktorarbeit angefangen hatte, mehr promoviert.

SCHRAMM: Das gilt etwa für Helene Weiß [42] ...

MÜLLER: Ja. Dabei hatte er vor ihr die größte Hochachtung. Sie war übrigens – anders als Alfred Seidemann, [43] der bei Heidegger über Bergson arbeitete – nicht auf eine materielle Sicherstellung angewiesen. Heidegger wollte, daß seine jüdischen Schüler auch nach 1933 noch promovierten, aber nicht mehr bei ihm. Also wandte er einen – natürlich nicht gerade großartigen – Trick an und wandte sich an Honecker. Der hat sich dann bereit erklärt, die jüdischen Promovenden von Heidegger zu übernehmen und zum Doktorat zu führen.

MARTIN: Hat Heidegger sich, über die Ermöglichung der Promotion hinaus, für das weitere Schicksal der Juden aus seinem engeren Kreis interessiert?

MÜLLER: Nun, da wäre von seinem Verhältnis zu Wilhelm Szilasi [44] zu reden: eine enge Freundschaft und doch ein schwieriges Verhältnis. Bis 1933 kam Szilasi jedesmal im Sommersemester hierher, hielt privatim philosophische Übungen und wirkte im Heideggerschen Sinne. 1933 hat ihm Heidegger dann, wie mir Szilasi sagte, erklärt: Bei der jetzigen Situation müssen wir unsere Kontakte abbrechen. Es fielen nie böse Worte. Aber Heidegger ließ das Verhältnis zunächst einfach auseinandergehen, und später war es von beiden Seiten sehr schwierig und undurchsichtig.

SCHRAMM: Wie stand es mit Nichtjuden, deren politische oder sonstige Einstellung sie damals verwundbar machte? Aufsehen erregt hat in letzter Zeit, daß Heidegger als Rektor seinen Kollegen Staudinger [45] anschwärzte.

MÜLLER: Ursprünglich hatten die beiden als Nachbarn ein gutes Verhältnis zueinander. Ich kam mit Staudinger nach dem Zweiten Weltkrieg oft im Lesezirkel von Ritter zusammen. Staudinger war ein unglaublich gütiger Mensch. Seine erste Frau stand politisch allerdings wohl extrem weit links und soll engagierte Pazifistin gewesen sein. Staudinger selbst aber war keine politische Natur und fügte sich wohl mehr der Richtung, die sie angab. Heidegger hätte hier sehr wohl unterscheiden müssen. Außer ihm hat niemand an der Universität, wo man über die Hintergründe genau Bescheid wußte, Staudingers zeitweilige politische Auslassungen ernst genommen oder gar verübelt.

MARTIN: Wie können Sie das erklären: Heidegger, der doch kein Militarist war, schwärzt einen Kollegen in Karlsruhe mit dem Argument an, es handle sich um einen Pazifisten?

MÜLLER: Ich weiß nicht, ob Heidegger etwa danach gefragt und darauf gestoßen wurde, d. h., ob die Initiative bei ihm lag oder ob sie von außen kam. Sonderbares bleibt am „Fall Staudinger" immer. Staudinger, der inzwischen eine zweite Ehe eingegangen war, hatte sich vermutlich von der ersten Periode seines Lebens hierin dann bereits weit entfernt. Soviel ich weiß, heiratete er in eine Familie baltischer Herkunft ein, und das beförderte bei ihm wohl auch eine andere politische Blickrichtung.

SCHRAMM: Welche persönlichen Erfahrungen haben Sie denn mit Heideggers politischen Bewertungen gemacht?

MÜLLER: Von 1933 an ging ich, obwohl ich vorher einer seiner „Vorzugsschüler" (mit Eugen Fink z. B. und natürlich mit Walter Bröcker und Käthe Oltmanns) war, nicht mehr in seine Seminare, weil einige Typen, die sich dort eingenistet hatten, mich sehr abschreckten. Die sind übrigens später wieder weggeblieben. Schon 1935 hatte sich die Seminaratmosphäre wieder geändert. 1937 denunzierte man mich wegen meiner Tätigkeit in der katholischen studentischen Jugend. Den Anstoß lieferten vielleicht auch die Artikel über politische Themen, die ich für den damaligen Großen Herder zu verfassen hatte. Kein Ordinarius hatte damals mehr den Mut, solche heißen Eisen anzufassen. Da mußte ein Jüngerer her. Schließlich kam der erwähnte Professor A. darauf, daß ich diese Artikel verfaßt hatte und folglich untragbar sei.[46] Der Prorektor der Universität, Theodor Maunz,[47] zu dem ich bestellt wurde, erklärte mir: „Sie sind verloren. Weil man Sie denunziert hat, ist Heidegger befragt worden, wie es um Ihre politische Gesinnung stehe. Der hat ein Gutachten geschrieben, in dem er Sie menschlich, pädagogisch und philosophisch lobt, aber den Satz schreibt, Sie seien diesem Staat gegenüber negativ eingestellt. Gehen Sie hin! Wenn er diesen einen Satz streicht, nachdem die Habilitation, die Probevorlesung und ihre Teilnahme am Dozentenlager so außerordentlich gut gegangen sind, wird auch alles weitere gutgehen. Wenn der Satz stehenbleibt, allerdings nicht." So ging ich zu Heidegger. Der sagte etwas verlegen: „Ich kann den Satz nicht streichen. Ich bin ja nur nach Ihrer politischen Einstellung gefragt worden. Wenn ich die Auskunft verweigere, ist das für Sie genau so negativ. Deshalb habe ich die Antwort gegeben, die allein der Wahrheit entspricht. Aber ich habe sie eingepackt in eine Hülle verantwortbarer guter Dinge." Meine Entgegnung: „Das nützt mir nichts. Der Satz steht da." Da meinte Heidegger: „Als Katholik müßten Sie wissen, daß man die Wahrheit sagen muß. Infolgedessen kann ich doch den Satz nicht streichen." Da entgegnete ich: „Mir ist nicht bewußt, daß man immer und überall die Wahrheit sagen muß. Vielmehr muß der, zu dem man spricht, einen Anspruch auf die Wahrheit haben. Es gibt ja keine undifferenzierte Wahrheitspflicht." Heidegger: „Nein, ich halte mich daran, wonach ich gefragt worden bin. Ich kann jetzt nicht mein ganzes Gutachten zurückziehen und sagen, ich mache überhaupt keines, nachdem bekannt ist, daß ich eins an die Universität zur Weiterleitung geliefert habe. Da ist nichts zu machen. Nehmen Sie mir die Sache nicht übel." Offenbar wollte er ein schönes Verhältnis zu mir aufrecht-

erhalten. Meine letzten Worte waren: „Es dreht sich nicht ums Übelneh-
men, sondern um meine Existenz." Tatsächlich bekam ich kurz darauf, weitergeleitet vom Dekan Müller-Blattau, ein Schreiben aus Berlin, daß ich
„aus weltanschaulich-politischen Gründen" für die Universität untragbar
sei.[48]

MARTIN: Wann war das?

MÜLLER: Mitte Januar 1939 bekam ich den Bescheid. Ich zog die Konsequenzen und brach meine Kontakte zu Heidegger ab. Wiederaufgenommen
wurden sie erst 1945, als Heidegger sich an mich wandte. Trotz allem, was
vorgefallen war, ergab sich zum zweiten Mal eine sehr schöne Beziehung,
aber die Erfahrung einer gewissen Ambiguität im Charakter von Heidegger
war nicht mehr auszulöschen.

SCHRAMM: Wie war denn die Atmosphäre in Heideggers Vorlesungen und
Seminaren, nachdem er sein Rektorat niedergelegt hatte? Also in der Zeit,
als er über Hölderlin las oder . . .

MÜLLER: . . . in der großen Nietzsche-Vorlesung.

SCHRAMM: Kann man sagen, daß diese Veranstaltungen in irgendeiner
Weise Auseinandersetzungen mit dem Nationalsozialismus waren? Und
wurden sie als solche verstanden? Heidegger hat später behauptet: Wer
hören konnte, der habe es damals gehört.

MÜLLER: In die Vorlesungen bin ich damals nicht mehr gegangen. Aber
ich verfolgte die Nietzsche-Vorlesung anhand von Nachschriften. Es lag auf
der Hand, daß er mit Nietzsche das Gegenteil von dem im Sinne hatte, was
Mussolini oder Hitler aus ihm machen wollten. Für Heidegger gab es zwei
Endstationen der abendländischen Metaphysik: Nietzsche und Marx. Marx
habe zwar den Idealisten Hegel vom Kopf auf die Füße gestellt, wie Marx
selbst es ausdrückt, aber das sei, sagte Heidegger, genauso Metaphysik, nur
sei es der umgekehrte Platonismus. Der Dualismus Geist–Sinnlichkeit
bleibt, aber bei Plato beherrscht der Geist die Sinnlichkeit, während bei
Marx die Sinnlichkeit und die Arbeit den Geist in Dienst nehmen, wobei
dieser nur ein Epiphänomen ist. Nietzsche ersetzt den Platonismus nicht
durch einen Materialismus, sondern durch einen Vitalismus. Damit setzt er
der Metaphysik ein großartiges Ende. Nietzsche erkennt alle Schwachstel-
len des großen, bürgerlichen Zeitalters der Neuzeit und der großen, bürger-
lich-idealistischen Philosophie. Er ersetzt sie aber nicht durch ein schlechthin neues Denken, sondern einfach durch Umdrehung. Heidegger betonte
immer: „*Diese* Kehre meine ich nicht, denn sie ist einfach eine Verkeh-
rung."

MARTIN: Was ergeben die Hölderlin-Vorlesungen für unsere Fragestellung?

MÜLLER: Bei Hölderlin ging es Heidegger nicht um den Vaterlandsbe-
griff, der die Nationalsozialisten an diesem Dichter vor allem interessierte.

Hölderlin, den Heidegger durch Norbert von Hellingrath[49] aus der Jugendbewegung her kannte, bedeutete für ihn die positive Beendigung des metaphysischen Zeitalters. Hölderlin habe als einziger die Umrisse der nachmetaphysischen Zeit erkannt. Er, der Freund von Hegel und Schelling, sei viel weiter als jene vorgestoßen. In seiner dichterischen Sprache habe er ausgedrückt, daß es kein System des Geistes mehr geben könne, sondern nur noch eine Geschichte der Zusendung des Neuen.

SCHRAMM: Wer ging denn zu Heidegger ins Seminar oder in die Vorlesung, sagen wir: ab 1934/35 und bis zum Krieg, der die Universität allmählich entvölkerte? Wie unterschied sich das Milieu bei Heidegger von dem, was sonst an der Freiburger Universität üblich war?

MÜLLER: Im Jahre 1933 ging es in den Heideggervorlesungen keineswegs unpolitisch zu. Zum Beispiel erinnere ich mich an einen improvisierten Satz aus der Logikvorlesung: „Die Logik ist natürlich das richtige Denken existierend-konkreter Menschen. Auch in die Logik kann man die Gestalt des Führers hineinbringen." Aber wohlgemerkt: So etwas hätte Heidegger schon 1934/35 nicht mehr gesagt. Seit dieser Zeit fiel, soweit ich das als Nichtteilnehmer beurteilen kann, in seinen Lehrveranstaltungen kein politisches Wort mehr. Und mit dem zum „Deutschen Gruß" erhobenen Arm haben wohl alle Ordinarien dieser Zeit ihre Vorlesungen eröffnet. Nur Unbedeutende, Unbeachtete konnten sich über diese Anweisung hinwegsetzen.

SCHRAMM: Hat sich der Kreis der Menschen, die Heidegger nahestanden, in diesen Jahren verschoben?

MÜLLER: Von einer starken Verschiebung kann man kaum reden. Zu seinem engsten Kreis hatten längst Leute gehört, die, vereinfacht gesprochen, „rechts" standen: wie der große Staats- und Verwaltungsrechtler Ernst Rudolf Huber[50] und – wie schon erwähnt – Ernst Jünger.[51] Die von Jünger entworfene Gestalt des Arbeiters, als romantische *und* zugleich technische Erscheinung begriffen, beeindruckte Heidegger.

MARTIN: Darf ich hier einhaken? Hat Heidegger bei Ernst Jünger nicht, mehr als den Literaten, den schneidigen Frontoffizier, den Pour-le-mérite-Träger bewundert? Kompensierte diese Bewunderung nicht, daß ihm selber das Fronterlebnis im Ersten Weltkrieg eigentlich verwehrt geblieben war? Er meldete sich 1914 als Kriegsfreiwilliger, wurde aber wegen einer Krankheit in die Heimat entlassen. In Freiburg diente er dann drei Jahre bei der Postzensur. 1918, als er ein zweites Mal zum Fronteinsatz, jetzt vor Verdun, vorgesehen war, landete er bei der Wetterwarte.[52]

MÜLLER: Ja, dieses persönliche unheroische Schicksal hat im Denken Heideggers wohl zur mythischen Verklärung des Fronterlebnisses beigetragen. Übrigens: wenn er mit aller Kraft an die Front gewollt hätte, hätte es gewiß Mittel und Wege gegeben, das zu erreichen. Mir scheint, er war – nach dem üblichen Schlagwort – keine „soldatische Natur". Aber, weil es bei Heidegger selten mit einer einfachen Formel getan ist, muß man hinzufügen: er besaß einen beachtlichen physischen Mut. Beim Skifahren lachte er mich einige Male aus, weil ich Bögen und Kurven einlegte, wo er in einer schneidigen Geraden hinunterjagte. Dabei hatte er diesen Sport nicht von Jugend auf betrieben, sondern wohl erst durch Vermittlung seiner Frau gelernt. Das galt übrigens auch für das Wandern. Denn ein Bub aus Meßkirch, der wandert nicht und fährt nicht Ski. Beides hat Heidegger dann aber doch mit Tüchtigkeit und großer Leidenschaftlichkeit sogar getan.

MARTIN: Wenn man nach Heideggers Mut fragt, dann ergibt sich also ein zwiespältiges Bild?

MÜLLER: Ja, wie so oft bei ihm. Er hatte nicht gerade viel „Zivilcourage". Wo er nicht direkt „Experte" war, war er leicht zu verunsichern, wenn man ihm widersprach. Mich hat das immer gewundert. Bei solchen Gelegenheiten versuchte er nicht zu argumentieren, sondern zog sich scheu zurück, sobald man dezidierte Ansichten äußerte. Daß ihn eine gewisse, bis ins Mienenspiel durchschlagende Unsicherheit auch da zurückhalten konnte, wo er furchtbar gerne mitgeredet hätte, aber seine Unzuständigkeit fühlte, spürte man zum Beispiel im Künstlerischen. So wagte er nicht, sich etwa über die Brandenburgischen Konzerte von Bach zu äußern, die er sich mit Freude anhörte und für etwas ganz Großes hielt. Ob er viel von Musik verstanden hat, daran habe ich dennoch gewisse Zweifel.

SCHRAMM: Er spielte sie sich auf Platten vor?

MÜLLER: Ja. Im Alter hatte er sich eine wunderbare stereophone Anlage einbauen lassen.

MARTIN: Dürfen wir noch einmal auf Heideggers Verhältnis zu seinen Professoren-Kollegen zurückkommen?

MÜLLER: Um die Zwiespältigkeit dieser Zeit aufzuzeigen: der damalige Prorektor Josef Sauer[53] hat in sein Tagebuch sehr scharfe Urteile über seinen Rektorkollegen Heidegger hineingeschrieben, die Herr Ott geradezu als Schlüssel für die Beurteilung benutzt hat. Nun, Sauer war als Mensch von Format einer der imponierendsten und großartigsten Erscheinungen der Theologischen Fakultät. Aber es wäre falsch, ihn zum „guten" Gegenpol des „bösen" Heidegger in der Zeit von dessen „Verirrung" zu machen. Sauer war immer Monarchist, deutschnational, er hat Weimar nie akzeptiert. Als Prorektor hat er das ganze Jahr des Heideggerschen Rektorats mit durchgedient und durchgehalten. Es beleuchtet die Zeit, wenn er jungen Katholiken immer wieder riet: Ihr müßt in die SA, ihr müßt in die SS. Von diesem Argument ließ auch ich mich beeindrucken und trat der SA bei. Wir müssen dort präsent sein, sonst läuft die ganze Sache über uns weg und gegen uns. Nationalsozialist war er dabei bestimmt nie. Ein anderer Fall – ich weiß nicht, ob man ihn je näher untersucht hat – war Heideggers Verhältnis zu Moellendorff.[54]

SCHRAMM: Dem Mediziner?

MÜLLER: Ja. Er war, als die Nationalsozialisten an die Macht kamen, rechtmäßig gewählter Rektor, aber als Mitglied der SPD für sie untragbar. Er mußte zurücktreten und ist später einem Ruf in die Schweiz gefolgt. Das persönliche Verhältnis Heideggers zu Moellendorff ist meines Wissens darüber nicht zerbrochen.

SCHRAMM: Zu Franz Büchner [55] auch nicht.

MÜLLER: Nein. Auch die Beziehungen zu Erik Wolf [56] litten nie. Zunächst wurde Wolf, der die Dekansgeschäfte bei den Juristen führte, von seiner Fakultät desavouiert, weil er sich gewissermaßen als unreflektierter Heidegger-Schwärmer zu entpuppen schien. Gemeinsam hatte er mit Heidegger, daß die Partei ihm absolut fremd blieb. Wolf ließ sich, ursprünglich ein Anhänger Georges, auch von romantischen Vorstellungen leiten. Ihn faszinierte, wie Heidegger, die Großartigkeit des Geschehens. Ja, bei ihm kam noch ein gewisser Ästhetizismus hinzu. Aber sein Protestantismus verhalf ihm zu einer radikalen Wende: Er trat auf den Boden der Bekennenden Kirche. [57]

MARTIN: Sie haben im Gespräch immer wieder Ansätze zu einer Gesamtwürdigung und -kritik von Heideggers Persönlichkeit versucht. Können Sie die Linien noch genauer ausziehen? „Ambiguität" war einer Ihrer Leitbegriffe.

MÜLLER: Bis 1933 durfte ich mich, das ist wohl nicht zu anmaßend gesagt, mit Fink und anderen (Bröcker, Oltmanns, Siewerth z. B.) zu seinen Freiburger Vorzugsschülern rechnen. Gadamer war ja nicht mehr am Orte. Bei meiner Habilitation, die Heidegger 1930 selbst angeregt hatte, gewann ich den Eindruck, er stehe zu mir. Aber bereits bei dem Verfahren zeigte sich eine gewisse Zwiespältigkeit. Obwohl er über das Kolloquium ein sehr positives Urteil abgab, ist er zu keiner meiner Probevorlesungen gekommen. Mich hat diese Zwiespältigkeit, so deutlich ich sie immer gespürt habe, in einer gewissen Weise nicht gestört. Den harmonischen, geschlossenen Menschen, die sich leicht mit sich selbst identifizieren können, bleiben die größten Leistungen verwehrt. Heidegger trug in der meisten Zeit seines Lebens einen tiefen Zwiespalt in sich aus, auch zu seiner Religion. Man kann das in der Dokumentation von Guido Schneeberger [58] nachlesen, die auch Heideggers geradezu gehässige Äußerungen über die katholische Kirche festhält. Eine Szene aus dem Jahr 1945 hat mir Bernhard Welte [59] erzählt. Damals saß Heidegger im Vorzimmer des Erzbischofs, um bei diesem Hilfe zu erbitten. Die Schwester des Erzbischofs kam herein und sagte: „Ach der Martin isch mal wieder bei uns! Zwölf Jahre isch er nicht gekommen." Heidegger antwortete betreten: „Marie, ich habe es schwer gebüßt. Mit mir ist es jetzt zu Ende." Natürlich war es keineswegs mit ihm zu Ende, es ging mit ihm vielmehr sehr groß weiter. Demnach war Heidegger zwölf Jahre lang Bischof Gröber ausgewichen.

MARTIN: Obwohl Gröber ihn ja in etwa entdeckt und gefördert hatte.[60]
MÜLLER: Ja, und das letztere in sehr starkem Maße.
MARTIN: Seinen ganzen Werdegang hatte Heidegger eigentlich Gröber zu verdanken.
MÜLLER: Das ist viel zuviel gesagt. Aber er hat Gröber immer als eine Vaterfigur verehrt. Gegen ihn persönlich hätte er nie gehässig auftreten können. Hier lagen die Dinge ähnlich wie gegenüber Husserl. Mut und Unsicherheit haben sich in ihm oft widersprochen. Er hat es immer mit sich selber schwer gehabt. Keiner hätte so tief über bestimmte menschliche Phänomene nachdenken können, dem diese Schwierigkeiten im eigenen Inneren abgegangen wären. Der Meßkircher und der Professor z. B., dann der unabhängige Denker und der religiös Verwurzelte – solche Gegensätze z. B. bezeichnen einige der „Zwiespälte" seiner Natur. Seine Mutter war fast ein wenig zu fromm, und von ihr hat er sich nie ganz lösen können. Das Bild der Mutter stand immer auf seinem Schreibtisch. Ein anderes Beispiel: Auf den Wanderungen, die ich zusammen mit ihm machte, haben wir auch manchmal Kirchen und Kapellen besucht. Zu meinem tiefen Erstaunen nahm er Weihwasser und machte eine Kniebeuge. Ich wies ihn einmal auf dies als Inkonsequenz hin: „Sie haben doch von der Kirche Abstand genommen. Sie glauben doch nicht an die Transsubstantiation. Warum eine Kniebeuge? Für Sie ist Christus doch nicht im Altar." Heidegger daraufhin: „Bestimmt nicht. Transsubstantiation – das ist ein Mißbrauch aristotelischer Physik durch die Hochscholastik. Aber ich bin doch kein Feld-Wald-und-Wiesen-Pantheist. Geschichtlich muß man denken. Und wo so viel gebetet worden ist, da ist das Göttliche in einer ganz besonderen Weise nahe. Wie Sie nun auch die Gestalt deuten, ich würde meinen, das Göttliche war auch einmal in der Gestalt Christi ungewöhnlich nahe. Heute ist es so wohl nicht mehr. Aber eine solche Kirche jahrhundertealter Verehrung ist ein Ort, wo man Ehrfurcht haben muß." Das Dogma der Kirche, das „Joch der Kirche", das lehnte er ab. Aber gleichzeitig sah er, daß die Kirche durch die Jahrhunderte hindurch von einer Nähe des Göttlichen durchwaltet wurde, die nun aus ihr heute entschwindet. Daher dieses sonderbar „Adventistische". Es wird einmal eine neue Religion geben, denn der Mensch wird nie ohne Religion sein, schließlich ist er ein homo religiosus. Heidegger stand dem auf uns gekommenen Erbe gegenüber in einem gewissen Widerspruch: Das Erbe darf man nicht wegwerfen. Man baut auf ihm auf, aber man geht von ihm zu ganz neuen Ufern. Hier übernahm er die berühmte Dreifachheit der „Aufhebung" von Hegel: Aufheben heißt „tollere" – es gilt nicht mehr. Es kann bedeuten „conservare" – aufbewahren. Und schließlich kann es „elevare" heißen: hinaufheben. Und wenn es hinaufgehoben wird, dann steht es ganz anderswo als vorher. Diese Probleme haben ihn sehr tief, nach einem Schlagwort: „existentiell" ergriffen. Er hat keines der Probleme, die

er mit solcher Großartigkeit aufgerissen hat, bewältigt. Nun, Philosophieren heißt ja: im Fragen bleiben. Wer mit den Problemen zu Rande kommt, hat Philosophie eigentlich nicht mehr nötig. Darum seine letzte These, der ich immer widersprochen habe: Man denkt *oder* man glaubt, denn mit dem Glauben ist die Antwort da. Das Denken ist nur dann Denken im Heideggerschen Sinne, wenn es in der Antwortlosigkeit verharrt. Für mich steckt darin dann doch ein gewisser – wenn auch nicht im gewöhnlichen Wortsinn – „Nihilismus". Dieser führt dazu, daß der so antwortlos Denkende dann auch im Politischen der Verantwortung ausweicht. Das wollte Heidegger nicht und hat es letzten Endes doch getan.

Anmerkungen

[1] Husserl, Edmund (1859–1938), von 1916 bis zu seiner Emeritierung 1929 Professor für Philosophie in Freiburg.

[2] Die Selbstbehauptung der deutschen Universität, Breslau 1933. Neuauflage: Martin Heidegger, Die Selbstbehauptung der deutschen Universität. Das Rektorat 1933/34, hrsg. von Hermann Heidegger, Frankfurt a. M. 1983.

[3] Hugo Ott, Martin Heidegger als Rektor der Universität Freiburg i. Br. 1933/34, I: Die Übernahme des Rektorats der Universität Freiburg i. Br. durch Martin Heidegger im April 1933, II: Die Zeit des Rektorats von Martin Heidegger (23. April 1933 bis 23. April 1934). Beide in: Zeitschrift des Breisgau-Geschichtsvereins (›Schau-ins-Land‹) 102 (1983), S. 121–136, und 103 (1984), S. 107–130. Ders., Martin Heidegger als Rektor der Universität Freiburg 1933/34, in: Zeitschrift für die Geschichte des Oberrheins 132 (1984), S. 343–357.

[4] Friedrich Meinecke (1862–1954), Historiker, 1906–1914 Professor in Freiburg, 1914–1928 in Berlin. Hans Rothfels (1891–1976), Historiker, 1926–1934 Professor in Königsberg, 1935 zwangsemeritiert, 1939 Research Fellow Oxford, Emigration in die USA, 1951–1960 Professor in Tübingen.

[5] Oskar Becker (1889–1964), Philosoph, 1922 Privatdozent, 1928 a. o. Professor in Freiburg, 1931–1955 in Bonn.

[6] Julius Ebbinghaus (1885–1981), Philosoph, 1921 Privatdozent, 1927–1930 apl. Professor in Freiburg, seit 1940 in Marburg.

[7] Gustav Siewerth (1903–1963), Pädagoge und Philosoph, 1937 Privatdozent in Freiburg, Sektionsleiter in der Görres-Gesellschaft für Pädagogik seit 1958. Promotion 1931 mit dem Thema ›Der metaphysische Charakter des Erkennens nach Thomas von Aquin, aufgewiesen am Wesen des sinnlichen Aktes‹ bei Martin Honecker.

[8] Simon Moser (*15. 3. 1901), Philosoph, Promotion 1929 in Freiburg bei Martin Heidegger mit der Arbeit ›Die „summulae in libros physicorum" des Wilhelm von Ockham. Ein kritischer Vergleich ihrer Grundbegriffe mit der Philosophie des Aristoteles‹. Universitätsdozent 1935 in Innsbruck, 1948 Professor in Innsbruck, seit 1952 Professor in Karlsruhe.

[9] Walter Bröcker (*19. 7. 1902), Philosoph, Promotion 1928 in Marburg mit dem Thema ›Kants Kritik der ästhetischen Urteilskraft‹, 1934 Habilitation mit einer

Arbeit über ›Die aristotelische Philosophie als Frage nach der Bewegung‹ bei Heidegger in Freiburg, 1937–1940 Dozent in Freiburg, 1940 Professor in Rostock, seit 1948 in Kiel.

[10] Käthe Oltmanns (Jahrgang 1906), promovierte 1935 mit einer Arbeit ›Die Philosophie des Meisters Eckhart‹ bei Heidegger.

[11] Eugen Fink (1905–1975), Philosoph und Erziehungswissenschaftler, 1929 Promotion bei Husserl mit dem Thema ›Beiträge zu einer phänomenologischen Analyse der psychischen Phänomene, die unter den vieldeutigen Titel „Sich denken, als ob", „Sich etwas bloß vorstellen", „Phantasieren" befaßt werden‹, 1930–1937 Assistent von E. Husserl; 1938–1940 Mitbegründer des Husserl-Archivs in Löwen, Kriegsdienst, 1946 Habilitation ›Idee der „transzendentalen Methodenlehre"‹ und Dozentur, 1948 bis 1971 Professor in Freiburg.

[12] Max Scheler (1874–1928), Philosoph, Professor in Köln und Frankfurt a. M.

[13] Heinrich Rickert (1863–1936), Philosoph, 1891 Privatdozent, 1894–1916 Professor in Freiburg. Thema von Heideggers Habilitation 1916: Die Kategorien- und Bedeutungslehre des Duns Scotus, Tübingen 1916.

[14] Artur Schneider (1876–1945), Philosoph, Privatdozent in Bonn 1902, Professor in München 1909, in Freiburg 1911 und in Straßburg 1913, seit 1921 in Köln.

[15] Stefan George (1868–1933), Schriftsteller, propagierte ein neues Griechentum in ›Das neue Reich‹ (1928), als Prophet des 'Dritten Reiches' mißverstanden. Mit Hilfe der von ihm herausgegebenen Zeitschrift ›Blätter für die Kunst‹ schuf er sich eine im deutschen Geistesleben einflußreiche Anhängerschaft (George-Kreis).

[16] Ernst Jünger (*29. 3. 1895), Schriftsteller, Frontoffizier im Ersten Weltkrieg; Frühwerke: In Stahlgewittern (1920), Der Kampf als inneres Erlebnis (1922), Der Arbeiter (1932).

[17] Ernst Bloch (1885–1977), Philosoph, 1933–1949 Emigration USA, 1949–1957 Professor in Leipzig, seit 1961 Gastprofessor in Tübingen.

[18] Platons Lehre von der Wahrheit, Mit einem Brief über den Humanismus, Bern 1947.

[19] Was ist Metaphysik?, Bonn 1929.

[20] Siehe o. Anm. 2.

[21] Vom 23. Sept. 1966, posthum veröffentlicht in Nr. 23, 1976, S. 193–219.

[22] Gerhard Ritter (1888–1967), Historiker, 1925–1956 Professor in Freiburg.

[23] Am 3. Mai 1933, beim ersten gemeinsamen Pauktag der Freiburger Korporationen nach Aussetzung des Mensur-Verbots (Schneeburger – Anm. 51 – S. 27 und S. 29). Die offizielle Aufhebung erfolgte auf Reichsebene erst mit einem Gesetz vom 26. Mai 1933 (§ 210a des StGB). Letzteres nach Wolfgang Kreutzberger, Studenten und Politik 1918–1933. Der Fall Freiburg im Breisgau, Göttingen 1972, S. 91.

[24] Alois Riehl (1844–1924), Philosoph, 1882–1895 Professor in Freiburg.

[25] Wilhelm Windelband (1848–1915), Philosoph, 1877–1882 Professor in Freiburg.

[26] Siehe o. Anm. 12.

[27] Heinrich Auer (1884–1951), seit 1911 beim Deutschen Caritasverband in Freiburg tätig, Ehrensenator der Freiburger Universität.

[28] Wolfgang Aly (1881–1962), Klassischer Philologe, 1908 Privatdozent, 1914 a. o. Professor in Freiburg, 1928 Lektor für alte Sprachen, 1934 Lehrauftrag für philologische Hilfswissenschaften, 1936 Lehrauftrag für griechische und lateinische Philolo-

gie. Mehrfache Anträge der Fakultät auf ein planmäßiges Extraordinariat wurden vom Ministerium in Karlsruhe abschlägig beschieden. Entlassung 1945.

²⁹ Ulrich von Wilamowitz-Moellendorff (1848–1931), Klassischer Philologe, seit 1927 Professor in Berlin.

³⁰ Hans F. K. Günther (1891–1968), Rassenforscher, 1930 Professor in Jena, 1935 in Berlin, 1940–1945 Professor in Freiburg, suspendiert, keine Wiedereinstellung. Hauptwerk: Die Rassenkunde des deutschen Volkes (1922), 14. Auflage 1930.

³¹ Eugen Fischer (1874–1967), Anatom und Anthropologe, 1912 Professor in Würzburg, 1914 in Freiburg, 1927–1942 Direktor des Kaiser-Wilhelm-Instituts für Anthropologie in Berlin.

³² Gerd Tellenbach (*17. 9. 1903), Mediävist, 1942 Professor in Münster, 1944–1962 in Freiburg, Autobiographie: Aus erinnerter Zeitgeschichte, Freiburg i. Br. 1981.

³³ Hans-Walter Klewitz (1907–1943), Mediävist, von 1940–1943 Professor für mittelalterliche Geschichte in Freiburg i. Br.

³⁴ 11. April 1933, in Baden am 6. April 1933 durch Erlaß des Reichskommissars (und Gauleiters) Wagner.

³⁵ Martin Honecker (1888–1941), Philosoph und Psychologe, Professor in Freiburg 1924–1941.

³⁶ Eugen Fink, s. o. Anm. 11.

³⁷ Walter Eucken (1891–1950), Volkswirtschaftler, seit 1927 Professor in Freiburg.

³⁸ Hans Großmann-Doerth (1894–1944), Jurist, seit 1930 Professor in Freiburg.

³⁹ Georg von Hevesy (1885–1966), Chemiker, 1926–1934 Professor in Freiburg, Emigration nach Skandinavien, 1943 Nobelpreis für Chemie.

⁴⁰ Siegfried Thannhauser (1885–1962), Mediziner, seit 1931 Professor in Freiburg, 1934 Zwangsemeritierung, Emigration in die USA (Boston). Thannhauser pflegte im amerikanischen Exil gute Kontakte zu Heinrich Brüning.

⁴¹ Werner Brock (1901–1974), Philosoph, 1930 Habilitation in Göttingen mit dem Thema ›Nietzsches Idee der Kultur‹, 1931 Umhabilitation in Freiburg auf Antrag Heideggers, Übernahme einer Universitätsdozentur, Entzug der Lehrbefugnis durch Entschließung des Reichsstatthalters Wagner vom 1. Okt. 1933, Emigration nach Cambridge, seit 1946 apl. Professor mit besoldetem Lehrauftrag in Freiburg. Die Übertragung einer etatmäßigen Professur als Akt der Wiedergutmachung scheiterte an einer Reihe von Faktoren, u. a. am schlechten Gesundheitszustand Brocks.

⁴² Helene Weiß (*24. 10. 1898), promovierte auf Anregung Heideggers 1935 in Basel mit dem Thema ›Der Zufall in der Philosophie des Aristoteles‹.

⁴³ Alfred Seidemann (Jg. 1895), Bergsons Stellung zu Kant. Phil. Diss. Freiburg i. Br. 1935.

⁴⁴ Wilhelm Szilasi (1889–1966), Philosoph, 1947 bis 1956 als Honorarprofessor Vertretung des Heidegger-Lehrstuhls, ab 1956 mit der Wahrnehmung eines ordentlichen Lehrstuhls für Philosophie in Freiburg betraut. Lebte vor 1933 einige Jahre als Privatgelehrter in Freiburg.

⁴⁵ Hermann Staudinger (1881–1965), Chemiker, seit 1926 Professor in Freiburg, Nobelpreis 1953.

⁴⁶ Vollständiger Wortlaut des Habilitationsgutachtens von Professor Aly: „Habilitationsarbeit von Dr. Max Müller. Da mir der Verf. als eine lautere Persönlichkeit

geschildert wird, scheint die Arbeit, die eine Überwindung der naturwissenschaftlichen Wahrheitsbegriffe von den Voraussetzungen des Thomismus aus zum Gegenstand hat, in ihrer Anlage verfehlt zu sein. Denn die Voraussetzungen des Thomismus sind nicht diejenigen unserer Wissenschaft. Wer sie jedoch auch heute noch anerkennt, für den dürfte die Arbeit Probe einer sehr scharfsinnigen und intellektuell beachtenswerten Kraft sein. Da es sich bei der Beurteilung der Arbeit aber um weltanschauliche Urgründe handelt, muß ich ein Urteil über sie ablehnen. Der Artikel ›Staat‹ des Herderschen Lexikons, der nach meinen Informationen von M. stammt, beweist, daß die Grundanschauung des Verf. vom Staat politisch untragbar ist. Ich würde daher die Betrauung desselben mit einem Lehrstuhl der philosoph. Fakultät für unmöglich halten. Wie andere, z. B. theologische Fakultäten darüber denken, entzieht sich meinem Wissen. Aly" (Quelle: Archiv der Philosophischen Fakultäten, Freiburg i. Br., „Habilitation Max Müller").

[47] Theodor Maunz (*1. 11. 1901), Staatsrechtler, 1935–1952 Professor in Freiburg, 1952 in München; 1957–1964 bayerischer Kultusminister, Rücktritt wegen pronationalsozialistischer Haltung.

[48] Joseph Müller-Blattau (1895–1976), Musikwissenschaftler, 1937–1952 Professor in Freiburg. Schreiben des Reichsministers für Wissenschaft, Erziehung und Volksbildung, KP Müller 85 h, vom 23. Nov. 1938, in dem es u. a. heißt: „Dem Gesuch des Dr. phil. habil. Max Müller in Freiburg um Erteilung einer Dozentur habe ich aus politisch-weltanschaulichen Gründen nicht entsprechen können" (Archiv der Philosophischen Fakultäten Freiburg i. Br., „Habilitation Max Müller").

[49] Norbert von Hellingrath (1888–1916 vor Verdun gefallen), Literaturhistoriker, begann 1913 die erste, historisch-kritische Gesamtausgabe der Werke Hölderlins.

[50] Ernst Rudolf Huber, Staatsrechtler (*8. 6. 1903), Professor 1933 in Kiel, 1937 Leipzig, 1941 Straßburg, Lehrauftrag 1944 Heidelberg, 1952 Freiburg; Hon.-Prof. 1956 Freiburg; Professor 1957 Wilhelmshaven, 1962 Göttingen, 1968 emeritiert.

[51] Über Die Linie, in: Freundschaftliche Begegnung, Festschrift für Ernst Jünger zum 60. Geburtstag, Frankfurt a. M. 1955, S. 9–45, Wiederabdruck als separate Schrift unter dem Titel ›Zur Seinsfrage‹, Frankfurt a. M. 1956.

[52] Die Angaben über die Militärzeit, die Heidegger offensichtlich selbst gemacht hat, entstammen dem Deutschen Führerlexikon 1934/35. Zitiert bei Guido Schneeberg, Nachlese zu Heidegger. Dokumente zu seinem Leben und Denken, Bern 1962, S. 237. Heidegger scheint ein ambivalentes Verhältnis zu seiner militärischen Dienstzeit im Ersten Weltkrieg gehabt zu haben. In Marburg wurde er 1927/28 insgesamt fünfmal vom Universitätscurator aufgefordert, ein Formular über seine Militärdienstzeit auszufüllen, damit seine Privatdozententätigkeit in Freiburg als ruhegehaltsfähige Dienstzeit in Preußen anerkannt werde. Heidegger blieb die Antwort schuldig (Staatsarchiv Marburg, Best.-Nr. 310, acc. 1978/15, Nr. 2729).

[53] Joseph Sauer (1872–1949), Kirchenhistoriker, 1902 Privatdozent, seit 1905 Professor in Freiburg, 1932/33 Rektor.

[54] Wilhelm von Moellendorff (1887–1944), Histologe, 1912–1922 a. o. Professor und seit 1927 o. Professor in Freiburg. Zum Rektor für das akademische Jahr 1933/34 gewählt. Rücktritt am 21. April 1933.

[55] Franz Büchner (*20. 1. 1895), Pathologe, 1927 Habilitation in Freiburg, 1931 apl. Professor in Freiburg, 1934 Professor in Berlin, 1936 bis zu seiner Emeritierung

1960 in Freiburg. Großes Aufsehen erregte ein öffentlicher Vortrag, den Büchner am 18. November 1941 zu dem Thema ›Der Eid des Hippokrates‹ (gedruckt in: Das christliche Deutschland 1933 bis 1945, Dokumente und Zeugnisse, Katholische Reihe, Heft 4) hielt und in dem er eindeutige Position gegen jede Form der Euthanasie, die Vernichtung unwerten Lebens, bezog. Büchner wurde 1985 Ehrenbürger der Stadt Freiburg.

[56] Erik Wolf (1902–1977), Rechtsphilosoph, seit 1930 Professor in Freiburg.

[57] Siehe den Beitrag von Alexander Hollerbach in diesem Heft.

[58] Siehe o. Anm. 51.

[59] Bernhard Welte (1906–1983), Katholischer Theologe, 1938 Promotion und 1946 Habilitation in Freiburg, von 1952 bis 1972 Professor in Freiburg.

[60] Conrad Gröber (1872 in Meßkirch – 1948), von 1932 bis zu seinem Tode Erzbischof von Freiburg. Als Rektor des Konstanzer Konradihauses hatte er den dortigen Schüler Heidegger für die Philosophie gewonnen. Vgl. Hugo Ott, Conrad Gröber (1872–1948), in: Zeitgeschichte in Lebensbildern, Bd. 6: Aus dem deutschen Katholizismus des 19. und 20. Jahrhunderts, hrsg. von Jürgen Aretz u. a. Mainz 1984. S. 64–75. Eine kritische Biographie steht über Gröber ebenso aus wie über Heidegger. Zu Gröbers Verhalten im „Dritten Reich" gegenüber seinem Klerus siehe die unveröffentlichte Magisterarbeit von Ursula Richter, Das Verhältnis zwischen Bischof und Klerus in der Herausforderung durch den nationalsozialistischen Staat. Das Beispiel Freiburg im Breisgau, Freiburg 1985; Bruno Schwalbach, Erzbischof Conrad Gröber, Freiburg 1986.

Erinnerung an zwei Jahre in Freiburg (1942–1944) *

Von WALTER BIEMEL

Nach meinem vierjährigen Philosophiestudium an der Bukarester Universität, das ich 1941 mit der «licence en philosophie» abschloß, wollte ich mein Studium bei dem Philosophen fortsetzen, der mich schon früh fasziniert hatte – Martin Heidegger. Mein Ästhetikprofessor Tudor Vianu, der selbst bei Groos promoviert hatte, ermutigte mich und stellte mir nach meiner Promotion eine Stelle in Aussicht. Heidegger hören zu können, in seinem Seminar zu arbeiten, schien mir ein einzigartiges Glück zu sein. Was ein Bukarester Freund, der in Freiburg studiert hatte, berichtete, steigerte meinen Wunsch, nach Freiburg zu gehen. Zugleich grauste es mich, ins Nazi-Deutschland zu fahren. Mein ältester Bruder, der in den zwanziger Jahren nach Frankreich gegangen war, in Toulouse sein Baccalauréat abgelegt und anschließend in Paris bei Alain Philosophie studiert hatte, informierte uns über die Vorgänge im Hitler-Deutschland. Er hatte den Brief Thomas Manns an den Rektor der Bonner Universität, als ihm der Ehrendoktor aberkannt wurde, und einen Aufsatz unter dem Titel ›Achtung Europa‹ – ›Avertissement à l'Europe‹ herausgegeben und übersetzt und die Predigten Niemöllers im Pariser Rundfunk vorgelesen. Zu einer Zeit, da viele Deutsche aus Siebenbürgen für das Mutterland schwärmten und sich nicht oder zu spät Rechenschaft gaben, was da wirklich vor sich ging, waren meine Eltern in der Heimatstadt von Nazi-Anhängern angefeindet. Es gab aber auch eine Reihe vernünftiger Siebenbürger, um hier nur an den Sachsenbischof Viktor Glondys zu erinnern, der später unter dem Einfluß der Nazis abgesetzt und von Städel ersetzt wurde, oder den Maler Hans Eder. In Kronstadt war der „Donnerstagabend-Kreis" gegen die Einflußnahme der Parteianhänger auf das Leben der Siebenbürger Sachsen.

Die Folgen einer allgemeinen Sepsis mit anschließender Phlegmone hatten dazu geführt, daß mein rechtes Knie versteift blieb (1935). Nur so konnte ich überhaupt während einer Zeit studieren, da meine Klassenfreunde Soldaten waren, von einem Sieg zum anderen gehetzt wurden und schließlich zur Endniederlage, der Kriegsgefangenschaft und der Deportation in die Sowjetunion gelangten. (Vertreibungen gab es aus Rumänien nicht, das sei angemerkt. Aber die unselige rumänische Politik – z. B. Schließung der deutschen Schulen, Enteignung der Bauern – nach dem Krieg hat dazu geführt, daß viele auswandern wollten, weil sie keine Chancen mehr in ihrer Heimat sahen, besonders auch für die Jugend, und tatsächlich ausgewandert sind und weiter auswandern.)

* Zuerst in: Freiburger Univ.bl. 92 (1986), S. 71–73.

Als ich im Frühjahr 1942 zur deutschen Gesandtschaft nach Bukarest ging, um ein Visum zu beantragen, wurde ich gefragt, zu wem ich gehen wolle. Auf meine Antwort: Zu Heidegger, sagte mir der zuständige Beamte, das sei nicht sinnvoll. Heidegger sei schwer krank und werde nur noch gelegentlich auf einer Bahre in den Hörsaal gebracht, um eine Vorlesung zu halten. Das wunderte mich, denn der Freund, der begeistert von Freiburg berichtet hatte, hatte mit keinem Wort diese Krankheit erwähnt. Sein Vorschlag, doch lieber zu Nicolai Hartmann nach Berlin zu gehen, wies ich zurück. Selbst wenn ich den Verfasser von ›Sein und Zeit‹ nur gelegentlich hören könne, schien mir das wichtiger. Vielleicht konnte ich doch in sein Oberseminar aufgenommen werden und sein Gesundheitszustand sich bessern.

Im April 1942 – als die Magnolien blühten – traf ich in Freiburg ein. Zur gleichen Zeit traf Marly Wetzel, von Berlin kommend, auch ein, Margherita von Brentano war schon da. Ihre Eltern hatten sich in Freiburg niedergelassen, nach dem Ausscheiden des Vaters, Clemens von Brentano, aus dem diplomatischen Dienst 1932, der die dunklen Zeiten voraussah und sich nicht mit diesem Regime kompromittieren wollte. Wir drei arbeiteten regelmäßig zusammen, schrieben die Vorlesungen nach, erstellten oft gemeinsam die Seminarprotokolle. Wenn ich diese Namen erwähne, tue ich es nicht, um Freundschaften zu verewigen (Marly Wetzel und ich heirateten später), sondern um auf einen kleinen Kreis hinzuweisen, der in absoluter Opposition zu den Nazis stand. Dazu gehörten noch weitere Mitglieder des Seminars.

Als ich nach meinem Eintreffen Kommilitonen fragte, ob Heidegger wohl lesen werde, stellte ich fest, daß niemand von einer Krankheit wußte.

Die Vorlesung, die an der Universität als erste begann, war die Heideggers: ›Hölderlins-Hymnen‹, die der Ister-Hymne und Sophokles' Antigone gewidmet war. (Ich habe sie kürzlich als Bd. 53 der Gesamtausgabe ediert.) Heidegger erschien im Seminar braungebrannt, und es waren keine Spuren einer Krankheit zu erkennen. Es wurde mir klar, daß die Krankheit erfunden war, um mich davon abzuhalten, nach Freiburg zu gehen. (An anderer Stelle habe ich über den Eindruck geschrieben, den Heidegger auf mich machte, das soll hier nicht wiederholt werden.)

Ich war glücklich, daß mich Heidegger in den kleinen Kreis des Oberseminars aufnahm, und nachdem ich da mitgearbeitet hatte, auch das Thema meiner Dissertation akzeptierte und mich beriet. Aus verschiedenen Bemerkungen im Seminar und auch bei der Vorlesung entnahm ich, daß Heidegger der Partei ablehnend gegenüberstand. Als ich in sein Haus am Rötebuck eingeladen wurde, kam das Gespräch auch auf die politische Situation und die Lage auf den Kriegsschauplätzen. Heidegger sprach von der Parteiführung als Verbrechern, nannte die Fortsetzung des Krieges eine Sinnlosigkeit. Im Laufe der Zeit lernte ich auch andere Professoren kennen, bei kei-

nem fand ich eine so eindeutige und klare Ablehnung des Regimes wie bei
Heidegger und wagte ich selbst so offen gegen den Nationalsozialismus zu
sprechen. Von siebenbürgischen Freunden wurde ich gewarnt. Vertreter der
volksdeutschen Mittelstelle in Berlin hatten sich bei ihnen nach mir erkun-
digt und bemerkt, „bei der kleinsten Bemerkung kommt er ins KZ". Meine
Freunde deckten mich und sagten nichts von unseren Gesprächen. Gelegentlich gab es in der Vorlesung eine Bemerkung über den Nationalsozialismus, die positiv klang. Ich zitiere aus der Vorlesung über die Ister-Hymne:

„Man kann heute, wenn man es überhaupt tut, kaum eine Abhandlung
oder ein Buch über das Griechentum lesen, ohne nicht überall auf die Ver-
sicherung zu stoßen, daß hier, bei den Griechen nämlich ‚Alles' politisch bestimmt sei. Die Griechen erscheinen in den meisten ‚Forschungsergebnis-
sen' als die reinen Nationalsozialisten. Dieser Übereifer der Gelehrten
scheint gar nicht zu merken, daß er mit solchen ‚Ergebnissen' dem Nationalsozialismus und seiner geschichtlichen Einzigartigkeit durchaus keinen
Dienst erweist, den dieser außerdem gar nicht benötigt. Diese Eiferer ent-
decken jetzt plötzlich das ‚Politische', und die Gelehrten des vorigen Jahrhunderts, die als sorgfältige Werkleute erste Texte und Ausgaben schufen,
nehmen sich vor diesen ‚neuesten Entdeckungen' aus wie blinde Dumm-
köpfe" (GA Bd. 53, S. 98).

Daß in diesem Text eine scharfe Ironie gegen die herrschende Tendenz
zum Ausdruck kommt, alles „politisch" zu interpretieren, ist unüberhörbar.
Aber war es nötig, von der geschichtlichen Einzigartigkeit des Nationalsozialismus zu sprechen? Nun kann in der Tat dem Nationalsozialismus eine
Einzigartigkeit des Bösen und Unmenschlichen nicht abgesprochen werden. Aber wenn wir den Satz positiv verstehen, gibt es für mich zwei Möglichkeiten der Erklärung: 1. daß Heidegger diese globale Beurteilung gibt,
um sich abzuschirmen und dann Kritik gegen die herrschenden Zustände
vorbringen zu können; 2. daß Heidegger eine Anspielung darauf macht,
was in seiner Vorstellung der Nationalsozialismus hätte sein können, eine
wirkliche Revolution, die eine entscheidende Wandlung herbeiführt.

In keinem der zahlreichen Gespräche hat Heidegger je den Nationalsozialismus verteidigt oder zu rechtfertigen versucht. Wohl gab es Kritik gegen den Amerikanismus und seine Gigantomachie und das Gegenbild des
totalitären Bolschewismus – auch gegen Schwächen und Mängel der Demokratie. Ich persönlich bin der Auffassung, daß er durch positiv klingende
globale öffentliche Aussagen zum Nationalsozialismus sich gegen mögliche
Angriffe auf seine Lehrtätigkeit und ein mögliches Lehrverbot schützen
wollte. Im Seminar sind während meiner Zeit nie solche Äußerungen gefallen.

Als ich mit einem Bukarester Freund ›Was ist Metaphysik?‹ ins Rumänische übersetzt hatte und der Text an einen großen Verlag in Bukarest

geschickt wurde, kam die Antwort, daß von den deutschen Stellen solch eine Übersetzung nicht gebilligt, ja sogar als ein Affront angesehen werden könnte. Heidegger war persona non grata.

Es wären leicht Stellen anzuführen, in denen Heidegger gegen den herrschenden Biologismus der Nazis polemisiert, statt dessen nur noch ein Zitat aus der Vorlesung (aus dem Gedächtnis), mit einer deutlichen kritischen Tendenz zum Zeitgeist. Er brachte den Anfang des Heraklit-Fragments 43 „Der Krieg ist der Vater aller Dinge". Diese Stelle, sagte er, wird heute immer wieder angeführt, um die Notwendigkeit des Krieges zu rechtfertigen. Aber bei Heraklit steht *polemos*, nicht Krieg, und zu den allen Dingen gehören die guten sowohl als auch die bösen – der Schluß des Fragments wird unterschlagen, da heißt es, „die einen erweist er als Götter, die anderen als Menschen, die einen läßt er Sklaven werden, die anderen Freie".

Ich bedaure, daß ich mir nach den Gesprächen keine Notizen gemacht habe – den zahlreichen Gesprächen in seinem Haus, auf der Hütte, bei den Spaziergängen. Aber eines weiß ich bestimmt, daß er in diesen Gesprächen den Nationalsozialismus nie verteidigt hat – es waren für ihn Verbrecher. Ich war zu schüchtern, ihn nach den Vorfällen von 1933 und seinem damaligen Irrtum zu fragen, von sich aus brachte er das Gespräch nie darauf.

In einer barbarischen Zeit, unter einer barbarischen Herrschaft erlebte ich in Heideggers Seminar und in seinem Haus eine andere Welt, die ich mir nicht vorzustellen gewagt hätte – ein anderes Deutschland, in dem Hölderlin, Hegel und Kant, Aristoteles und Platon, Parmenides und Heraklit – und auf der Hütte Johann Peter Hebel gegenwärtig waren.

Im Schatten des Jahres 1933: Erik Wolf und Martin Heidegger*

Von ALEXANDER HOLLERBACH

I

In den ›Tatsachen und Gedanken‹ zu seinem Rektorat 1933/34 berichtet Martin Heidegger: „Zu Dekanen für das Wintersemester 1933/34 ernannte ich Kollegen, die nicht nur nach meinem persönlichen, sondern nach allgemeinem Urteil in der wissenschaftlichen Welt und in ihrem Fach einen Namen hatten und zugleich die Gewähr boten, daß jeder in seiner Weise den Geist der Wissenschaft in die Mitte seiner Fakultätsarbeit rückte. Keiner der Dekane war Parteigenosse. Der Einfluß von Parteifunktionären war ausgeschaltet. Die Hoffnung bestand, eine Überlieferung des wissenschaftlichen Geistes in den Fakultäten zu erhalten und zu beleben."[1]

Einer dieser Dekane war Erik Wolf, seit Herbst 1930 Freiburger Ordinarius für Strafrecht, Strafprozeßrecht, Rechtsphilosophie, Allgemeine Rechtslehre und Gefängniskunde.[2] 1902 in Biebrich als Sohn eines Chemikers und einer Schweizerin aus dem Basler Geschlecht der Burckhardt geboren, hatte er sich nach juristischen Studien in Frankfurt am Main und in Jena, die er mit der Promotion abschloß, 1927 in Heidelberg unter dem Patronat von Gustav Radbruch habilitiert. Danach hat er drei Semester lang eine Lehrstuhlvertretung in Kiel wahrgenommen, folgte anschließend einem Ruf nach Rostock und dann alsbald nach Kiel, zog aber rasch nach Freiburg weiter, wo er Nachfolger von Johannes Nagler wurde.

Zwei bedeutende Frühwerke weisen auf Schwerpunkte seines damaligen wissenschaftlichen Arbeitens hin: In seiner zu der Monographie ›Grotius, Pufendorf, Thomasius‹ ausgebauten Dissertation zeigte er seine „Klaue" als Interpret der Geschichte des Rechtsdenkens, insbesondere im Hinblick auf dessen geistes- und philosophiegeschichtliche Komponente. Seine Habilitationsschrift ›Strafrechtliche Schuldlehre‹ wies ihn als Strafrechtsdogmatiker und Strafrechtsphilosophen aus. Sein philosophisches „Credo" hatte seine Wurzeln vornehmlich im Neukantianismus Heidelberger Prägung. Gleichwohl war Erik Wolf immer auf der Suche geblieben. Intensive Kontakte mit Gerhart Husserl erschlossen ihm die Phänomenologie und brachten die Stützen des neukantianischen Weltbildes ins Wanken. Im Hause Husserl in Kiel war es auch zu einer ersten Begegnung mit Martin Heideg-

---

* Zuerst in: Freiburger Univ.bl. 92 (1986), S. 33–47. – Durchgesehene und redaktionell überarbeitete Fassung. Die inzwischen fortgeführte Heidegger-Diskussion hat, soweit ersichtlich, in bezug auf Erik Wolf nichts Neues zutage gefördert. Gleichwohl wird das Thema im Kontext der Freiburger Universitäts- und Fakultätsgeschichte neu aufzugreifen sein.

ger gekommen. Er lernte ihn dort am 19. Juni 1928 aus Anlaß eines Kant-Vortrages kennen.[3] Das war der Beginn einer lebenslangen Beziehung der Gesprächspartnerschaft.

II

In Freiburg hat sich der Strafrechtstheoretiker Wolf am 12. November 1931 mit seiner programmatischen Antrittsrede ›Vom Wesen des Täters‹ öffentlich vorgestellt und zugleich mit der Schrift über ›Die Typen der Tatbestandsmäßigkeit‹ den originellen Versuch eines „Allgemeinen Teils des Besonderen Teils" gewagt. Hier ist, anknüpfend an Gerhart Husserl und Martin Heidegger, von dem Leitbild eines „phänomenologischen Personalismus" die Rede, von dem Programm einer spezifischen Verbindung von „wesenswissenschaftlicher Personenlehre" und „juristischer Wertlehre". Davon sind in der Strafrechtsdogmatik starke Anregungen ausgegangen, auch wenn es später zum Teil zu politischen Mißdeutungen gekommen ist. Noch 1962 konnte Hans-Heinrich Jescheck betonen, diese Arbeiten seien „nicht tote Vergangenheit", sondern als Vorstufe der neuesten Verbrechenslehre in Deutschland „ein Stück lebendiger Gegenwart".

War in Freiburg gleich zu Beginn die strafrechtliche Linie im Werk Erik Wolfs kräftig ausgezogen worden, so trat bald eine andere hinzu, die hinfort ebenfalls kennzeichnend und prägend werden sollte: die kirchliche und kirchenrechtlich-rechtstheologische. 1931 wurde Wolf Mitglied des Evangelischen Kirchengemeindeausschusses in Freiburg, 1932 des Kirchengemeinderates,[4] wobei er sich zur Fraktion der Kirchlich-Positiven hielt, also nicht zu den religiösen Sozialisten, nicht zu den kirchlich Liberalen, erst recht nicht zu den deutschen Christen, die er von ihrem Aufkommen an bekämpfen half.

Am Jahresende 1932 schrieb er einen sehr signifikanten Aufsatz über ›Kirche und Akademiker‹ nieder, der dann Mitte Januar 1933 in der Freiburger Studentenzeitung erschienen ist. In seiner Wendung gegen relativistischen Skeptizismus und gegen individualistisches „kirchenfeindliches Christentum" ist er vornehmlich Ausdruck entschiedener positiver Zuwendung zur Kirche, auch und gerade in ihrer Institutionalität. Existentielle Kirchlichkeit: das ist die Losung. Zugleich werden Grenzmarken gesetzt. Bei aller Bejahung des Gemeinschaftsgedankens und der Verflechtung mit der „Welt" wird die Kirche in ihrem Proprium von Staat, Gesellschaft, Kultur und Wissenschaft abgehoben. Demgemäß werden, so sagt Wolf, „vor allem jene heutigen Versuche großer politischer Bewegungen, die Kirche dem totalen Staat einzuordnen, entgegen ihren Erwartungen die eben beginnende Wiedergeburt christlichen Lebens als kirchlichen Lebens nicht fördern können". Die Kirche darf „weder Gegnerin noch Dienerin des Staates und der

Kultur sein. Sie bleibt immer das Jenseitige, Andere, dezidiert Verneinende, wo menschliches Selbstbewußtsein ins Unendliche sich entfaltet und seiner Grenzen vergißt."[5]

Mit dieser zugleich nach vorn weisenden Markierung ging Erik Wolf in das Schicksalsjahr 1933.

III

An dieser Stelle soll und kann nun Erik Wolf selbst das Wort gegeben werden. Er hat sich nämlich in einem ebenso aufschlußreichen wie bewegenden Dokument Rechenschaft von seinem geistigen und politischen Weg und darin insbesondere von seinem Verhalten 1933/34 gegeben, und zwar in der Form eines Briefes an Karl Barth. Dieser Brief ist jedoch nie abgeschickt worden. Er fand sich im Nachlaß von Erik Wolf und umfaßt insgesamt 39 Schreibmaschinenseiten. Er ist in seinem größeren Teil am 15. Oktober 1945 geschrieben worden, bricht dann allerdings mitten in der Darstellung ab. Erst am 11. November 1968 hat Erik Wolf ihn weiter- und zu Ende geführt.[6]

Es kommt nicht von ungefähr, daß sich Selbstreflexion und Selbstprüfung Erik Wolfs in der Form eines Gesprächs mit Karl Barth vollziehen. Kannten sich die beiden Persönlichkeiten vorher nur literarisch, so setzte alsbald nach Kriegsende eine intensive Beziehung ein, die sich zu einer Gesprächspartnerschaft, ja zu einer Freundschaft verdichtete. Im Sommer und Herbst 1945 kam Karl Barth mehrfach nach Freiburg, wo er als Mahner und Helfer an der geistigen, insbesondere der kirchlichen Wiederaufbauarbeit Anteil nahm. Die Tagebuchnotizen Wolfs verzeichnen Besuche von Karl Barth am 2. und 17. Juli, sodann am 9. und 21./23. Oktober sowie am 2. November 1945.

Am Ende des „Briefes" heißt es[7]: „Du kamest als einer der Ersten aus Basel im Mai 1945 zu mir. Wir sprachen, arbeiteten und lebten viel zusammen. Da faßte mich das Verlangen, Dir eine Art mögliche Erklärung für das zu geben, was Dich überrascht hat, als man Dir davon erzählte: meine Teilnahme an Heideggers Rektorat und meine beiden Aufsätze zur rechtsphilosophischen Standortbestimmung des Nationalsozialismus[8] und was daraus an Konsequenzen sich ergeben hat. Es ist kein Anliegen der Selbstrechtfertigung. Als ich den Irrtum in dieser Sache erkannt hatte, habe ich ihn bekämpft."

Dazu paßt, was an anderer Stelle wie ein Leitmotiv formuliert wird: „Wir sollten . . . das über uns kommende Gericht nicht als ein äußerliches Leidensschicksal beklagen, sondern in ihm ein Gleichnis unseres innerlichen Gerichts der Selbstprüfung erkennen. Nur so können wir uns den Weg zur Freiheit bahnen und christliche Würde bewahren. Die Selbstprüfung kann

freilich jeder nur bei sich selbst beginnen. So will auch ich gleich damit anfangen . . ."[9]

IV

Wo sich die weit ausholende autobiographische Darstellung Wolfs der
Schlußphase der Weimarer Zeit zuwendet, beginnt die unter der Perspektive dieses Beitrages entscheidende Passage[10]:

„Vor jedem Hinblicken auf Tagespolitik blendete ich mich innerlich ohne
Anstrengung fernerhin ab. Zwar dünkte mich die Art des präsidial betonter
gewordenen Reichs-Regiments bedenklich; hatte ich mich doch schon bei
der Wahl des neuen Reichspräsidenten nach Eberts Tode (. . .) für Marx entschieden und erst später bei der Stichwahl zwischen Hindenburg und Hitler
ersterem meine Stimme gegeben – wohl noch in dankbarer Erinnerung seiner freundlichen Aufnahme des von mir zusammen mit dem jungen Heral-
diker Ottfried Neubecker 1926 gemachten und gedruckten Vorschlags, als
Reichseinheitsflagge die Versöhnungsfarben schwarz-gelb-rot einzufüh-
ren.[11] Im Winter 1932 empfand ich dann die Selbstauflösung der Demokratie durch das hilflose Verhalten des Reichstags unter dem Regime von
Schleicher und Papen bedenklich. Eine zukunftsverheißende Politik auf
dem Boden der Weimarer Verfassung erschien mir daher unwahrscheinlich.
Um allen Gesprächen mit Kollegen darüber auszuweichen, fuhr ich in den
Weihnachtsferien nach Davos und suchte dort mit meinem Bruder seltene
Gesteine. Seine Erzählungen von der Zunahme nationalsozialistischer Gesinnung unter den Schülern des deutschen Alpinen Gymnasiums ‚Friederi-
cianum', an dem er als Biologielehrer wirkte, riefen mir eine schon halb vergessene Erinnerung wach an ein Erlebnis, das ich zwei Jahre früher beim
Sommeraufenthalt in Davos hatte, als ich in einer kleinen Pension die Fe-
rienwochen über eifrig Coleopteren sammelte und determinierte. Als einziger Gast war dort außer mir ein junger Tübinger Rechtsstudent. Er hatte
mir anvertraut, daß er im Referendarexamen durchgefallen war. Deshalb
repetierte ich mit ihm den nötigen Examensstoff im Straf- und Prozeßrecht.
Auf einer Wanderung zum Gipfel des Schwarzhorns hatte er, leidenschaftlich begeistert für die politischen Ideen Hitlers auf sozialem Gebiet, versucht, mich dafür zu gewinnen, weil er in mir einen, wie er sagte, von aka-
demischem Dünkel freien Professor gefunden zu haben glaubte. Was ich
damals leichthin abgewehrt hatte, machte mir jetzt Gedanken. Sollte vielleicht doch mehr hinter dem vielbelächelten Gefreiten und so entsetzlich
fad aussehenden Mann und seinem rhetorischen Fanatismus stecken? Sollten wir in unserer geistigen Isolation verschlossenen Intellektuellen uns
getäuscht und verkannt haben, daß hier ein einfacher Mensch aus dem Volk
sich anschickte, die drohende Not der Arbeitslosen (. . .) vielleicht erfolg-

reicher zu bekämpfen, als es die zerstrittenen Theoretiker und interessenbedingt handelnden Wirtschaftsbosse vermochten? Wäre es solchen unbekannt gebliebenen, unmittelbaren Volkskräften dieser Volksbewegung, die schon beinahe die Hälfte aller Stimmbürger hinter sich hatte, möglich, den Haß der sozialen Gruppen widereinander zu überwinden und die ermüdenden oder aufreizenden Parteiprogramme, all das abgestandene und abgeschmackte politische Unwesen durch einen kühnen Brückenschlag zu überwinden? Sollte ihr Heraufkommen ein Anzeichen des Gerichts über unseren eigennützigen Standesdünkel sein? Und ein berechtigter Vorwurf für unser unvolkstümliches Abseitsstehen in Klüngeln und Kreisen? Ich begann jetzt den ,sozialen' Gedanken dieser Leute politisch ernster zu nehmen, wie er mir schon in meiner kirchlichen Tätigkeit mit dem Problem der ,Nächstenschaft' wichtig geworden war – inmitten des lächerlich nachgeäfften Partei-Unwesens der kirchlich-positiven, kirchlich-liberalen, kirchlich-sozialistischen ,Gruppen'. Daß es hier um ein genuin religiöses Grundprinzip von Gemeinschaftsexistenz ging, war mir aber zuerst noch unbestimmt durch den Kopf gegangen, als ich im Dezember 1932 einen Aufsatz über ›Akademiker und Kirche‹ für die Freiburger Studentenzeitung geschrieben hatte, der im Januar 1933 erschien.[12] Einen Vortrag Radbruchs in Freiburg um diese Zeit konnte ich nicht hören, die mit ihm vorgesehene Reise zum Kongreß der IVR[13] in Palermo mußte ich aufgeben. Auch andere Fachkollegen sah ich nicht, bis ich erfuhr, daß vom Senat der Universität für die politisch erforderlich gewordene Neuwahl des Rektors Martin Heidegger vorgeschlagen worden sei, und er erwäge, mich durch Wahl in den neuzubildenden Senat zu berufen, weil er mich von den Juristen am meisten schätze. Davon war ich ganz verblüfft, denn ich hatte mit dem Philosophen, den ich seit 1927[14] kennengelernt hatte, niemals ein politisches Gespräch gehabt. Ich kannte seine Einstellung nicht und fühlte mich deshalb in dieser entscheidenden Situation recht hilflos und dafür ungeschickt.

Doch waren zwei philosophische Aussprüche Heideggers für mich sehr bedeutsam gewesen und wurden von mir im seither vergangenen Jahrzehnt, in dessen Verlauf ich auch sein Kant-Buch und später ›Sein und Zeit‹ gelesen habe, immer wieder bedacht.

1. Der erste war mir insofern zu einem geistig verpflichtenden Anruf geworden, als er meine (schon durch Husserl-Lektüre vorbereitete) kritische Wendung gegenüber dem bisher vertretenen Neukantianismus Heidelberger Prägung zur Reife gebracht hat. Er bestand in Heideggers Antwort auf meine 1927 in Kiel nach seinem Vortrag über Kant dort an ihn gerichtete Frage: Wo in seinem Verständnis von Kants Denken als Ansatz zu einer existentialen Ontologie noch Raum für den Primat der praktischen Vernunft geblieben sei? Er hatte mir kurz erwidert: ,Sehen Sie denn nicht, daß die Freiheit in der Notwendigkeit enthalten, in sie hineingenommen ist?' Ich

verstummte staunend, denn wenn dieses fürwahr gelten sollte, fiel die mein bisheriges Denken bestimmende Vorstellung vom Wesen des Rechts als idealem Gesollten mit dem realen Sein politischer Wirklichkeit zusammen. Dann aber löste sich alles Ethisch-Normative im Ontologisch-Gegebenen auf; jedes Bemühen, die Welt des Rechts ethisch-theologisch verbindlich zu erweisen, wurde überflüssig, sein Unbedingtes verfiel kausalhistorischen Bedingtheiten. Rechtsdogmatik und Rechtsphilosophie hatten keine grundlegende Bedeutung für die Rechtsgeschichte und Rechtspolitik mehr. Die doppelsinnige Fragwürdigkeit des Rechts erschien auf ganz andere Weise, mußte neu erfahren und erkannt werden. Dem nachgrübelnd suchte ich einen geistigen Standort ‚jenseits' der traditionellen Zweiteilung in Begriff und Idee, Wert und Wirklichkeit des Rechts, Naturrecht und Rechtspositivismus zu finden. Vom Herbst 1932 an glaubte ich ihn im Rechthaben vom Dasein, in der menschlichen Existenz als Je-immer-schon-im-Recht-sein fassen zu können. Mit diesem Entwurf einer existentiellen Rechtslehre, die auch der christlichen Wahrheit am ehesten zu entsprechen schien, weil sie auf Selbstrechtfertigung des Rechts verzichtete, tat sich mir der Sinn vom Vorläufigen allen ‚Rechts' und vom Ungenügen alles ‚Rechten' auf und erneuerte mein zuvor formal-dialektisch ausgerichtetes Denken material oder existentialdialektisch, auf ‚geschichtliche' statt ‚historische' Art begründet.

2. Der zweite dieser Aussprüche Heideggers fiel mir ins innere Ohr bei einem offenen Abend der Studienstiftung, deren Vertrauensdozent ich 1930–1933 in Freiburg gewesen bin. Er besagte ungefähr, daß im Zerfall aller traditionell erstarrten Glaubens-, Bildungs- und Verfassungsformen ein neuer Weg zu ursprünglichem Denken und Handeln gesucht und gegangen werden müsse; auf die Weise des ‚einfachen Lebens' im Ursprünglichen und darin eigentlich ‚Wahren'. Auch diese Äußerung entsprach meinem damals erwachsenen Bedürfnis, der ἀρχή wahren Glaubens im Evangelium, wahren Denkens bei den frühen Philosophen und wahren Gefühls bei den großen Dichtern inne zu werden. Ich begann die Heilige Schrift, die Vorsokratiker und die für wahres Leben wesentlich empfundene Dichtung auf ihre Rechtsweisung hin zu befragen, womit ich noch heute, 1945 beschäftigt bin.

Diese neuen Ziele meiner geistigen Arbeit verdanke ich also der Begegnung mit Heidegger. Doch führten sie mich auch in entscheidender Weise tiefer in mein Christus-Verhältnis, und das bedeutete: von ihm gleichzeitig fort. Von meiner seit 1930 begonnenen praktischen Mitarbeit in der unierten badischen Landeskirche wußte Heidegger nichts, meine biblische Rechtstheologie war ihm teils fremd, teils dachte er sie von seiner Beziehung zu Bultmann her auf ‚liberal-soziale' Art, was sie gerade *nicht* war; ich gehörte sogar der ‚positiv-konservativen' Gruppe in den kirchlichen Gremien an. Heidegger hat in mir weder den Kirchenmann noch den Parteimann gesucht, überhaupt keinen Vertreter irgendeiner ‚Weltanschauung' oder Angehörigen eines ‚Kreises‘, sondern einen denkenden Menschen der jüngeren Generation, dem die innere Erneuerung der Universität angelegen war. Um diese Art von Erneuerung nämlich, sagte er mir schon im ersten der wenigen Gespräche, die ich in den ¾ Jahren seines Rektorats mit ihm führen konnte, gehe es ihm. Ich stimmte dem zu, deutete aber auch eine Gewissensangst an, die mich angesichts sich abzeichnender Gewaltsamkeiten und Abhängigkeiten bedrängte. Sie hatte mich noch am Tage der Neuwahl des Senats bewogen, im Kreise der Fakultätskollegen zu erklären: Ich wünschte schon wegen meines Halbschweizertums und meiner Jugend, aber auch schwacher Gesundheit wegen die Wahl nicht und ließ mich erst im Senatssaal, als meine Nominierung dann doch einstimmig erfolgte, bewegen, den Sitz im Senat anzunehmen. Die allgemeine Stimmung war: es gelte jetzt nicht untätig zu bleiben, sondern die einmalige Stunde zu nutzen und in der kommenden Neuordnung den Standort des Geistes zu wahren, so wie es der neue Rektor in seiner Antrittsrede als ‚die Selbstbehauptung der Universität‘ bezeichnet hat. Er wollte damals ernstlich, davon bin ich überzeugt, die Universität nicht so sehr ‚retten‘ als ‚erneuern‘, in eine verjüngte Gestalt der Lebens- und Arbeitsgemeinschaft ihrer Glieder überführen. Dabei hoffte er, die verrosteten Schranken der Fakultätsabsonderung aufsprengen zu können und den ganzen, viele Jüngere bedrückenden Ballast bürokratisch-technisierter, als überlebt und unvolkstümlich empfundener Institutionen und Verwaltungsschemata des akademischen Corpus wie der studentischen Korporationen abzuschaffen – zugunsten einer selbstverantwortlichfreien und sachlich (nicht berufsständisch) umgebildeten Gemeinschaft der Lehrenden und Lernenden – inspiriert vom Geist der platonischen Akademie.

Darin schien auch mir nach Jahren des Mißvergnügens an einem bloß technisch gespielten, wo nicht gar ideologisch-vorgespiegelten, nur noch in Festivitäten der Selbstbewunderung aktiven Scheinwesens der Universität ein echter, Verantwortlichkeit und Einsatz heischender Sinn von Hochschule auf- und vorzuleuchten. In seinem Licht fiel mir der freilich jähe Ab- und Umbau der korporativen Kollegien in ein geistiges Führungsgremium nicht so schwer wie manchem älteren Kollegen. Angesichts der Begeisterung, mit der fast alle Studenten und der größte Teil jüngerer, aber auch viele ältere Wissenschaftler, führende Köpfe der Wirtschaft, die Beamten nahezu ausnahmslos, fast sämtliche Richter und Anwälte, aber auch viele Künstler und Literaten den neuen Staat begrüßten, kam mir ein vereinzeltes Widerstreben von Angehörigen oder Sympathisanten derjenigen politischen Parteien, die sich im Frühjahr 1933 selbst sofort gleichgeschaltet hatten (wie den ‚Deutschnationalen‘) oder zur Selbstauflösung (wie die Sozialdemokraten) bereit waren, unglaubwürdig vor. Zwar bekümmerten mich auch, und ich mißbilligte einzelne Fälle polizeilicher Fehlgriffe und spontaner Zerstörungsaktionen. Um so mehr dünkten mich die ersten Schritte des neuen Strafgesetzgebers im Mai 1933 [15] durch ihre zugleich soziale und autoritäre Zielsetzung nützlich zu sein. In dieser Verbindung des Sozial-Fortschrittlichen mit dem Autoritär-Konservativen sah ich keinen Widerspruch zu meiner dialektischen Grundhaltung. Nachdem ich diesen theoretischen Sinn der neuen Gedanken zum Strafrecht richtig gefaßt zu haben glaubte, entwarf ich – im Vollzug meines seit 1932 verfolgten Bemühens, den ‚Schulenstreit‘ zu überwinden – den Text einer im Juli 1933 veröffentlichten Schrift über ›Krisis und Neubau der Strafrechtsreform‹ [16].

Heideggers Entschluß, mich im Herbst 1933 zum Dekan zu ernennen, hat mich dann freilich mehr erschreckt als erfreut. [17] Ich bin seinem Anruf (verstört von den inzwischen verübten Rechtsverletzungen durch Partei-Organe) nur mit innerem Widerstreben gefolgt. Meine Fakultät, die mich anfänglich vorgeschoben hatte, verhielt sich jetzt in mehr oder minder heimlicher Obstruktion, als ich versuchte, universitätsreformerische Gedanken, z. B. die Teilnahme der Extraordinarien und Privatdozenten an den Sitzungen, zu realisieren. Dabei wurde mir erst die Mißhelligkeit meiner Lage klar.

Die, wie sie damals noch genannt wurde, ‚nationale Revolution‘ zeigte ja zunächst nationalistische Züge weit stärker ausgeprägt als sozialistische. Eigentlich deutschem Nationalismus aber stand ich seit jeher fremd gegenüber. Nun aber lag im Symbol des ‚Tages von Potsdam‘ der Akzent auf dem *Ort*; das hatte ich schon im März [18] bei meinem Unbehagen an die Ernennung zum Senator deutlich gespürt. Mein Hinweis damals: ich sei schon durch Abkunft und Erziehung sowie durch mein früher betätigtes allgemein-menschliches Interesse nicht geeignet für betont-nationale Repräsentanz in Deutschland, zumal ich auch der deutschen soldatischen Tradition fern stand. Auf dies hatte ich schon im Frühjahr Heidegger aufmerksam gemacht und ihn deshalb gebeten, mich nicht noch mehr ‚herauszustellen‘, weil mir das ungemäß und andern ein Ärgernis sei. In dieser Stimmung hatte ich auch bereits im Frühjahr 1932 die mir vom damaligen Rektor, dem katholischen Theologen Sauer, angetragene Festrede zum Reichsgründungstag abgelehnt. Heidegger appellierte nun an mein Verantwortungsgefühl mit dem Hinweis, daß er mir nun einmal gerade um deswillen vertraue, daß ich nicht aus dem üblichen deutschen Akademiker-Milieu komme und daß mich die Studenten aller Fakultäten wegen meiner sozialen Tätigkeit in den Gremien, wie der Studienstiftung, schätzten; auch sei er überzeugt, daß es im Neuen Staat um die Verwirklichung eines ganz neuen Geistes gehen werde, zu dessen Durchsetzung es nicht Parteifunktionäre, sondern unabhängiger Persönlichkeiten bedürfe. Heidegger in seinem neuen Amt zur Seite zu stehen, habe ich auf die folgende Art versucht, die sich nach drei von seinen Mitarbeitern, den neu ernannten Dekanen, vorgetragenen Leitgedanken ausrichtete.

a) Erstens hofften wir auf eine innere Regeneration der Universität im platonischen Sinn geistiger Vereinigung aller Kräfte über die Fakultätsschranken hinweg, unterstützt durch sparsame und einfache Verwaltung, Abschaffung unnötiger Repräsentationspflichten, Einschränkung des bürokratischen ,Betriebes', Heranziehen aller dozentischen und studentischen Kräfte der Selbsterziehung zu einer auch zum Verzicht auf pekuniäre Vorteile und zur Selbstbescheidung bereiten Lebensführung exemplarischer Art.

b) Zweitens hofften wir, durch Abbau aller egoistischen Motive im akademischen Leben die rein sachgerechten Ziele der Lehr- und Forschungsgemeinschaft bei Berufungen, Prüfungen, Gutachtertätigkeit, Leitung von Seminaren und Instituten zu fördern.

c) Drittens hofften wir auf eine rasche Überwindung der revolutionären Anfangsphase der Neuordnung durch gelassene Evolution aller, auch die verschreckten oder sich zurückhaltenden Kollegen zur Mitarbeit zu gewinnen, die demokratisch-ganzheitlichen Züge der ,Bewegung' zu stärken und so die Universität vom Abrutschen in die Herrschaft einer auf die Parteiprogrammpunkt-Ideologie verbohrten Minderheit ,alter Kämpfer' zu bewahren.

In diesem Vertrauen stärkten mich anfänglich die begeisterten Stimmen vieler meiner es mit Wissenschaft und Leben ernstmeinenden Studenten. Ersichtlich lehnten diese jungen Leute ein sog. ,sacrificium intellectus' ab, waren jedoch willig, ihren oft leicht verstiegenen Individualismus und Intellektualismus gegenüber der durch Arbeitslosigkeit und Interessenkämpfe dringend gewordenen Aufgabe einer Sozialreform zurückzustellen. Dieser ,Wille zum Einsatz für das Volksganze' war, den Anfängen der Jugendbewegung vergleichbar, echt und erklärt ihre Freiwilligkeit, sich den verlockend geschilderten Erfordernissen eines echten ,Dienstes am Volk' unterzuordnen, sei es Wissens-, Arbeits- oder Wehrdienst, wie es Heidegger damals formulierte. Freilich machten auch in Freiburg nicht ausgebliebene einzelne Rechtsbrüche und der ins Amoralische abgleitende Starrsinn fanatischer Parteigänger auch diese idealistisch Gutwilligen bald stutzig und zurückhaltend.

Ich denke dabei an meinen damaligen Assistenten, von Studenten liebevollscherzhaft als ,anima candidissima' bezeichnet,[19] an einen Mediziner unter unseren akademischen Hausbewohnern voller Helferidealismus, an einen eifrigen Dostojewski-Leser und für die östliche Religiosität schwärmenden jungen Juristen; auch an uns näherstehende junge Vikare der Landeskirche, die in der Ablehnung der sog. ,Glaubensbewegung deutsche Christen', einer rein nationalsozialistisch geführten kirchlichen Gruppe gegenüber unverführbar festblieben. Sie alle traten, wie es von den Zwanzigjährigen durchwegs verlangt wurde, in eine der paramilitärischen Organisa-

tionen, wie SA oder NSKK, ein, spotteten zwar über das ewige ‚Soldaten-
spielen‘, redeten aber mit Ernst und Wärme von ihren Gesprächen mit jungen Arbeitern, Bauern und Handwerkern und Beispielen echter Kamerad-
schaftlichkeit. Aber auch ältere Männer, die wir als besonnene und gewis-
senhafte Personen (besonders in den ländlichen Gemeinden um Freiburg
von entomologischen Exkursionen her) gut kannten, meinten in der einmal
geschaffenen, durch eigenes Versagen, Unentschlossenheit zu politischer
Selbstbestimmung, bloßes Nörgeln, aber auch sich Verlieren an alt-
väterische Illusionen mitbedingten Lage der Nation, ‚auf dem Posten bleiben‘, ‚nicht abseits bleiben‘ zu sollen. Auch kleine Beamte, die in der
rechtsstaatlichen Tradition der Pflicht- und Gesetzestreue aufgewachsen
waren, wollten diese Werte in das neue Staatsleben hineintragen, um so die
rasch aufkommende Konjunkturritterei, die Berufsrevolutionäre, zu bekämpfen. In diese Haltung lebten sich besonders idealistische Naturen
ein, die – abgestoßen von der Zerfahrenheit eines selbstsüchtigen Materialismus und gegenüber dem Papierkrieg der Parteipolitiker vor 1933 ratlos –
sich einer sozial-konservativen, ‚jungkonservativen‘, ‚jungreformatori-
schen‘ Ideologie angeschlossen hatten – Gruppen, die über ein keineswegs
unbeachtliches geistiges Kapital, gute Literatoren und Nachwuchskräfte
verfügten. Dabei hat es sich durchaus nicht um ein charakterloses Sich-‚Zur-
verfügungstellen‘ (wie es leider beim Militär und der höheren wie unteren
Beamtenschaft anzutreffen war) gehandelt, man strebte nicht nach Ämtern
und anderen persönlichen Vorteilen, handelte vielmehr aus echter Verantwortung, um eine gute Entwicklung der Dinge besorgt. Die Angehörigen
dieser Gruppen wollten nicht emigrieren, konnten es auch gar nicht – zumal
im Ausland gar keine Neigung bestand, außer den verfolgten Juden und ab-
gesetzten Politikern der Linken, solche Flüchtlinge aufzunehmen. Mir
selbst sagte ein hochangesehener schweizerischer Verwandter bei einem Besuch in Basel: ‚De wirsch doch nit eppe au no welle ko?‘, was auch bei der
Überfülle der Hilfsgesuche nur allzu begreiflich erscheint. Man wollte nicht
– auch nicht durch Befolgen der Mahnung Hans Carossas: ‚emigriere zu
Hause‘ (wer konnte es schon, der nicht über 60 Jahre alt, berühmt oder wenigstens durch Vermögen unabhängig war?) – den Lauf der Dinge sich
selbst überlassen. Vielmehr wollten wir uns unter Hinnahme des von den
Parteistellen gehegten Mißtrauens wider alles und jedes ‚Akademische‘
oder ‚Kulturelle‘, auch Zurücksetzung oder Übergangenwerden bei Beför-
derungen ein ‚inneres Reich‘ erhalten und es zu festigen versuchen, immer
darauf hoffend, es werde sich am Ende kraft besseren Wollens, größerer
Sachkunde und höherer Moral gegen die ewigen ‚Revolutionäre‘ mit ihrem
gefährlichen Geschwätz von politischer Dynamik und ‚totalem Staat‘ durchsetzen. Dazu hat auch die Enttäuschtheit vieler jüngerer geistiger Menschen beigetragen, die das klägliche Anpassungsverhalten eines Großteils

der bürgerlichen bisherigen Führungsschicht beobachten mußten. (...)
Zwar hatte vielen von diesen die ‚Machtergreifung' durch den Nationalsozialismus von ihrer großen Lebensangst, der vor den Kommunisten befreit, weshalb sie sich meist hüteten, etwas Kritisches zu äußern oder an
irgendeiner Stelle zu widerstehen; sie genossen die wirtschaftliche Schein-
blüte in vollen Zügen, vermieden aber jedes nachweisliche ‚Mitmachen'
oder zogen sich als sog. ‚fördernde' Mitglieder irgendeiner Organisation in
die gleiche unanfechtbare Verantwortungsscheu zurück, ohne in die schweren inneren wie äußeren Konflikte zu geraten, die gerade für diejenigen er-
wuchsen, die aus idealistischen Beweggründen an irgendeiner Stelle des
nationalsozialistischen Staates tätig waren. Diese mußten später vielfach
unter großen persönlichen Opfern, unter Verfolgungen und Schädigungen
ausgekämpft werden.

So erging es auch mir, der ich um guten Willen zur Selbstkritik an den
Fehlern des bürokratischen Beamtenstaates der Nachkriegszeit zu beweisen, im Sommer 1933 dem NS-Juristenbund beigetreten bin und für den
sog. ‚Opferring' der NSDAP monatlich einen Gehaltsanteil gespendet,
wähnend, das Geld werde wohltätigen Zwecken zugeführt (...). Irgend-
einen materiellen Vorteil habe ich von dieser Zeit an bis zum Ende der NS-
Herrschaft von der Partei nie gehabt, im Gegenteil! Das Mißtrauen gegen
mich im Kultus- wie im Justizministerium (wohl wegen meiner Beziehungen
zu Radbruch, dann aber auch wegen meiner Ablehnung der Todesstrafe und
besonders wegen zweier Förderungsvorschläge bedürftiger jüdischer Studenten) veranlaßte Bespitzelung, auch durch das Abhören von Telefonge-
sprächen, das im Mai 1934 einmal zum Verhör durch zwei Kriminalbeamte
geführt hat, die einen Haftbefehl schon bei sich hatten, der aber unvoll-
zogen blieb, weil es sich um einen leicht aufklärbaren Irrtum (Hörfehler)
beim Abhören gehandelt hatte. Obwohl ich zwischen 1928 und 1930 Rufe
an drei deutschen Universitäten erhalten, auch von 1933 bis Sommer 1934
auf Berufungslisten nach Bonn und Marburg stand, bin ich bis zum Frühjahr 1945 nie mehr vorgeschlagen worden. Zu den Strafrechts-Reformkom-
missionen wurde ich nicht beigezogen und weder zum Mitglied der Akademie des deutschen Rechts noch zur Mitarbeit in einer ihrer Kommissionen
ernannt; auch auf keiner Strafrechtslehrertagung bekam ich ein Referat
übertragen – ich habe auch nur noch an einer solchen Tagung teilgenom-
men. Sogar Fachzeitschriften, die sich vorher um meine Mitwirkung bemüht hatten, fragten nie mehr an; mein langjähriges Literaturreferat in der
Deutschen Literaturzeitung wurde mir stillschweigend entzogen. Auf ausdrückliche ministerielle Anweisung hin durfte ich keiner Prüfungskommis-
sion mehr angehören, erst 1937 veranlaßte die Fakultät meine Mitgliedschaft im Justizprüfungsamt Karlsruhe.

So war es mir denn bereits im Herbst 1933, als Heidegger mich auf Grund der neuen Hochschulverfassung zum Dekan ernannte, sehr schwer zumute. Ich fühlte mich allenthalben isoliert, und das Vertrauen meiner Hörer allein konnte die Anfechtungen dieser Lage nicht ausgleichen. Ich bat erst um Entlassung und trat dann mit dem Rektor und den anderen Dekanen im März 1934[20] zurück . . ." An dieser Stelle bricht der am 15. Oktober 1945 verfaßte Text zunächst ab. In ganz anderer Situation hat Erik Wolf aber, wie schon erwähnt, seine Darstellung unter dem 11. November 1968 weitergeführt. Hier lesen wir dann[21]:

„Dreiundzwanzig Jahre lang, verehrter und lieber Freund, blieb dieser Brief – unterbrochen durch ich weiß nicht mehr was für Umstände und Aufgaben – unvollendet. Es war im Anfang die beschleunigte und immer mehr eskalierende Beanspruchung durch akademische und kirchliche Anliegen. In solch restaurative Geschäftigkeit nach einer vielleicht allzu kurzen Pause der Selbstbesinnung hineingezogen, verlor ich die Lust, mich weiter über das Vergangene auszusprechen. Jetzt endlich als ‚Emeritus' von diesen Bindungen frei geworden und bemüht, meine Sachen aufzuräumen, den Abschluß der Lebenstätigkeit vorzubereiten, nehme ich ihn wieder zur Hand, weil sich eben meine Frau zu einem Besuch bei Dir anschickt. Auch lockt mich etwas, ihn zu beenden, nachdem eine (nicht sehr vertrauenerweckende) Persönlichkeit mich durch Publikation alter Zitate aus Aufsätzen von mir in der Zeit nach 1933 anzuprangern bemüht[22] und ich in einer zur Rehabilitation Martin Heideggers verfaßten Broschüre eines jungen Franzosen[23] mit ähnlich verzerrtem Lob bedacht worden bin wie seitens des deutschen Aggressors aus dem Kreis eines heute sog. ‚engagements'. Laß mich dessen nicht weiter achtend weiter zu Dir sprechen ‚als ob nichts geschehen wäre', also ganz so, wie Du es in ›Theologische Existenz heute‹[24] seinerzeit den Deutschen empfohlen hast.

Zwar bin ich gealtert, wenn auch vielleicht immer noch nicht dadurch gereift – verändert, wenn auch vielleicht dadurch immer noch nicht genug verwandelt. Doch der Grund, auf dem wir beide standen und stehen, der tragende Felsengrund christlicher Existenz ist immutabiliter derselbe geblieben, von dem aus schon 1933 und dann in jedem folgenden Jahr mehr mein anfangs positives Verhältnis zum (*damals* ‚neuen'!) Staat sich schwieriger gestaltet hat, bis zur schroffen Gegnerschaft des innern ‚Widerstands' hin. Das gilt es zunächst nachzutragen.

Schon im März 1933 bemerkte ich als Vertreter des christlichen Akademikerverbandes in Basel auf einer Tagung in Hannover die Machtgelüste der rechtsextremen Gruppe ‚Für Kirche und Volkstum', die auch in den kirchlichen Gremien (. . .) zunahm und die ‚Führung' beanspruchte. Annäherungsversuche aus diesem Kreis wehrte ich a limine entschieden ab, ebenso die mich im Mai erreichende Anfrage des damals neu geschaffenen ‚Kir-

chenministers' Werner aus Berlin, in das von der ‚DEK' frisch installierte
‚geistliche Ministerium' einzutreten[25]. Vielmehr schloß ich mich der damals
sog. ‚Bekenntnisfront' an, als diese sich nach der Synode von Barmen – an
der ich wegen Krankheit nicht teilnehmen konnte – konsolidierte. Zwar
mochte ich die kirchlich-restaurative Tendenz auch nicht. Die jüngere
Gruppe derer, die sich ‚Jungreformatorische' nannten (auch Martin Niemöller rechnete sich zu ihnen), standen in abwehrender Haltung gegen die
traditionalistisch-bürgerlich und ‚deutsch-national' eingestellten Kreise, die
im Nationalsozialismus nur den (längst vom Kommunismus gefürchteten,
mit diesem verwandt empfundenen) ‚Aufstand der Plebejer' sahen: ihn also
qua Sozialismus, nicht qua Nationalismus ablehnten.

Die halb vertrotzte, halb verzweifelte Haltung, mit der ich während des
Rektorats von Heidegger in Vorträgen wie ›Richtiges Recht im nationalsozialistischen Staate‹ und einem 1934 in Bonn auf Einladung der Studenten
gehaltenen, erst zwei Jahre später im ARSP erschienenen über ›Das Rechtsideal des nationalsozialistischen Staates‹[26] die paradoxe Dialektik eines existentiellen bekennenden Christentums mit der ebenso existentiell gefühlten
Verpflichtung für die scheinbar jetzt gestellte Aufgabe meiner Generation
für soziale Um- und Neuordnung zu verbinden versuchte, dabei mehr und
mehr in der Umwelt meiner Kollegen isoliert und als Ehrgeizling verkannt,
brachte mich, der ich – gleichzeitig Heidegger die Treue haltend und den
mich während meines kurzen Dekanats (Oktober 1933 bis März 1934) um-
drängenden und anfordernden jungen studentischen Idealisten, die eine
echte soziale Lebensreform und strukturelle Reformation der Universität
revolutionär verwirklichen wollten, verpflichtet fühlend – einen gefährlich-
gefährdeten Weg (von den älteren Kollegen heimlich bekämpft und öffentlich gemieden, von den plumpen Machthabern nicht verstanden oder mißtrauisch überwacht) gehen mußte, in innere Not und auch bald in äußere
Mißhelligkeiten. Vom Rücktritt Heideggers – der meinen von der NS-Regie-
rung wegen Unzuverlässigkeit verlangten, von den reaktionären Kollegen
durch Intrigen und ‚passiven Widerstand, der ausgezeichnet funktionierte',
(wie einer sich privat ausdrückte) vorangetriebenen, nicht vollziehen
wollte[27] – und meinem gleichzeitigen Abtreten bis fast zu Beginn des Jahres
1937 lebte ich in der Fakultät wie ein fremder unbeliebter Gast, nur von den
Studenten, ‚deren Vertrauen das der Kollegen nicht ersetzen könne', wie
mir öffentlich von einem Gegner gesagt wurde, immer gleich anhänglich besucht und vor vollen Sälen lesend, in gefüllten Übungen und Seminaren lehrend, dahin. Damals schrieb ich fast nur im Dienst der Bekennenden Kirche
Aufsätze und Gutachten, daneben suchte ich Trost in der Coleopterologie:
die Käferfauna des Kaiserstuhlgebiets in mehr als hundert Exkursionen
erforschend und in Berichten beschreibend.[28]

Von den Vertretern des offiziellen Partei-Betriebs mich persönlich immer

fernhaltend, von ihnen auch entweder gar nicht beachtet, freilich gelegentlich auch bespitzelt, versuchte ich einen einsamen Weg schlichten kirchlichen Bekennens und praktischer Nächstenschaft zu finden (...). Innerhalb
der Bekennenden Kirche versuchte ich dem leider rasch zunehmenden Einfluß traditionell-bourgeoiser Sturheit entgegenzuwirken, am engsten mit
dem Arbeitskreis der Zeitschrift ›Junge Kirche‹ verbunden."

V

Im folgenden Text betont Erik Wolf, daß das Jahr 1937 zur entscheidenden Wende geworden sei, zu einer Wende, die ihn hinführte zu immer stär-
kerer Distanzierung, ja zum Widerstand. Einige Beobachtungen mögen das
belegen.[29] Die aktive Mitarbeit in der Bekennenden Kirche hatte Erik Wolf naturge-
mäß in Kontakt mit deren in der vordersten Front wirkenden Repräsentan-
ten geführt, so etwa mit Martin Niemöller, zu dessen Verteidigung in einem
Strafprozeß Erik Wolf durch die Erstattung eines Rechtsgutachtens über die
Auslegung des Kanzelparagraphen beigetragen hat. Auch Constantin von
Dietze, der 1937 wegen der Abhaltung eines Bekenntnis-Gottesdienstes in
Potsdam in ein Verfahren verwickelt war, hat er juristischen Beistand geleistet. Die von da an datierende enge Beziehung zu von Dietze hat Erik Wolf
dann auch in den Freiburger „Bonhoeffer-Kreis" geführt, der 1942 im Auftrag der Vorläufigen Leitung der Deutschen Evangelischen Kirche eine
Denkschrift über die politische und soziale Neuordnung Deutschlands nach
dem Kriege ausgearbeitet hat.[30] Die Teilnahme an diesen Beratungen
mußte ihn natürlich auch der Gestapo verdächtig machen. So wurde er 1944
in Zusammenhang mit der Verhaftung von Dietzes mehrere Stunden von
Spezialbeamten vernommen und mit Gewaltmaßnahmen bedroht.
    Was sich in diesem praktischen Engagement für die bedrängte evangeli-
sche Kirche zunehmend verdichtete, fand früh eine Entsprechung im aka-
mischen und literarischen Bereich. Seit Wintersemester 1933/34 hatte Erik
Wolf zu seinem großen Pensum auch noch einen Lehrauftrag für evangelisches Kirchenrecht übernommen und so mit dazu beigetragen, in dürftiger
Zeit das Kirchenrecht als akademische Disziplin innerhalb der Jurisprudenz
aufrechtzuerhalten. Zwei frühe, in bezug auf das Verhältnis von Nationalsozialismus und Christentum optimistische Aufsätze blieben Episode. Die
volle Zuwendung nämlich zur Bekennenden Kirche und die Erfahrungen
des aktiv mitgetragenen Kampfes haben Erik Wolf vollends auf den Weg kir-
chenrechtlich-rechtstheologischer Grundlagenreflexion gebracht. Mit vier
bedeutsamen Abhandlungen aus den Jahren 1936 und 1937 hat er gewissermaßen Flagge gezeigt und die Fundamente für eine Konzeption gelegt, die

dann 1945 voll ausgebaut worden ist. Dabei ist eine Abhandlung schon in sich ein wissenschafts- und zeitgeschichtliches Dokument. Wolf hat nämlich seinen Beitrag zu dem 1934 erschienenen Sammelband ›Die Nation vor Gott‹ über ›Richtiges Recht und evangelischer Glaube‹ für eine 1937 herausgekommene Neuauflage ganz erheblich umgestaltet. Bezugnahmen auf nationalsozialistische Gedanken und Autoren sind fast völlig ausgemerzt, er distanziert sich auch von sich selbst. So kann man schon an äußeren Faktoren ablesen, daß die Hoffnung auf die Herstellung einer Harmonie zwischen nationalsozialistischem und christlichem Rechts- und Staatsdenken zerbrochen war. Demgegenüber wird nun auf der Linie der Barmer Erklärungen und unter Vorwegnahme der Frage Karl Barths nach dem inneren Bezugsverhältnis von „Rechtfertigung und Recht" die Einsicht in die Bekenntnisbedingtheit und Bekenntnisbestimmtheit des Kirchenrechts und demgemäß seine Eigenständigkeit gegenüber dem staatlichen Recht mit aller Entschiedenheit herausgestellt.

In diesem Zusammenhang gehört aber auch sein 1939 erschienenes Buch ›Große Rechtsdenker der deutschen Geistesgeschichte‹. Damit hat er den Faden einer Geschichte des Rechtsdenkens und der Rechtswissenschaft wiederaufgenommen, dem sein wissenschaftlicher Erstling gegolten hatte. Über ein Jahrzehnt lang hat er entsprechende Vorlesungen gehalten und damit auch im juristischen Unterricht eine neue Dimension erschlossen sowie Brücken hinüber zu anderen geisteswissenschaftlichen Fächern gebaut. In der Zeit des Nationalsozialismus wuchs diesem Bemühen zudem eine spezifische Funktion zu. Es darf die Reminiszenz eines fachkundigen Zuhörers zitiert werden, bezogen auf das Jahr 1937: „Wem es vergönnt war, die Vorlesungen des bekannten und bei den Studenten beliebten Ordinarius zu hören, kann ermessen, was es für die jungen Hörer in einer Zeit, in der andere Klänge über das Recht und seine Aufgaben ertönten, bedeutete, einer Vorlesung zu folgen, die von einem lebendigen geschichtlichen Bewußtsein und einer tiefen Rechtsethik getragen wurde."[31] Auf der gleichen Linie liegt es, wenn Kurt-Georg Kiesinger berichtet: „Eines der wenigen von mir geliebten Bücher, die ich aus der Zerstörung des Krieges retten konnte, ist Erik Wolfs Werk ›Große Rechtsdenker der deutschen Geistesgeschichte‹ . . . Von der ersten bis zur letzten Seite war dieses in den dunkelsten Jahren erschienene Buch zwar kein lauthals hinausgeschrieener, aber intensiver Protest gegen den Ungeist jener Zeit. Am Ende des Buches, wo er eine Abhandlung über Otto von Gierke beschloß, rief er als Vermächtnis des großen Rechtsdenkers dessen Mahnung in Erinnerung: ‚hoch zu halten das Banner der Rechtsidee im Kampf gegen ihre Zersetzung durch die Ideen des Nutzens und der Macht, treu zu wahren den Gedanken, daß des Rechtes Grund und Ziel die Gerechtigkeit ist'. Auch in jener finsteren Zeit waren nicht alle Lichter erloschen."[32] In der Tat: Erik Wolfs ›Große Rechtsdenker‹ sind ein Zeugnis der Nichtanpassung, ja in gewisser Weise ein Dokument des geistigen Widerstandes, der im Zeichen sittlich-religiös fundierten Rechtsdenkens gegen die ideologische Instrumentalisierung des Rechts im totalen Staat geleistet wurde.

Über all dem blieben die Beziehungen zu Martin Heidegger aufrechterhalten, ja sie gewannen wohl jetzt erst – frei von allem unmittelbar Politischen und Zweckhaften – die Dimension, die sich dann auch im Werk Erik Wolfs niedergeschlagen hat. So ist in den Studien über das Wesen des Rechts in der deutschen Dichtung der sozusagen maieutische Einfluß Heideggers unverkennbar; er hat Erik Wolf methodisch und sachlich geholfen, die Ursprünglichkeit des Dichterworts auch für die Erkenntnis der Rechtswahrheit zu erschließen. Man findet hier Einsichten und Aussagen, die das Seinsdenken in Beziehung setzen zum Rechtsdenken; hier kann dann etwa gesagt werden, echtes Sein sei sich selbst „nomos" – im Grunde eine Vorwegnahme des rechtsphilosophischen Grundsatzes, den Martin Heidegger dann im Humanismus-Brief formuliert hat.[33] Auch Aussagen über die wesenhafte „Zukünftigkeit" des Rechts gehören hierher. Es macht freilich, auch und gerade im Verhältnis zu Heidegger, eine Eigentümlichkeit im Denken von Wolf aus, daß die religiös-theologische Dimension ausdrücklich einbezogen und an den Grenzen der Philosophie nicht haltgemacht wird.

Der Höhepunkt dieser Wirkung des ständigen Dialogs mit Martin Heidegger wird mit Erik Wolfs Werk ›Griechisches Rechtsdenken‹ erreicht. Schon in dem einleitenden Abschnitt zum ersten Band (›Problemstellung und Leitgedanken‹)[34] kann man das mit Händen greifen. Doch liegt dieser Zusammenhang nun schon nach der Schwelle von 1945; diese Entwicklungsphase kann hier nicht mehr thematisiert werden.

VI

Wie es 1933/34 wirklich gewesen ist, was die Akteure getan, was sie geleistet oder worin sie versagt haben: Eine abschließende Antwort darauf wird es nicht geben. Aber es bleibt die Aufgabe, im besten Sinne des Wortes aufzuklären, um der Wahrheit auf die Spur zu kommen. «Confessiones» wie diejenigen von Erik Wolf ersetzen die sorgfältige Erforschung der "facts" und der Zusammenhänge nicht. Aber sie haben Anspruch darauf, in den Versuch der Erfassung dieses komplexen Sachverhalts einbezogen und als persönliches Zeugnis gewürdigt zu werden – dies um so mehr, wenn sich der Autor von Selbstbeschönigung einerseits, in nobler Weise von der Anklage Dritter andererseits fernzuhalten versucht und wenn hier im Bewußtsein theologisch-christlicher Verantwortung ernste Gewissenserforschung betrieben wird.

Anmerkungen

¹ Martin Heidegger, Die Selbstbehauptung der deutschen Universität. Das Rektorat 1933/34, hrsg. v. Hermann Heidegger, Frankfurt a. M. 1983, S. 35. Vgl. auch schon die Äußerung im Spiegel-Interview vom 23. September 1966: „In der Absicht, die technische Organisation der Universität zu überwinden, das heißt die Fakultäten von innen heraus, von ihren sachlichen Aufgaben her, zu erneuern, habe ich vorgeschlagen, für das Wintersemester 1933/34 in den einzelnen Fakultäten jüngere und vor allem in ihrem Fach ausgezeichnete Kollegen zu Dekanen zu ernennen, und zwar ohne Rücksicht auf ihre Stellung zur Partei . . ." (Der Spiegel 30. Jg. Nr. 23, 31. Mai 1976, S. 201). Zu den Vorgängen im ganzen vgl. jetzt die intensive Fakten-Analyse und den Versuch einer Würdigung in den Studien von Hugo Ott, Martin Heidegger als Rektor der Universität Freiburg i. Br. 1933/34, in: Zeitschrift für die Geschichte des Oberrheins 132 (1984), S. 343–358, I: Die Übernahme des Rektorats der Universität Freiburg durch Martin Heidegger im April 1933, in: Zeitschrift des Breisgau-Geschichtsvereins (›Schau-ins-Land‹) 102 (1983), S. 121–136, II: Die Zeit des Rektorats von Martin Heidegger (23. April 1933 bis 23. April 1934), in: Ebendort 103 (1984), S. 107–130. Zu verweisen ist ferner auf Karl August Moehling, Martin Heidegger and the Nazy Party. An Examination, Diss. phil. Northern Illinois University 1972. Für die weitere Diskussion unentbehrlich auch Otto Pöggeler, Den Führer führen? Heidegger und kein Ende, in: Philosophische Rundschau 32 (1985), S. 26–67. Ausgezeichnete Grundorientierung (auch über die „politischen Verstrickungen") bei Alexander Schwan, Art. Heidegger, in: Staatslexikon, 7. Aufl., Bd. II (1986), Sp. 1225 ff.

² Für das folgende vgl. Alexander Hollerbach, Zu Leben und Werk Erik Wolfs, in: Erik Wolf, Studien zur Geschichte des Rechtsdenkens (Ausgewählte Schriften III), Frankfurt a. M. 1982, S. 235–271; dort auch die erforderlichen Nachweise, die hier aus Raumgründen in der Regel nicht wiederholt werden.

³ In einer Tagebuchnotiz heißt es: „Um acht Uhr Vortrag von Heidegger über Kant. Ihn nachher zu Husserls begleitet, lange dort." Der Vortrag dürfte, nach den entsprechenden Marburger Vorlesungen vom Wintersemester 1925/26 und 1927/28, die Grundgedanken der 1929 erschienenen Schrift ›Kant und das Problem der Metaphysik‹ zum Gegenstand gehabt haben.

⁴ Zu den damaligen Kirchenwahlen in Freiburg vgl. Ernst Schulin, Die Geschichte der Evangelischen Kirchengemeinde Freiburg 1807–1982, Freiburg i. Br. 1983, S. 21 f.

⁵ Wiederabdruck bei Erik Wolf, Rechtstheologische Studien, Frankfurt a. M. 1972, S. 257–263 (hier S. 262).

⁶ Es ist Frau Olga Wolf, die Witwe Erik Wolfs, sehr dafür zu danken, daß sie der Veröffentlichung der thematisch einschlägigen Teile dieses „Briefes" zugestimmt hat. In den Tagebuch-Notizen Wolfs ist unter dem 15. Oktober 1945 in der Tat vermerkt: „Brief an Karl Barth geschrieben." Warum der Brief auch 1968 seinen Adressaten nicht erreicht hat, ließ sich nicht klären; vielleicht geschah es mit Rücksicht auf Karl Barths Gesundheitszustand. Bart ist wenige Wochen später, am 9. Dezember 1968, gestorben. Eine Publikation des Briefes im ganzen bleibt vorbehalten.

⁷ Manuskript, S. 39.

⁸ Richtiges Recht im nationalsozialistischen Staate, Freiburg i. Br. 1934 (Freibur-

ger Universitätsreden 13); Das Rechtsideal des nationalsozialistischen Staates, in: Archiv für Rechts- und Sozialphilosophie 28 (1934/35), S. 348–363. Zu der erstgenannten Schrift übrigens ein interessantes zeitgenössisches Echo bei Engelbert Krebs, Jesuitischer und deutscher Geist, Freiburg i. Br. 1934, S. 33, und dazu Remigius Bäumer, Die Theologische Fakultät Freiburg und das Dritte Reich, in: Freiburger Diözesan-Archiv 103 (1983), S. 277.

[9] Manuskript, S. 11/12.

[10] Manuskript, S. 21–33.

[11] Vgl. dazu die Nachweise bei Hollerbach (Anm. 2), S. 243.

[12] Vgl. dazu o. bei Anm. 5.

[13] = Internationale Vereinigung für Rechts- und Sozialphilosophie. Wolf ist hier ein Versehen unterlaufen. In Wirklichkeit handelte es sich um eine Tagung der AIDP = Association Internationale de Droit Pénal; so Wolf selbst in seiner Radbruch-Biographie in: Große Rechtsdenker der deutschen Geistesgeschichte, 4. Aufl., Tübingen 1963, S. 742.

[14] Es muß „1928" heißen; vgl. o. bei Anm. 3. Jedenfalls gibt es für eine schon in das Jahr 1927 zu datierende persönliche Begegnung keinen Beleg.

[15] Gesetz zur Abänderung strafrechtlicher Vorschriften vom 26. Mai 1933 (RGBl. I, S. 295). Zu den Zusammenhängen vgl. Eberhard Schmidt, Einführung in die Geschichte der deutschen Strafrechtspflege, 2. Aufl. Göttingen 1951, S. 419 ff.; ferner Hinrich Rüping, Grundriß der Strafrechtsgeschichte, München 1981, S. 94 ff.

[16] Tübingen 1933 (Recht und Staat, 103).

[17] Sehr treffend hat Max Müller einmal formuliert: „Das Jahr 1933 stürzte Erik Wolf zunächst in ziemliche Verwirrung. Er glaubte sich dem Ruf des so verehrten Martin Heidegger als Rektor nicht verschließen zu können und sich ihm als Dekan der Rechts- und Staatswissenschaftlichen Fakultät zur Verfügung stellen zu müssen" (Erik Wolf. Zum 60. Geburtstag, in: Rheinischer Merkur Nr. 19 vom 11. Mai 1962).

[18] Die Wahlen fanden am 21. April 1933 statt; vgl. dazu im einzelnen die o. Anm. 1 angeführten Studien von Hugo Ott.

[19] Gemeint ist Karl Alfred Hall (1906–1974). Er war noch in Rostock unter Erik Wolf promoviert worden, hat sich dann 1933 in Freiburg habilitiert und wirkte später als Strafrechtslehrer in Gießen und Marburg.

[20] Nach den Tagebuch-Aufzeichnungen Erik Wolfs erfolgte der Rücktritt am 23. April.

[21] Manuskript, S. 34–37.

[22] Rolf Seeliger, Braune Universität. Deutsche Hochschullehrer gestern und heute. Dokumentenreihe Heft 6, München 1968, S. 111–113.

[23] Gemeint ist wohl Jean-Michel Palmier, Les Ecrits politiques de Heidegger, Paris (Editions de l'Herne) 1968. Hier heißt es S. 74, Anm. 1: «Le professeur Erik Wolf, dont l'œuvre toute entière mérite d'être traduite, enseignait le droit, et était bien connu pour ses attaques à l'égard du juriste hitlérien, Carl Schmitt, notamment. Il dirigea même avec Heidegger un séminaire contre Carl Schmitt. L'une de ses œuvres essentielles: Vom Wesen des Rechts in deutscher Dichtung, dédié en partie à Heidegger, reprend une série de cours, professés à Fribourg, sur ›L'essence du droit dans la poésie allemande‹ (Klostermann 1946). Une simple lecture révèle la grandeur de l'œuvre et de l'homme qui fut, avec Heidegger, l'un des rares professeurs à

avoir publiquement combattu le nazisme par son enseignement.» Es gibt keine An-
haltspunkte dafür, daß Erik Wolf gemeinsam mit Heidegger ein Anti-Schmitt-Semi-
nar gehalten haben könnte. Nach Ausweis des Vorlesungsverzeichnisses war für das
WS 1934/35 ein gemeinsames Seminar mit Heidegger unter dem Titel ›Hegel, Über
den Staat‹ angekündigt. Auf die zitierte Äußerung von Palmier über Erik Wolf bezieht sich übrigens Moehling, a. a. O. (Anm. 1), S. 47.

[24] Karl Barth, Theologische Existenz heute, München 1933. Vgl. aber auch: Die
Deutschen und wir (1945), in: Karl Barth, Eine Schweizer Stimme, Zollikon-Zürich
1945, S. 334–370.

[25] Vgl. dazu Ernst-Viktor Benn, Die einstweilige Leitung der Deutschen Evangelischen Kirche (Juli bis September 1933), in: Zeitschrift für evangelisches Kirchenrecht 1 (1951), S. 365–382. Zu den allgemeinen Zusammenhängen und zur Person
Werners siehe im übrigen Klaus Scholder, Die Kirchen und das Dritte Reich, Bd. I,
Frankfurt a. M. 1977, S. 388 ff. Werner war allerdings nicht „Kirchenminister", sondern Präsident des Preußischen Evangelischen Oberkirchenrats.

[26] Vgl. o. Anm. 8.

[27] Vgl. dazu im einzelnen Hugo Ott, Martin Heidegger als Rektor der Universität
Freiburg 1933/34, in: ZGO 132 (1984), S. 355–357 (vgl. o. Anm. 1).

[28] Vgl. dazu die Nachweise in: Erik Wolf, Rechtsphilosophische Studien (Ausgewählte Schriften II), Frankfurt a. M. 1972, S. 320.

[29] Das folgende – mit Ergänzungen – wiederum nach meiner in Anm. 2 angeführten Studie S. 251 ff.

[30] Vgl. dazu: In der Stunde Null. Die Denkschrift des Freiburger „Bonhoeffer-
Kreises": Politische Gemeinschaftsordnung. Ein Versuch zur Selbstbesinnung des
christlichen Gewissens in den politischen Nöten unserer Zeit. Eingeleitet von Helmut Thielicke, mit einem Nachwort von Philipp v. Bismarck, Tübingen 1979. Unter
dem Stichwort, „Widerstandsgruppen" berichtet Helmut Thielicke aufschlußreich
(auch mit Erwähnung Erik Wolfs) von der Entstehung dieser Denkschrift: Zu Gast
auf einem schönen Stern. Erinnerungen, Hamburg 1984, S. 188–193.

[31] So der Rechtshistoriker Hermann Conrad in einer Besprechung der 4. Aufl. des
Rechtsdenkerbuchs: Savigny-Zeitschrift, Germanistische Abteilung 82 (1965),
S. 337. Eindrucksvoll jetzt auch Ernst Walter Zeeden in seiner Tübinger Abschieds-
vorlesung ›Rückblick auf 50 Jahre Universitätszugehörigkeit: 1934–1984‹: Wolf sei
nach kurzer Hinwendung zum Dritten Reich sehr bald „zu einer Position der ent-
schiedensten inneren Abwehr" umgeschwenkt (Manuskript, S. 8). „Welches Thema
er auch immer behandelte, er wußte es zum Anlaß zu nehmen, uns im Unrechtsstaat
des Nationalsozialismus auf das Recht als auf eine unabdingbare Voraussetzung
menschlicher Gemeinschaft und auf die Bindung des Rechts an sittliche Grundwerte
hinzuweisen" (Manuskript, S. 9).

[32] Privater Rechtslehrer von 1933–1945 in Berlin, in: Die Freiheit des Anderen.
Festschrift für Martin Hirsch, hrsg. v. Hans-Jochen Vogel, Helmut Simon, Adalbert
Podlech, Baden-Baden 1981, S. 26.

[33] Grundlegend dazu Walter Heinemann, Die Relevanz der Philosophie Martin
Heideggers für das Rechtsdenken, Diss. jur. Freiburg i. Br. 1970, bes. S. 340–378.

[34] Frankfurt a. M. 1950, S. 9–18.

VERLAUTBARUNGEN

Die Autoren der folgenden Texte werden lediglich mit ihren Lebensdaten und ihrer beruflichen Position vorgestellt. Kommentare zu den Aussagen und inhaltliche Richtigstellungen unterbleiben aus Gründen der Authentizität. Für die Auswahl der Verlautbarungen bin ich der Mitarbeit von Antje Herrmann (Freiburg i. Br.) zu großem Dank verpflichtet.

1. Hannah Arendt

Soziologin (1906–1975)

(Vorbemerkung: Zum englischen Text ihres Buches ›Was ist Existenzphilosophie‹ – What is Existenz Philosophy?, in: Partisan Review 13 [1946], S. 34–36 – schrieb Hannah Arendt in einer Anmerkung, daß Heidegger seinem „Freund und Lehrer" Husserl verboten hätte, die Fakultät zu betreten, weil er „Jude war". Sie berichtet dann weiter: Schließlich ging das Gerücht um, „daß er sich der französischen Besatzungsbehörde zur [Mithilfe bei der] Umerziehung des deutschen Volkes angeboten hätte".)

a) [...]
Was die Heidegger-Anmerkung anlangt, so haben Sie mit Ihrer Vermutung über den Husserl-Brief ganz recht. Ich wußte auch, daß dieser Brief ein Rundbrief war, und weiß, daß viele Menschen ihn daher entschuldigen. Mir hat immer geschienen, daß Heidegger in dem Moment, wo er seinen Namen unter dies Schriftstück zu setzen hatte, hätte abdanken müssen. Für wie töricht man ihn auch halten mag, diese Geschichte konnte er verstehen. So weit konnte man ihm Verantwortung zumuten. Er wußte ganz genau, daß Husserl dieser Brief mehr oder minder gleichgültig gewesen wäre, wenn ein anderer Name als Unterschrift unter ihm gestanden hätte. Nun können Sie natürlich sagen, daß das im Zug der Geschäfte vor sich ging. Und ich würde wahrscheinlich antworten, daß das wirklich Irreparable oft fast – täuschend – wie ein Akzident auftritt, daß manchmal aus einer unscheinbaren Linie, die wir gelassen überschreiten, im sicheren Bewußtsein, daß es darauf nun auch nicht mehr ankommt, jener Wall sich aufrichtet, der Menschen wirklich scheidet. Mit anderen Worten, obwohl mir weder sachlich noch persönlich je an dem alten Husserl irgend etwas gelegen war, gedenke ich ihm in diesem einen Punkt die Solidarität zu halten; und da ich weiß, daß dieser Brief und diese Unterschrift ihn beinahe umgebracht

haben, kann ich nicht anders als Heidegger für einen potentiellen Mörder zu halten. Das mit der „Umerziehung" hätte ich nicht schreiben sollen, obwohl ich es hier recht authentisch verbürgt erhielt. Später erzählte mir Sartre, daß Heidegger 4 Wochen (oder 6 Wochen) nach der deutschen Niederlage an einen Professor der Sorbonne (habe den Namen vergessen) geschrieben, von einem „Mißverständnis" zwischen Deutschland und Frankreich gesprochen und seine Hand zur deutsch-französischen „Verständigung" geboten habe. Er bekam natürlich keine Antwort. Daraufhin hat er dann später an Sartre geschrieben. Die verschiedenen Interviews, die er dann gegeben hat, werden Sie ja kennen. Nichts als törichte Lügnereien, mit einem, wie mir scheint, ausgesprochen pathologischen Einschlag. Aber das ist eine alte Geschichte.

[...]

... und 23 Jahre später:

b) [...]

Nun wissen wir alle, daß auch Heidegger einmal der Versuchung nachgegeben hat, seinen „Wohnsitz" zu ändern und sich in die Welt der menschlichen Angelegenheiten „einzuschalten" – wie man damals so sagte. Und was die Welt betrifft, so ist es ihm noch um einiges schlechter bekommen als Plato, weil der Tyrann und seine Opfer sich nicht jenseits der Meere, sondern im eigenen Lande befanden.[1] Was ihn selbst anlangt, so steht es, meine ich, anders. Er war noch jung genug, um aus dem Schock des Zusammenpralls, der ihn nach zehn kurzen hektischen Monaten vor 35 Jahren auf seinen angestammten Wohnsitz zurücktrieb, zu lernen und das Erfahrene in seinem Denken anzusiedeln. Was sich ihm daraus ergab, war die Entdeckung des Willens als des Willens zum Willen und damit als des Willens zur Macht. Über den Willen ist in der Neuzeit und vor allem der Moderne viel geschrieben, aber über sein Wesen trotz Kant, trotz Nietzsche nicht sehr viel gedacht worden. [...]

Anmerkung:
[1] Diese Escapade, die man heute – nachdem die Erbitterung sich beruhigt hat und vor allem die zahllosen Falschmeldungen einigermaßen berichtigt sind – zumeist als den „Irrtum" bezeichnet, hat vielfache Aspekte, und unter anderen auch den der Zeit der Weimarer Republik, die sich den in ihr Lebenden keineswegs in dem rosigen Licht zeigte, in dem sie heute gegen den furchtbaren Hintergrund dessen, was auf sie folgte, gesehen wird. Der Inhalt des Irrtums unterschied sich beträchtlich von dem, was an „Irrtümern" damals gang und gäbe war. Wer außer Heidegger ist schon auf die Idee gekommen, in dem Nationalsozialismus „die Begegnung der planetarisch bestimmten Technik und des neuzeitlichen Menschen" zu sehen – es sei denn, er hätte statt Hitlers ›Mein Kampf‹ einige Schriften der italienischen Futuristen gelesen, auf die sich der Faschismus im Unterschied zum Nationalsozialismus hie und

da berufen hat. Dieser Irrtum ist unerheblich gegenüber dem viel entscheidenderen Irren, das darin bestand, der Wirklichkeit in den Gestapokellern und den Folterhöllen der Konzentrationslager, die unmittelbar nach dem Reichstagsbrand entstanden, in angeblich bedeutendere Regionen auszuweichen. Was in jenem Frühjahr 1933 wirklich geschah, hat Robert Gilbert, der deutsche Volks- und Schlagerdichter, unvergeßlich in vier Verszeilen gesagt:

„*Keiner braucht mehr anzupochen,*   *Die Nation ist aufgebrochen*
Mit der Axt durch jede Tür –   *Wie ein Pestgeschwür.*"

Diesen „Irrtum" hat Heidegger zwar nach kurzer Zeit eingesehen und dann erheblich mehr riskiert, als damals an den deutschen Universitäten üblich war. Aber das Gleiche kann man nicht von den zahllosen Intellektuellen und sogenannten Wissenschaftlern behaupten, die nicht nur in Deutschland es immer noch vorziehen, statt von Hitler, Auschwitz, Völkermord und dem „Ausmerzen" als permanenter Entvölkerungspolitik zu sprechen, sich je nach Einfall und Geschmack an Plato, Luther, Hegel, Nietzsche oder auch an Heidegger, Jünger oder Stefan George zu halten, um das furchtbare Phänomen aus der Gosse geisteswissenschaftlich und ideengeschichtlich aufzufrisieren. Man kann wohl sagen, daß das Ausweichen vor der Wirklichkeit inzwischen zum Beruf geworden ist, das Ausweichen nicht in eine Geistigkeit, mit der die Gosse nie etwas zu tun hatte, sondern in ein Gespensterreich von Vorstellungen und „Ideen", das von jeder erfahrenen und erfahrbaren Wirklichkeit so weit ins bloß „Abstrakte" gerutscht ist, daß in ihm die großen Gedanken der Denker alle Konsistenz verloren haben und gleich Wolkenformationen, bei denen auch ständig die eine in die andere übergeht, ineinander verfließen.

2. Paul Celan

Lyriker (1920–1970)

ARNIKA, AUGENTROST, der
Trunk aus dem Brunnen mit dem
Sternwürfel drauf,

in der
Hütte,

die in das Buch
– wessen Namen nahms auf
vor dem meinen? –,
die in das Buch
geschriebene Zeile von
einer Hoffnung, heute,
auf eines Denkenden
kommendes (un-

gesäumt kommendes)
Wort
im Herzen,

Waldwasen, uneingeebnet,

Orchis und Orchis,
einzeln,

Krudes, später, im Fahren,
deutlich,

der uns fährt,
der Mensch,
der's mit anhört,

die halb-
beschrittenen Knüppel-
pfade im Hochmoor,

Feuchtes,
viel.

Celan las am 24. Juli 1967 an der Freiburger Universität aus seinen Gedichten. Auf Einladung Heideggers besuchte er diesen am folgenden Tag in dessen Todtnauer Hütte, wo er die folgenden Zeilen ins Hüttenbuch schrieb: „Ins Hüttenbuch, mit dem Blick auf den Brunnenstern, mit einer Hoffnung auf ein kommendes Wort im Herzen. Am 25. Juli 1967/Paul Celan." Das hier abgedruckte Gedicht wurde eine Woche später (1. August) niedergeschrieben. – Schon in der Anthologie ›Licht-zwang‹ (1970) ist die Aussage in der Klammer – „(ungesäumt kommendes)" – insge-samt gestrichen.

3. François Fédier

Philosoph

[...]

– Im April 1933 tritt der Rektor der Universität Freiburg, Professor von Moellendorff, Mitglied der sozialdemokratischen Partei, von seinem Amt zu-rück. Er selbst, unterstützt durch die Gesamtheit seiner Kollegen, ersucht Heidegger mit Nachdruck, für das Amt des Rektors zu kandidieren. Zu die-ser Zeit ist Heidegger bereits der Ruhm der Universität, und seine Kollegen denken, daß seine Rektorschaft, die Autorität seines Namens eine große

Rolle in der unruhigen Phase spielen werden, die die Universität durchläuft.

– Heidegger, der niemals einer Partei zugehört hatte und der für keine Politik kämpft, zögert, ausgerechnet in diesem Augenblick eine Rolle zu spielen. Erst auf die einstimmige Bitte des Senats der Universität willigt er in die Kandidatur ein. Er wird am 21. April einstimmig (mit einer Ausnahme) gewählt.

– Im „neuen" Deutschland ist die Übernahme einer verantwortlichen Stellung quasi automatisch mit dem Eintritt in die Nationalsozialistische Partei verbunden. Parteifunktionäre geben Heidegger zu verstehen, daß sein Beitritt die Beziehungen zum Ministerium beträchtlich erleichtern würde. Heidegger willigt ein, aber unter der ausdrücklichen Bedingung, keiner Versammlung beizuwohnen und sich in keiner Weise an den Aktivitäten der Partei zu beteiligen.

– Die erste Amtshandlung des neuen Rektors ist das Verbot von antisemitischer Propaganda durch nazistische Studenten in den Gebäuden der Universität. Später verbietet er denselben Studenten, vor der Universität die Bücherverbrennung zu organisieren, und wacht persönlich darüber, daß die Universitätsbibliothek intakt bleibt.

– Indes glaubt Heidegger zu dieser Zeit und bis gegen Ende des Jahres 1933 aufrichtig, daß eine ernsthafte Arbeit aller Deutschen unter einer gemeinsamen Führung einen gemeinsamen Ausweg aus der dramatischen wirtschaftlichen Situation, in der sich ein ganzes Volk befindet, eröffnen wird. Er glaubt nicht weniger aufrichtig an gewisse positive Aspekte der nationalsozialistischen Bewegung, und sie unterstützt er nach Kräften während der ganzen Zeit, die er im Amt bleibt: deshalb seine Anstrengung, die Verwirklichung *sozialistischer* Maßnahmen zur Verbindung der Arbeiterschaft mit dem Universitätsleben – und umgekehrt der Studenten mit der Arbeitswelt – zu beschleunigen; und zu gleicher Zeit den *Nationalismus* in einem tieferen Sinn als dem des patriotischen Chauvinismus verständlich zu machen.

Diese Überzeugung und diese Arbeit kommen zuerst in der Rektoratsrede zum Ausdruck, dann in kurzen Texten, die Heidegger für den engeren Kreis der Freiburger Studenten verfaßt. In einem weiteren Rahmen und bei Gelegenheit der Kampagne, die der Volksabstimmung vom 12. November 1933 vorausgeht (für oder gegen den vollzogenen Austritt aus dem Völkerbund), setzt sich Heidegger öffentlich dafür ein, Ja zu stimmen, und fordert damit seine Landsleute auf, ihre Stimme geschlossen Hitler zu geben. Er begeht hier seinen schwersten politischen Fehler (eine ernsthafte Interpretation müßte sich fragen, welches das *Hitler-Bild* ist, für das Heidegger zu votieren auffordert, und das wiederum würde den politischen Fehler Heideggers als einen ungeheuren *Irrtum* verstehen lassen – aber bestimmt nicht als Beweis für eine opportunistische Unterwürfigkeit oder die Abdankung des Geistes vor der Gewalt).

– Inzwischen begegnet Heidegger in der Ausübung seiner Amtstätigkeit als Rektor zunehmenden Schwierigkeiten; die Nazifunktionäre des Ministeriums versuchen sich jeden Tag stärker in die Universitätsangelegenheiten einzumischen. Schließlich tritt Heidegger am Ende des Wintersemesters 1933/34 (Ende Februar 1934) zurück: er unterstreicht damit seine Weigerung, die amtliche Entscheidung über die Absetzung der beiden von ihm ernannten antinazistischen Dekane Wolf und von Moellendorff zu bestätigen. Der Rücktritt Heideggers erfolgt somit zehn Monate nach seiner Amtsübernahme und sechs Monate vor der Vereinigung der gesamten Staatsgewalt in den Händen von Hitler (19. August 1934 nach dem Tod des Präsidenten Hindenburg). Sein Nachfolger wird durch das Ministerium ernannt, und Heidegger lehnt es ab, seiner öffentlichen Amtseinsetzung beizuwohnen. Die nazistische Presse feiert übrigens den Nachfolger Heideggers als „ersten nationalsozialistischen Rektor der Universität Freiburg".

– In den Wochen, die auf seinen Rücktritt folgen, sieht Heidegger ein, daß die Verdrießlichkeiten seines Rektorats nur die Rückwirkungen einer katastrophalen Situation im allgemeinen sind. Die nazistischen Würdenträger, an ihrer Spitze Hitler, entpuppen sich in seinen Augen als die üblen Verbrecher, die sie sind. Von da an bekennt Heidegger öffentlich – in seinen Vorlesungen –, daß er sich 1933 getäuscht hat. Zahlreiche ehemalige Studenten bezeugen, daß Heidegger zwischen 1934 und 1944 öffentlich – und immer deutlicher – eine entschiedene Opposition gegen das Naziregime bekundet hat. Seine Vorlesungen werden übrigens durch den SD und die SS überwacht. (Wir wollen hier nicht dem Irrtum verfallen, diese Opposition nach dem Modell des *Widerstands* zu verstehen, der sich in Deutschland und vor allem außerhalb Deutschlands nach 1940 entwickelt hat; es handelt sich um etwas ganz anderes – das aber dennoch nicht weggewischt, noch weniger falsch interpretiert werden darf.)

– Im Sommer 1944 wird Heidegger vom damaligen Rektor in Übereinstimmung mit der Partei als der „am meisten entbehrliche Hochschullehrer" vorgemerkt, wodurch er für die Schanzarbeiten am Rhein-Ufer mobilisierbar wird. Nach seiner Rückkehr kann er seine eigene Arbeit nur für kurze Zeit wieder aufnehmen, denn nun wird er auf Anweisung der Partei – als einziger unter seinen Kollegen – in den Volkssturm eingegliedert. Wenn nach 1945 Heidegger von den Besatzungsbehörden ein Lehrverbot auferlegt bekam, so ist das somit *de facto* eine nazistische Entscheidung, die einfach bestätigt und weitergeführt wurde. –

[. . .]

4. Hans-Georg Gadamer

Philosoph (geb. 1900)

[...]
Jedenfalls kann man von uns, die seit fünfzig Jahren über das nachdenken, was uns damals bestürzte und jahrelang von Heidegger trennte, keine Überraschung erwarten, wenn man hört, daß er 1933 und schon Jahre vorher und wie lange noch danach? – an Hitler „glaubte". Er war doch kein bloßer Opportunist.

Wenn man sein politisches Engagement einen politischen Standpunkt nennen will, so wäre das besser eine politische Illusion zu nennen, die mit der politischen Wirklichkeit zusehends weniger zu tun hatte. Wenn er später, gegen alle Realitäten, seinen damaligen Traum von einer „Volksreligion" weiterträumte, so schloß das eine tiefe Enttäuschung über den Lauf der Dinge selber ein. Aber seinen Traum hütete er weiter und beschwieg ihn. Damals, 1933 und 1934, glaubte er diesem Traum zu folgen und seinen eigensten philosophischen Auftrag zu erfüllen, wenn er die Universität von Grund auf zu revolutionieren suchte. Dafür tat er damals alles, was uns entsetzte. Für ihn galt es, den politischen Einfluß der Kirche und die Beharrung des akademischen Bonzentums zu brechen. Auch Ernst Jüngers Vision vom „Arbeiter" stellte er neben seine eigenen Ideen, vom Sein her die Tradition der Metaphysik zu überwinden. Später verstieg er sich bekanntlich bis zu der radikalen Rede vom Ende der Philosophie. Das war seine Revolution.

Da er in diesen Jahren von der von keiner Staatsgesinnung zusammengehaltenen Weimarer Republik nichts erwartete und bei seinem eigenen politischen Engagement nur Enttäuschungen erlebte, hütete er sich fortan, mit dem politischen Geschehen sich irgendwie zu identifizieren. So sah er selbst nach dem Ende des tausendjährigen Reichs seine Vision von der Seinsvergessenheit im Zeitalter der Technik genugsam bestätigt. Was sollte er widerrufen? Und ob er in der deutschen Universität mit dreißigtausend Studierenden überhaupt etwas wiedererkannte?

Nun mag man sich fragen: fühlte er sich denn gar nicht verantwortlich für die fürchterlichen Folgen der Hitlerschen Machtergreifung, die neue Barbarei, die Nürnberger Gesetze, den Terror, die Blutopfer zweier Weltkriege für die ganze Menschheit – und zuletzt die unauslöschliche Schande der Vernichtungslager? – Die Antwort ist eindeutig: nein. Das war die verkommene Revolution und nicht die große Erneuerung aus der geistigen und sittlichen Kraft des Volkes, von der er geträumt hat und die er als die Vorbereitung zu einer neuen Menschheitsreligion ersehnte.

[...]

5. Hermann Heimpel

Historiker (1901–1989)

[. . .] 1933, in Freiburg erlebt: eine Gefolgschaft besiegte eine Bürger-
stadt. Monate, ein Jahr etwa, glaubte ein Heidegger, mit der „Revolution"
siege seine Philosophie. Als er, nachdem der eben gewählte Rektor der Universität verdrängt war, seinerseits die Rektoratsrede hielt, erlebte er anderes: gelangweilt nach vorn gestreckte braune Stiefel der Neu-Mächtigen:
sind das wir, was der da oben sagt, der kleine Mann im akademischen Hermelin? Einem Denker in eisiger Einsamkeit kann die Macht imponieren,
gerade wenn sie sich banal gibt. Er lädt sich dann „Studentenführer" ein zu
Seminaren auf seine Todtnauberger Hütte und weist „Abweichlern" die Tür
– so geschehen im Sommer 1933. Auch sonst geschah Böses: einem wurde
Unrecht getan, der andere wurde verletzt, so wie wir Menschen sind: Härte
aus Schwäche.

Ich habe Heidegger nie als „Nationalsozialisten" empfunden. Sagte er
von einem Kollegen „der Jude", verkannte er sich selbst. Freilich, er
konnte damals sein Pathos in klingende Schellen verwandeln, und der
Jugend-Bewegte war es gewohnt, rollenden Feuern starke Sprüche nachzu-
rufen – wie im Haß gegen die Urbanität, Wald-gefesselt. Der Schwarzwald
hat seine dunklen Seiten. [. . .]

6. Edmund Husserl

Philosoph (1859–1938)

zur Zeit Orselina bei Locarno,
Hotel al Sasso, 4. Mai 1933.

Mein lieber alter Freund!

Sie werden verstehen, warum ich Ihren so lieben Brief, den Sie der tele-
graphischen Gratulation zu meinem 50. Doktorjubiläum nachfolgen ließen,
so spät beantworte. Schon seit dem Herbst vorigen Jahres war ich auf dem
Weg zu einem meiner alten depressiven Zustände und in steigendem Maße,
seitdem die politischen Entwicklungen auf mein Gemüt bedrückend einwir-
ken. Schließlich mußte ich ⟨in⟩ meinem hohen Alter erleben, was ich nie
für möglich gehalten hätte: diese Aufrichtung eines geistigen Ghetto, in das
ich mit meinen wirklich achtenswerten, wirklich hochgesinnten Kindern
(und mit allen ihren Nachkommen) hineingestoßen werden soll. Wir sollen
nach einem hinfort und für immer geltenden Staatsgesetz nicht mehr das
Recht haben, uns noch Deutsche zu nennen, unsere Geisteswerke sollen

nicht mehr der deutschen Geistesgeschichte zugerechnet werden. Nur mit dem Brandmal des „Jüdischen" – denn das soll nach allen Bekundungen des neuen Staatswillens Brandmal der Verächtlichkeit sein – sollen sie fortleben, als ein Gift, vor dem der deutsche Geist sich hüten, das ausgerottet werden muß. [. . .] Doch die persönliche Freundschaft erhielt sich bei einer Reihe dieser Schüler, trotzdem ich ihr Philosophieren nicht billigen konnte, so wenig wie sie das meine, das sie allerdings in ihrem Verständnis nie erreichten. (Zum großen Teil durch meine Schuld, durch die Schuld einer im Werden sich unvollkommen aussprechenden Philosophie.) Bei anderen habe ich aber die trübsten persönlichen Erfahrungen machen müssen – zuletzt und am schwersten mich treffend an Heidegger: am schwersten, weil ich nicht nur auf seine Begabung, sondern auf seinen Charakter ein (mir jetzt selbst nicht mehr recht verständliches) Zutrauen gefaßt hatte. Der schönste Abschluß dieser vermeintlichen philosophischen Seelenfreundschaft war der (ganz theatralisch) am 1. Mai öffentlich vollzogene Eintritt in die nationalsozialistische Partei. Vorangegangen ist der von ihm vollzogene Abbruch des Verkehrs mit mir (und schon bald nach seiner Berufung) und in den letzten Jahren sein immer stärker zum Ausdruck kommender Antisemitismus – auch gegenüber seiner Gruppe begeisterter jüdischer Schüler und in der Fakultät. ⟨Seite 2⟩ / Das zu überwinden war ein schweres Stück. Und dabei galt es auch zu überwinden die Art, wie die Heideggersche und die sonstige „Existenz"philosophie – zum großen Teil aus Karikaturen meiner in Schriften und in Vorlesungen und persönlichen Belehrungen dargelegten Gedanken erwachsen – den radikalen wissenschaftlichen Grundsinn meiner Lebensarbeit in sein ⟨im Original ihr⟩ Gegenteil verkehrten und diese selbst als etwas ganz Überwundenes mit großem Lob entwertete, als etwas, das jetzt noch zu studieren überflüssig sei. Auch das war nicht leicht. Aber das alles hatte ich überwunden, und in den Jahren der Emeritierung fühlte ich mich in meiner splendid isolation eigentlich sehr wohl, da ich herrliche Fortschritte machte – bis sich von neuem Hemmungen vor allem des Alters und entsprechende Depressionen einstellten, vielleicht bloß üble Folgen der Überarbeitung, die ich aber selbstverständlich nach einiger Zeit wieder besiegt hätte.

Was aber die letzten Monate und Wochen brachten, das war die tiefsten Wurzeln meines Daseins angreifend. Einmal schon stürzte mich die Politik in eine gefährliche persönliche Krise. [. . .]

7. Karl Jaspers

Philosoph (1883–1969)

Professor Jaspers   Heidelberg, den 22. XII. 1945
Heidelberg Plöck 66

Lieber und verehrter Herr Oehlkers!

Ihr Brief vom 15. Dezember gelangte heute zu mir. Ich freue mich, dass die Sache Gentner läuft. Er ist inzwischen vielleicht schon bei Ihnen gewesen. Wenigstens plante er es anlässlich einer Reise nach Paris, von der wir ihn in den nächsten Tagen zurückerwarten. Die Hauptfrage Ihres Briefes will ich gleich beantworten. Bei meiner früheren Freundschaft mit Heidegger ist es unumgänglich, dass ich Persönliches berühre, auch um eine eventuelle Befangenheit meines Urteils nicht zu verschleiern. Sie nennen die Sache mit Recht kompliziert. Wie alles Komplizierte muss man versuchen, auch dies auf das Einfache und Entscheidende zurückzubringen, damit man sich nicht im Gestrüpp des Komplizierten verfängt. Erlauben Sie, dass ich einige Hauptpunkte gesondert ausspreche:
1. Ich hatte gehofft, schweigen zu können ausser zu vertrauten Freunden. So dachte ich seit 1933, als ich nach der furchtbaren Enttäuschung still zu sein beschloss in Treue zu guten Erinnerungen. Das wurde mir leicht, weil Heidegger bei unserem letzten Gespräch 1933 seinerseits auf heikle Fragen schwieg oder ungenau – besonders in der Judenfrage – antwortete, und weil er seine durch ein Jahrzehnt regelmässigen Besuche nicht fortsetzte, sodass wir uns nicht wiedergesehen haben. Er schickte mir zwar bis zuletzt seine Publikationen, nach meinen Zusendungen hat er 1937 und 1938 nicht mehr den Empfang bestätigt. Jetzt hoffte ich nun erst recht, schweigen zu können. Aber Sie fragen mich nun nicht nur offiziell im Auftrage des Herrn von Dietze, sondern berufen sich auf Heideggers Wunsch, dass meine Meinung gehört werde. Das zwingt mich.
2. Ausser dem öffentlich Bekannten, gelangte zu mir Kenntnis einiger Tatbestände, von denen ich zwei wichtig genug finde, sie mitzuteilen.
Im Auftrage des nationalsozialistischen Regimes gab Heidegger ein Gutachten über Baumgarten an den Dozentenbund Göttingen, das mir vor langen Jahren in Abschrift bekannt wurde. Darin finden sich folgende Sätze: „Baumgarten war jedenfalls hier alles andere als ein Nationalsozialist. Er stammt verwandtschaftlich und der geistigen Haltung nach aus dem liberaldemokratischen Heidelberger Intellektuellenkreis um Max Weber. Nachdem er bei mir gearbeitet hat, nahm er rege Verbindungen zu dem früher in Göttingen tätigen, jetzt von hier aus entlassenen Juden Fraenkel auf. Durch

ihn liess er sich in Göttingen unterbringen ... Das Urteil über ihn kann natürlich noch nicht abgeschlossen sein. Er könnte sich noch entwickeln. Es müsste aber doch eine gehörige Bewährungsfrist abgewartet werden, ehe man ihn zu einer Gliederung der nationalsozialistischen Partei zulässt." Wir sind heute an Greuel gewöhnt, an denen gemessen man vielleicht kaum noch versteht, welches Entsetzen mich damals beim Lesen dieser Sätze ergriff. Der Assistent am philosophischen Seminar bei Heidegger, Dr. Brock, war Jude. Dieser Tatbestand war Heidegger bei der Anstellung nicht unbekannt. Brock musste im Gefolge der nationalsozialistischen Massnahmen seine Stellung verlassen. Nach Mitteilungen Brocks, die ich damals unmittelbar mündlich erhielt, hat sich Heidegger ihm gegenüber einwandfrei benommen. Er hat ihm durch freundliche Zeugnisse das Fortkommen in England erleichtert.

In den zwanziger Jahren war Heidegger kein Antisemit. Jenes durchaus unnötige Wort vom Juden Fraenkel beweist, dass ⟨er⟩ 1933 wenigstens in gewissen Zusammenhängen Antisemit geworden ist. Er hat in diesen Fragen nicht nur Zurückhaltung geübt. Das schliesst nicht aus, dass ihm, wie ich annehmen muss, in anderen Fällen der Antisemitismus gegen sein Gewissen und gegen seinen Geschmack ging.

[...]

3. Heidegger ist eine bedeutende Potenz, nicht durch den Gehalt einer philosophischen Weltanschauung, aber in der Handhabung spekulativer Werkzeuge. Er hat ein philosophisches Organ, dessen Wahrnehmungen interessant sind, obgleich er m. E. ungewöhnlich kritiklos ist und der eigentlichen Wissenschaft fernsteht. Er wirkt manchmal, als ob sich der Ernst eines Nihilismus verbände mit der Mystagogie eines Zauberers. Im Strom seiner Sprachlichkeit vermag er gelegentlich den Nerv des Philosophierens auf eine verborgene und großartige Weise zu treffen. Hier ist er unter den zeitgenössischen Philosophen in Deutschland, soweit ich sehe, vielleicht der einzige. Daher ist dringend zu wünschen und zu fordern, daß er in der Lage bleibe, zu arbeiten und zu schreiben, was er vermag.

4. Bei der Behandlung einzelner Menschen muss man heute unausweichlich unsere Gesamtlage im Auge behalten.

So ist es unumgänglich, dass zur Verantwortung gezogen wird, wer mitgewirkt hat, den Nationalsozialismus in den Sattel zu setzen. Heidegger gehört zu den wenigen Professoren, die das getan haben.

Die Härte der Ausschliessung zahlloser Menschen, die innerlich nicht Nationalsozialisten gewesen sind, aus ihren Stellungen, geht heute sehr weit. Was sollen, wenn Heidegger uneingeschränkt bleibt, die Kollegen sagen, die gehen müssen, in Not geraten, und die nie nationalsozialistische Handlungen begangen haben! Die ungewöhnliche geistige Leistung kann ein berechtigter Grund sein für die Ermöglichung der Weiterführung dieser Arbeit, nicht aber für die Fortsetzung von Amt und Lehrtätigkeit.

In unserer Lage ist die Erziehung der Jugend mit grösster Verantwortung zu behandeln. Eine volle Lehrfreiheit ist zu erstreben, aber nicht unmittelbar herzustellen. Heideggers Denkungsart, die mir ihrem Wesen nach unfrei, diktatorisch, communikationslos erscheint, wäre heute in der Lehrwirkung verhängnisvoll. Mir scheint die Denkungsart wichtiger als der Inhalt politischer Urteile, deren Aggressivität leicht die Richtung wechseln kann. Solange in ihm nicht eine echte Wiedergeburt erfolgt, die sichtbar im Werk ist, kann m. E. ein solcher Lehrer nicht vor die heute innerlich fast widerstandslose Jugend gestellt werden. Erst muss die Jugend zu selbständigem Denken kommen.

5. Ich erkenne in einem gewissen Umfang die persönliche Entschuldigungen an, Heidegger sei seiner Natur nach unpolitisch; der Nationalsozialismus, den er sich zurechtgemacht habe, hätte mit dem wirklichen wenig gemein. Dazu würde ich jedoch erstens an das Wort Max Webers von 1919 erinnern: Kinder, die in das Rad der Weltgeschichte greifen, werden zerschmettert. Zweitens würde ich einschränken: Heidegger hat gewiss nicht alle realen Kräfte und Ziele der nationalsozialistischen Führer durchschaut. Dass er meinte, einen eigenen Willen haben zu dürfen, beweist es. Aber seine Sprechweise und seine Handlungen haben eine gewisse Verwandtschaft mit nationalsozialistischen Erscheinungen, die seinen Irrtum begreiflich machen. Er und Bäumler und Carl Schmitt sind die unter sich sehr verschiedenen Professoren, die versucht haben, geistig an die Spitze der nationalsozialistischen Bewegung zu kommen. Vergeblich. Sie haben wirkliches geistiges Können eingesetzt, zum Unheil des Rufes der deutschen Philosophie. Daher kommt ein Zug von Tragik des Bösen, den ich mit Ihnen wahrnehme.

Eine Veränderung der Gesinnung durch Hinüberwechseln in das antinationalsozialistische Lager ist nach den Motiven zu beurteilen, die sich zum Teil aus dem Zeitpunkt erschliessen lassen. 1934, 1938, 1941 bedeuten grundsätzlich verschiedene Stufen. M. E. ist die Gesinnungsveränderung für die Beurteilung fast bedeutungslos, wenn sie erst seit 1941 erfolgte, und von geringem Wert, wenn sie nicht schon nach dem 30. Juni 1934 mit Radikalität geschehen ist. –

6. Für ungewöhnliche Fälle lässt sich eine ungewöhnliche Ordnung finden, wenn man es will, weil man den Fall wirklich wichtig findet. Daher ist mein Vorschlag:

a) Bereitstellung einer persönlichen Pension für Heidegger zum Zweck der Fortführung seiner philosophischen Arbeit und das Herausbringen seiner Werke, mit der Begründung durch seine anerkannten Leistungen und durch die Erwartung, dass noch Wichtiges entstehen wird.

b) Suspension vom Lehramt für einige Jahre. Dann Nachprüfung auf Grund der erneuerten akademischen Zustände. Es ist dann die Frage zu stellen, ob die volle Wiederherstellung der alten Lehrfreiheit gewagt werden kann, bei der auch das der Universitätsidee Gegnerische und Gefährliche, wenn es mit geistigem Rang vertreten wird, zur Geltung kommen dürfte. Ob ein solcher Zustand erreicht wird, liegt am Gang der politischen Ereignisse und an der Entwicklung unseres öffentlichen Geistes.

Falls eine solche ausdrückliche Sonderregelung für Heidegger verweigert wird, halte ich eine Bevorzugung im Rahmen der allgemeinen Massnahmen für ungerecht. –

Damit hätte ich in einer Kürze, die gewiss voll möglicher Missverständnisse ist, meine Meinung gesagt. Falls Sie Heidegger von diesem Brief Kenntnis geben wollen, ermächtige ich Sie, ihm in Abschrift die Punkte 1., 2.., 6. mitzuteilen und dazu aus Punkt 3. Absatz: „Daher ist . . . er vermag." Entschuldigen Sie die apodiktische Form mit der Kürze. Lieber würde ich im Gespräch mit Ihnen die Sache hin und her diskutieren und weiter klären, wenn ich Ihre Auffassungen hörte. Das geht nun nicht.

[. . .]

gez. Karl Jaspers

8. Ernst Jünger

Schriftsteller (geb. 1895)

[. . .]

Diese Vermutung fand ich bestätigt bei der ersten persönlichen Begegnung mit dem Philosophen – oben im Schwarzwald bei Todtnauberg. Da war beim ersten Anblick etwas – nicht nur stärker als Wort und Denken, sondern stärker auch als die Person. Schlicht wie ein Bauer, aber wie einer aus dem Märchen, der sich nach Belieben verwandeln kann. „Schatzhäuser im tiefen Tannenwald." Etwas vom Fallensteller war auch dabei.

Das war der Wissende – der, den das Wissen nicht nur reich macht, sondern auch fröhlich, wie Nietzsche es von der Wissenschaft verlangt. In seinem Reichtum war er unangreifbar, ja ungreifbar – selbst wenn die Büttel kommen sollten, um ihm den Rock zu pfänden – das verriet ein listiger Seitenblick. Er hätte einem Aristophanes behagt.

[. . .]

Martin Heideggers Vaterland ist Deutschland mit seiner Sprache; Heideggers Heimat ist der Wald. Dort ist er zu Hause – im Unbegangenen und auf den Holzwegen. Sein Bruder ist der Baum.

Wenn Heidegger die Sprache ergründet, sich in ihr Wurzelwerk vertieft, dann leistet er mehr, als, wie Nietzsche sagen würde, „unter uns Philologen" gefordert wird. Heideggers Exegese ist mehr als philologisch, auch

mehr als etymologisch: er faßt das Wort, wo es noch frisch, in voller Keim-
kraft im Schweigen schlummert, und hebt es aus dem Humus des Waldes
empor.
[. . .]

9. Karl Löwith

Philosoph (1897–1973)

[. . .]
Heideggers Führung dauerte nur ein Jahr. Er trat nach manchen Enttäuschungen und Ärgernissen von seinem „Auftrag" zurück, um seitdem wieder in alter Weise dem neuen „man" zu opponieren und im Kolleg bittere
Bemerkungen zu riskieren, was aber seiner substanziellen Zugehörigkeit
zum nationalsozialistischen Wesen und Unwesen nicht widerspricht. Denn
der „Geist" des Nationalsozialismus hat es nicht so sehr mit dem Nationalen
und Sozialen zu tun als vielmehr mit jener radikalen Entschlossenheit und
Dynamik, die jede Diskussion und Verständigung ablehnt, weil sie sich einzig und allein auf sich selber verläßt – auf das je eigene (deutsche) Sein-kön-
nen. Es sind durchwegs Ausdrücke der Gewaltsamkeit, die das Vokabular
der nationalsozialistischen Politik und von Heideggers Philosophie bestimmen. Dem diktatorischen Stil der Politik entspricht das Apodiktische in
Heideggers pathetischen Formulierungen. Beide fordern heraus mit einer
hinterhältigen Lust am Brüskieren. Es ist nur ein Unterschied des Niveaus,
aber nicht der Methode, der die internen Differenzen der Gefolgschaft
bestimmt, und am Ende ist es das „Schicksal", welches alles Wollen recht-
fertigt und ihm einen geschichtsphilosophischen Mantel umhängt. –
[. . .]
Seiner Herkunft nach ein einfacher Mesnersohn, wurde er durch seinen
Beruf zum pathetischen Vertreter eines Standes, den er als solchen ne-
gierte. Jesuit durch Erziehung, wurde er zum Protestanten aus Empörung,
scholastischer Dogmatiker durch Schulung und existenzieller Pragmatist
aus Erfahrung, Theologe durch Tradition und Atheist als Forscher, Renegat
seiner Tradition im Gewande ihres Historikers. Existenziell wie Kierkegaard, mit dem Systemwillen eines Hegel, so dialektisch in der Methode
wie einschichtig im Gehalt, apodiktisch behauptend aus dem Geiste der
Verneinung, verschwiegen gegen andere und doch neugierig wie wenige,
radikal im Letzten und zu Kompromissen geneigt in allem Vorletzten – so
zwiespältig wirkte der Mann auf seine Schüler, die von ihm dennoch gefes-
selt blieben, weil er an Intensität des philosophischen Wollens alle andern
Universitätsphilosophen weit überragte.
[. . .]

10. Georg Lukács

Philosoph (1885–1971)

[. . .] Der in der Krisenzeit des Monopolkapitalismus und in der Nachbarschaft eines immer stärker und anziehender werdenden sozialistischen Staates wirkende Heidegger konnte den Folgerungen aus der Krisenperiode nur so ausweichen, daß er die wirkliche Geschichte zur „uneigentlichen" degradierte und als „eigentliche" nur eine solche Seelenentwicklung anerkannte, die durch Sorge, Verzweiflung usw. die Menschen vom gesellschaftlichen Handeln, von den sozialen Entscheidungen wegführt, sie zugleich innerlich derart in eine verzweifelte Desorientiertheit und Wegverlorenheit fixiert, daß damit ein Umschlagen in den reaktionären Aktivismus Hitlerscher Observanz aufs höchste gefördert wurde.

Die ganze anmaßende Pointe der Heideggerschen Philosophie über Zeit und Geschichte führt also nicht über seine Ontologie des Alltagslebens hinaus; auch hier ist der Inhalt nur das Innenleben des vor dem Nichts zu Tode erschrockenen, des nichtigen und seiner Nichtigkeit allmählich bewußt werdenden modernen Philisters.

[. . .]

11. Herbert Marcuse

Philosoph (1898–1979)

28. August 1947, 4609 Chevy Chase Blvd., Washington 15, D.C.

Lieber Herr Heidegger,

Ich habe lange über das nachgedacht, was Sie mir bei meinem Besuch in Todtnauberg gesagt haben, und ich möchte Ihnen offen darüber schreiben.

Sie haben mir gesagt, daß Sie sich seit 1934 völlig von dem Nazi-Regime dissoziiert haben, daß Sie in Ihren Vorlesungen außerordentlich kritische Bemerkungen gemacht haben und daß Sie von der Gestapo überwacht wurden. Ich will nicht an Ihren Worten zweifeln. Aber die Tatsache bleibt bestehen, daß Sie sich 1933–34 so stark mit dem Regime identifiziert haben, daß Sie heute noch in den Augen vieler als einer der unbedingtesten geistigen Stützen des Regimes gelten. Ihre eigenen Reden, Schriften und Handlungen aus dieser Zeit sind der Beweis. Sie haben sie niemals öffentlich widerrufen – auch nicht nach 1945. Sie haben niemals öffentlich erklärt, daß Sie zu anderen Erkenntnissen gekommen sind als denen, die Sie 1933–34 ausgesprochen und in ihren Handlungen verwirklicht haben. Sie sind nach

1934 in Deutschland geblieben, obwohl Sie überall im Ausland eine Wirkungsstätte gefunden hätten. Sie haben keine einzige der Taten und Ideologien des Regimes öffentlich denunziert. Unter diesen Umständen sind Sie auch heute noch mit dem Nazi-Regime identifiziert. Viele von uns haben lange auf ein Wort von Ihnen gewartet, ein Wort, das Sie klar und endgültig von dieser Identifizierung befreien würde, ein Wort, das Ihre wirkliche, heutige Einstellung zu dem, was geschehen ist, ausdrückt. Sie haben ein solches Wort nicht gesprochen – wenigstens ist es nie aus der Privatsphäre herausgekommen. Ich – und sehr viele andere – haben Sie als Philosophen verehrt und unendlich viel von Ihnen gelernt. Aber wir können die Trennung zwischen dem Philosophen und dem Menschen Heidegger nicht machen, – sie widerspricht Ihrer eigenen Philosophie. Ein Philosoph kann sich im Politischen täuschen – dann wird er seinen Irrtum offen darlegen. Aber er kann sich nicht täuschen über ein Regime, das Millionen von Juden umgebracht hat – bloß weil sie Juden waren, das den Terror zum Normalzustand gemacht hat und alles, was je wirklich mit dem Begriff Geist und Freiheit und Wahrheit verbunden war, in sein blutiges Gegenteil verkehrt hat. Ein Regime, das in allem und jedem die tödliche Karikatur jener abendländischen Tradition war, die Sie selbst so eindringlich dargelegt und verteidigt haben. [...]

13. Mai 1948, 4609 Chevy Chase Blvd., Washington 15, D.C.

Lieber Herr Heidegger,

Ich wußte lange nicht, ob ich Ihren Brief vom 20. 1. beantworten sollte. Sie haben recht: ein Gespräch mit Menschen, die seit 1933 nicht mehr in Deutschland waren, ist offenbar sehr schwer. Nur glaube ich, daß der Grund dafür nicht in unserer Unkenntnis der deutschen Verhältnisse unter dem Nazismus zu suchen ist. Wir haben diese Verhältnisse sehr genau gekannt – vielleicht sogar besser als die Menschen in Deutschland. Der sofortige Kontakt, den ich mit vielen dieser Menschen 1947 hatte, hat mich wieder davon überzeugt. Es liegt auch nicht daran, daß wir „den Beginn der nationalsozialistischen Bewegung von ihrem Ende aus beurteilen". Wir wußten, und ich selbst habe es noch gesehen, daß der Beginn schon das Ende enthielt, das Ende war. Die Schwierigkeit des Gesprächs scheint mir vielmehr darin zu liegen, daß die Menschen in Deutschland einer totalen Pervertierung aller Begriffe und Gefühle ausgesetzt waren, die sehr viele nur zu bereitwillig hinnahmen. Anders ist es nicht zu erklären, daß Sie, der wie kein anderer die abendländische Philosophie zu verstehen vermochte, im Nazismus „eine geistige Erneuerung des ganzen Lebens", eine „Rettung des abendländischen Daseins von den Gefahren des Kommunismus" (der doch selbst ein wesentlicher Bestandteil dieses Daseins ist!) sehen konnten. Das ist kein politisches, sondern ein intellektuelles Problem – ich möchte beinahe sagen: ein Problem der Erkenntnis, der Wahrheit. Sie, der Philosoph, haben die Liquidierung des abendländischen Daseins mit seiner Erneuerung verwechselt? War nicht diese Liquidierung schon in jedem Worte der „Führer", in jeder Geste und Tat der SA lange vor 1933 offenbar?

Aber nur auf einen Abschnitt Ihres Briefes möchte ich eingehen, weil mein Schweigen vielleicht als Eingeständnis ausgelegt werden könnte: Sie schreiben, daß alles, was ich über die Ausrottung der Juden sage, genauso für die Alliierten gilt, wenn statt „Juden" „Ostdeutsche" steht. Stehen Sie nicht mit diesem Satz außerhalb der Dimension, in der überhaupt noch ein Gespräch zwischen Menschen möglich ist – außerhalb des Logos? Denn nur völlig außerhalb dieser „logischen" Dimension ist es möglich, ein Verbrechen dadurch zu erklären, auszugleichen, zu „begreifen", daß Andere so etwas ja auch getan hätten. Mehr: wie ist es möglich, die Folterung, Verstümmelung und Vernichtung von Millionen Menschen auf eine Stufe zu stellen mit einer zwangsweisen Verpflanzung von Volksgruppen, bei der keine dieser Untaten vorgekommen ist (vielleicht von einigen Ausnahmefällen abgesehen)? Die Welt sieht heute so aus, daß in dem Unterschied zwischen Nazi-Konzentrationslagern und den Deportierungen und Internierungslagern der Nachkriegszeit schon der ganze Unterschied zwischen Unmenschlichkeit und Menschlichkeit liegt. Auf der Basis Ihres Arguments hätten die Alliierten Auschwitz und Buchenwald mit allem, was darin vorging, für jene „Ostdeutschen" und die Nazis beibehalten sollen – dann wäre die Rechnung in Ordnung! Wenn aber der Unterschied zwischen Unmenschlichkeit und Menschlichkeit auf diese Unterlassung reduziert ist, dann ist dies die weltgeschichtliche Schuld des Nazi-Systems, das der Welt vordemonstriert hat, was man nach über zweitausend Jahren abendländischen Daseins mit dem Menschen machen kann. Es sieht so aus, als ob die Saat auf fruchtbaren Boden gefallen ist: vielleicht erleben wir noch die Vollendung dessen, was 1933 begonnen wurde. Ob Sie sie wiederum als „Erneuerung" ansprechen werden, weiß ich nicht.

12. Ludwig Marcuse

Philosoph und Publizist (1894–1971)

[. . .] Jener Sündenfall hat aber nichts zu tun mit dem außerordentlichen Buch ›Sein und Zeit‹ (1927). Man hat immer wieder versucht, dies wichtige Werk ex post seiner späteren Entwicklung gleichzuschalten. Da unterscheide ich Analphabeten und Bösartige; der Prügelknabe Heidegger hat bis heute von manchem abzulenken, was deutsche „Dichter und Denker" in den Dreißigern verbrachen.

Diese primitiven „Er war schon immer ein Nazi" (auch Hamsun und Benn appliciert) sind üble Kindereien oder Infamien. Der am wenigsten museale Denker unserer Tage, Sartre, ist, wie man nachlesen kann, ein Erbe von ›Sein und Zeit‹, der größte. Es wäre gut, wenn einmal gesammelt würde, was damals über dies Werk geschrieben wurde. Ernst Cassirer (zum Beispiel), dem diese Lehre völlig fremd war, schätzte die Arbeiten von Heidegger (wie Frau Cassirer mitteilte); er selbst berichtete über das harmonische Zusammensein 1929, während der Davoser Ferien-Kurse.

Die Lehre, die von Kierkegaard ausging, hat keine eindeutige politische Implikation. Was hat Unamuno, Hort des spanischen Republikanismus, gemein mit dem höchst fragwürdigen Gabriel Marcel. Und Sartres Existentialismus lebte, wie wir wissen, nicht in unauflöslicher Ehe mit dem Marxismus. Wer nicht unterscheiden kann oder will, hat hier nicht mitzureden. ›Sein und Zeit‹, die Freiburger Schändlichkeiten der Dreißiger und die trüben orphischen Plattheiten der Hölderlin- und Trakl-Essays dürfen nicht zusammengemanscht werden. Seine Propaganda für Hitler (im Gewand der Philosophie) kann niemand „verteidigen". Sein epochales ›Sein und Zeit‹ kann nicht irgendein Wütender zerstören. Die Psychologie seiner Anhänger durch dick und dünn und seiner Feinde durch dick und dünn ist noch nicht geschrieben worden.

Bad Wiessee (Bayern)   Prof. Dr. Ludwig Marcuse

13. Robert Minder

Literaturhistoriker (1902–1980)

a) [. . .]

Heidegger ist ein rational geschulter Kopf, ein mit allen Wassern des Thomismus, des Hegelianismus, des Nietzscheanismus gewaschener Dialektiker, ein Techniker der Philosophie, dessen affektiert rustikale Bilderwelt, in die Fachsprache rückübersetzt, an differenzierte Probleme heranzuführen imstande ist und der auch als Poetologe manches zu sagen hat auf Grund eines angeborenen Scharfsinns und einer umfassenden Belesenheit, die weder die antiken Tragiker noch avantgardistische Literaten und Maler wie René Char und Georges Braque ignoriert.

Wir haben keinen Augenblick daran gedacht, mit unsern Bemerkungen Heideggers Philosophie zu 'erledigen'. Sie ist auf ihre Weise etwas so Reelles, faktisch Dastehendes, nicht aus der Welt zu Schaffendes wie das preisgekrönte Meßkircher Zuchtvieh. Generationen von Denkern sind durch diese Philosophie beeinflußt, über sich hinausgerissen oder aus den Angeln gehoben worden. Das stolze Schiff zieht weiter seine Bahn; ob es später als Gespensterschiff herumgeistern wird, wie Georg Lukács meint, ist heute nicht zu eruieren.

[...]

b) [...]

Heidegger veut ignorer et mettre entre parenthèse «l'accident» de 1933 – 34. La défaite venue, il ne s'est plus guère soucié de ses paroles – lui dont le souci majeur est cependant le verbe et dont la philosophie a pour fondement le langage. Le malaise de l'Allemagne actuelle vient en partie de ce qu'une majorité de ceux qui s'étaient trompés jadis, et engagés sans réserves, loin de reconsidérer le passé, en ont refoulé le souvenir. On mesure mieux aujourd'hui les suites d'une telle carence. Heidegger y a sa part. Sa responsabilité est double : pour ce qu'il a dit en 1933 et pour ce qu'il s'est abstenu de dire en 1945.

[...]

14. Gerhard Ritter

Historiker (1888–1967)

a) [...] Und was erlebe ich hier als Korreferent Heideggerscher Doktorarbeiten über geschichtliche Gestalten! Von Aristoteles über Meister Ekkehart, Luther, Kant und Hegel bis zu Bergson: alle großen Philosophen der Weltgeschichte sind Vorläufer, Vorahnungen, Vorstufen oder gar Zeugen Heideggerschen Denkens: sie alle verkünden den kommenden Meister gleichsam voraus; oder aber, soweit sie das nicht tun, verkennen sie ihre eigentliche historische Mission. Ist das Geschichte oder Phantasie?

[...]

b) [...]

Ihr Schreiben an Herrn Oehlkers in Sachen Heidegger hat auf unsere Bereinigungskommission starken Eindruck gemacht, auch auf mich. Inzwischen hat Heidegger selbst seine Emeritierung beantragt unter Verzicht auf Lehrtätigkeit, so lange als die Universität ihn nicht wieder damit beauftragt. Damit ist eine Angelegenheit glücklich beendet, die uns viele Monate in Atem gehalten hat. Die jetzige Lösung, falls sie von der Militärregierung angenommen wird, entspricht sowohl unseren Vorschlägen wie offenbar auch Ihren Ansichten.

[...]

Ich hielt mich für verpflichtet, Ihnen diese Mitteilungen zu machen, [...] Heidegger ist kein starker Charakter. Vielleicht ist er auch nicht unbedingt aufrichtig, jedenfalls irgendwie „hintersinnig" im Sinn der Schwarzwälder „Schlitzohren". Aber er ist kein gemeiner Denunziant. Und das festzustellen, scheint mir wesentlich. Hinzufügen möchte ich noch, daß er, wie ich aus sehr genauer und beständiger Kenntnis weiß (wir gehörten immer einem gemeinsamen philosophischen Kränzchen an), seit dem 30. Juni 34 heimlich ein erbitterter Gegner das Nazitums war und auch den Glauben an Hitler, der ihn 1933 zu seiner verhängnisvollen Verirrung geführt hat, vollständig verloren hatte.

[...]

15. Gerd Tellenbach

Historiker (geb. 1903)

[...]

Zu den schwersten psychischen Belastungen in dieser unseligen Zeit gehörte für mich ein Vortrag, den Martin Heidegger am 30. Juni 1933 über ›Die Universität im dritten Reich‹ in der dicht besetzten Aula der Universität Heidelberg hielt. Ich war als Privatdozent im ersten Semester dabei. In meinen römischen Jahren hatte ich ›Sein und Zeit‹ mehrfach gelesen, war sehr davon beeindruckt und glaubte, vieles darin zu finden, was unsere Zeit gestaltet hatte und weitergestalten könnte. Nun sah ich ihn zum ersten Mal und hörte voller Spannung zu, mit wachsendem Entsetzen, bitter enttäuscht über diesen von mir so hochgestellten Mann, empört und traurig. Später bemerkte ich, daß dieser Heidelberger Vortrag sich stark von der bekannten Freiburger Rektoratsrede unterschied. In seiner radikalen revolutionären Forderung eines inneren Einsatzes für die Zukunft, gegen alle Halbheiten, für hingebungsvollen Dienst erkannte man den Autor von ›Sein und Zeit‹ allenfalls noch wieder. Aber die pauschale Beschimpfung der Professoren, die für die neuen Aufgaben unfähig seien, kannte kaum Grenzen. Die angeblich ziellose Forschung und die ziellose Lehre an den Universitäten wurden hemmungslos angeprangert. Da sprach ein leidenschaftlicher Nationalsozialist ohne Weisheit, ohne politisches Verantwortungsgefühl, ohne Willen zu gerechter Differenzierung. Und es blieb ja 1933 nicht bei Reden.

Man muß wissen, wie viele sich in diesem Sommer dem Nationalsozialismus anzupassen versuchten, um die Gefährlichkeit der provozierenden Frage zu verstehen: „Ist Revolution auch auf der Universität? Nein!" Tausende von denen, auf die ich gebaut hatte, fielen unter Heideggers Einfluß um. Diese Erfahrung habe ich nie verwunden. Wenn der weltberühmte Philosoph „von der Größe und Herrlichkeit dieses Aufbruchs" (vgl. z. B. Potempa [SA-Mordaktion, 1932]) überzeugt war, warum sollte man sich da eigentlich nicht auch für das dritte Reich begeistern können oder wenigstens hundert Schwierigkeiten durch Anpassung ausweichen? Und viele fanden es, wie zu allen Zeiten(!), doch gar zu hart, gegen den Strom schwimmen zu sollen.

[...]

16. Carl Friedrich Freiherr von Weizsäcker

Philosoph und Physiker (geb. 1912)

Ich soll heute über Heidegger ein paar Worte sagen. Nun, ich glaube, gerade Heideggers Philosophie könnte uns klarmachen, daß man in vier Minuten nicht seine Philosophie klarmachen kann. Deshalb möchte ich nur sagen, daß meiner Meinung nach Martin Heidegger der wichtigste Philosoph des 20. Jahrhunderts ist, vielleicht *der* Philosoph des 20. Jahrhunderts. Es mag zum Verständnis beitragen, wenn ich schildere, wie ich Heidegger kennengelernt habe. Das war so: Ich war damals ein junger Physiker, Schüler von Werner Heisenberg. Irgend jemand hatte den Gedanken gehabt und ihn seinerseits Heidegger nahegebracht, Heidegger könnte einmal Heisenberg einladen, zusammen mit dem Mediziner Viktor v. Weizsäcker, meinem Onkel. Dadurch könnte man die beiden ins Gespräch miteinander bringen über die Frage, was *Medizin,* so wie mein Onkel sie verstand, und was *Physik,* so wie Heisenberg sie verstand, miteinander zu tun hätten. Ob sie sich treffen in ihrem Verständnis der Wirklichkeit und des Menschen.

Das Gespräch fand statt, und Heisenberg brachte mich als seinen Assistenten mit. Das war im Jahre 1935 auf der kleinen Hütte Heideggers in Todtnauberg im Schwarzwald.

Man saß in einem schmalen Raum an einem schmalen Tisch. Heidegger saß an einem Ende des Tisches, neben ihm, einander gegenüber, die beiden Kontrahenten. Nun fingen die beiden an, miteinander zu sprechen. Sie redeten vielleicht eine Stunde lang sehr angeregt, stritten sich auch, und schließlich hatten sie sich derart miteinander verheddert, daß sie einander nicht mehr verstanden.

Jetzt erst mischte Heidegger, der aufmerksam zugehört hatte, sich ein. Er wandte sich an den einen und sagte: „Also, Herr v. Weizsäcker, wenn ich Sie richtig verstehe, meinen Sie folgendes..." Dann kamen drei vollkommen klare Sätze. Und der Angeredete sagte: „Ja, genau *das* habe ich sagen wollen." Dann wandte Heidegger sich an den anderen: „Herr Heisenberg, Sie meinen, wenn ich richtig sehe, dieses..." Wieder formulierte Heidegger drei ganz präzise Sätze. Und Heisenberg sagte: „Ganz genau *das* war es, was ich habe ausdrücken wollen." „Dann", fuhr Heidegger fort, „scheint mir, daß der Zusammenhang vielleicht der folgende sein könnte..." Wieder folgten vier bis fünf Sätze. Jeder von beiden sagte: „Ja, so könnte es vielleicht sein. Auf *der* Basis können wir weiterreden." Und es wurde weitergesprochen.

Ich finde, diese Geschichte, meine erste Begegnung mit Heidegger, hat mich dazu gebracht, zu sehen, daß Heidegger, ganz abgesehen von dem, was er in seinen Schriften an eigener Lehre ausgebreitet hat, imstande ist, zu hören und zu verstehen, was gedacht wird, und es *besser* zu verstehen, als es diejenigen verstanden haben, die es selbst gedacht haben.

Ich würde sagen: *Das* ist ein *Denker.* Mehr möchte ich über ihn heute gar nicht sagen.

HISTORISCHE DOKUMENTE

DEN FÜHRER FÜHREN –
HEIDEGGERS GEISTIGER FÜHRUNGSANSPRUCH

1. Heidegger als Rector designatus der Partei. Schreiben Aly [1] – Ministerium Karlsruhe vom 9. April 1933

Paraphe „f 10/4" [2]   Freiburg, den 9. 4. 33, Lorettostr. 41
                                     Eingangsstempel: Ministerium 11. April 1933 [3]

Hochverehrter Herr Professor!

In Ausführung des 1. in unserer neulichen Unterredung besprochenen Punktes betr. den Zusammenschluss der national-sozialistischen Hochschullehrer haben wir festgestellt, dass Herr Prof. Heidegger bereits in Verhandlungen mit dem preussischen Kultusministerium eingetreten ist. Er besitzt unser vollstes Vertrauen, sodass wir bitten, ihn einstweilen als unsern Vertrauensmann an der Universität Freiburg zu betrachten.

Herr Kollege Heidegger ist nicht Parteimitglied und hält es im Augenblick auch nicht für praktisch dies zu werden, um den anderen Kollegen gegenüber, deren Stellung noch ungeklärt oder gar feindlich ist, freiere Hand zu haben. Er ist jedoch erbötig sich zum Eintritt zu melden, wenn dies aus anderen Gründen für zweckmässig erachtet würde. Vor allem würde ich es begrüssen, wenn es Ihnen möglich wäre, direkte Fühlung mit Kollegen Heidegger aufzunehmen, der über die uns interessierenden Punkte vollkommen orientiert ist. Er steht in der nächsten Zeit zu Ihrer Verfügung, nur dass am 25. eine Besprechung in Frankfurt stattfinden soll, bei der er zweckmässig schon als Sprecher unserer Universität auftreten würde.

Ich erlaube mir im Anschluss daran diejenigen Punkte namhaft zu machen, die eine besonders beschleunigte Behandlung zu verdienen scheinen.

1. Es besteht der Wunsch, dass in dem kommenden Landtage, mag seine Bedeutung nun gross oder klein sein, die Hochschulen durch einen erfahrenen Angehörigen einer der drei Hochschulen vertreten sind.

2. Eine Liste der Gesinnungsgenossen an der Un. Freiburg ist in Arbeit und wird Ihnen baldigst zugehen. Wir haben festgestellt, dass es nicht ganz leicht ist, da ein abschliessendes Urteil zu fällen.

3. Um Zeit zu gewinnen, bitten wir schon jetzt die Ferien wie in Preussen bis zum 2. 5. [4] zu strecken. Es handelt sich insbesondere um die schwierige Frage des Rektorats, da Prof. v. Moellendorff ausgesprochener Demokrat

ist. Ferner wird infolge der Beurlaubungen sich eine Ergänzung des Lehrplanes nicht im Handumdrehen ermöglichen lassen.

4. Eine Fühlungnahme mit der Studentenschaft ist beabsichtigt, um mit ihr vernünftig und vertrauensvoll zusammen zu arbeiten.

Ich selbst bin leider im Augenblick an jeglicher Mitwirkung verhindert, da ich soeben zu meinem schwer kranken Sohne nach Davos gerufen werde und heute Nacht schon reise. Ich werde Sie aber von meiner Rückkehr sofort benachrichtigen.

Heil Hitler!

Ihr sehr ergebener

[Aly] [5]

Stempel: Paraphe „f 4/5" [6]

Anmerkungen:

[1] Wolfgang Aly (1881–1962), Klassischer Philologe, ältestes Parteimitglied im Lehrkörper der Freiburger Universität, Nr. 837972 vom 1. 12. 1931, wurde im April 1933 Mitglied des Nationalsozialistischen Lehrerbundes, wurde in die Reserve I der SA 1934 aufgenommen, im Dezember 1934 Schulungsredner der Parteiorganisation (Bundesarchiv Koblenz, R 21–10000, siehe auch oben Anm. 28, S. 114).

[2] Paraphe „f 10/4". Das Schreiben war an Professor Dr. Eugen Fehrle (1880–1957), seit März 1933 Hochschulreferent im Ministerium für Kultus, Unterricht und Justiz, gerichtet.

[3] Eingangsstempel Ministerium 11. April 1933.

[4] Handschriftliche Notiz „durch Erlaß A 8099 v. 11. IV. 33 erledigt".

[5] Unterschrift „Aly".

[6] Stempel zu den Akten 6. V. 1933 nach offensichtlicher Wiedervorlage bei Fehrle am 4. Mai 1933 Paraphe „f 4/5".

2. Gleichschaltung des Hochschulverbandes.
Heideggers Telegramm an Hitler vom 20. Mai 1933

Telegramm des Kieler Rektors Wolf [1] an Hitler vom 18. Mai 1933:

Am 26. Mai ist, wie mitgeteilt wird, ein Empfang des Vorstandes des Verbandes der Deutschen Hochschulen durch den Herrn Reichskanzler geplant. Nur ein aufgrund der Gleichschaltung neu gewählter Vorstand besitzt das Vertrauen der Hochschulen. Zudem ist dem bisherigen Vorstand das schärfste Mißtrauen der Deutschen Studentenschaft ausgesprochen worden. Ich bitte deshalb um Verschiebung des Empfanges bis nach der am 1. Juni stattfindenden Neuwahl des Vorstandes. Der Rektor der Universität, Wolf.

Abschrift des Telegramms an die Herren Rektoren der Universitäten und Technischen Hochschulen:

Ich bitte Sie, falls Sie meinen Standpunkt billigen, ebenfalls durch Telegramm bei dem Herrn Reichskanzler Einspruch zu erheben.

Der Rektor der Albert-Ludwigs-Universität
        Tgb 5091
                                                        20. Mai 1933

An den Rektor der Universität Kiel

Auf Ihre Mitteilung vom 18. d. M. teile ich ergebenst mit, daß ich heute an den Herrn Reichskanzler ein Telegramm folgenden Inhalts abgehen ließ: Herrn Reichskanzler, Reichskanzlei Berlin. Ich bitte ergebenst um Verschiebung des geplanten Empfangs des Vorstandes des Verbandes der Deutschen Hochschulen bis zu einem Zeitpunkt, in dem die Leitung des Hochschulverbandes im Sinne der gerade hier besonders notwendigen Gleichschaltung vollzogen ist. Heidegger, Rektor der Universität Freiburg.

Anmerkung:
[1] Lothar Wolf (1901–1969), seit 1930 o. Professor für physikalische Chemie in Kiel.

3. Rundfunkübertragung der Rektoratsrede.
Schreiben Aly [1] – Heidegger vom 26. Mai 1933

                                                        26. Mai 1933
Euer Magnifizenz,
        teile ich ergebenst mit, daß die von zahlreichen Kollegen gewünschte und von der hiesigen Kreisleitung der NSDAP unterstützte Übertragung Ihrer morgigen Rede auf den Rundfunk vom Reichskommissar [2] abgelehnt ist. Das ist mir um so bedauerlicher, als wir in Ihrer morgigen Rektoratsübernahme dasjenige Ereignis sehen, durch das die deutsche Universität sich öffentlich in den neuen Staat hineinstellt. Wir sind stolz, daß dies gerade in Freiburg der Fall sein wird und hoffen, daß auch so Ihre Worte das ihnen zukommende Gehör finden werden.

                                        Heil Hitler
                                        Euer Magnifizenz ergebener Aly

Anmerkungen:
[1] Zu Aly s. o. S. 166, Anm. 1.
[2] Robert Wagner (1895–1946), seit März 1925 Gauleiter der NSDAP in Baden, 1929–1933 Mitglied des Landtages, 1933 Reichskommissar für Baden, 1940 Gauleiter von Baden-Elsaß.

4. ›Die Selbstbehauptung der deutschen Universität‹.
Auszug aus der Rektoratsrede vom 27. Mai 1933 [1]

Sich selbst das Gesetz geben, ist höchste Freiheit. Die vielbesungene „akademische Freiheit" wird aus der deutschen Universität verstoßen; denn diese Freiheit war unecht, weil nur verneinend. Sie bedeutete vorwiegend Unbekümmertheit, Beliebigkeit der Absichten und Neigungen, Ungebundenheit im Tun und Lassen. Der Begriff der Freiheit des deutschen Studenten wird jetzt zu seiner Wahrheit zurückgebracht. Aus ihr entfalten sich künftig Bindung und Dienst der deutschen Studentenschaft.

Die erste Bindung ist die Volksgemeinschaft. Sie verpflichtet zum mittragenden und mithandelnden Teilhaben am Mühen, Trachten und Können aller Stände und Glieder des Volkes. Diese Bindung wird fortan freigemacht und in das studentische Dasein eingewurzelt durch den Arbeitsdienst.

Die zweite Bindung ist die an die Ehre und das Geschick der Nation inmitten der anderen Völker. Sie verlangt die in Willen und Können gesicherte und durch Zucht gestraffte Bereitschaft zum Einsatz bis ins Letzte. Diese Bindung umgreift und durchdringt künftig das ganze studentische Leben als Wehrdienst.

Die dritte Bindung der Studentenschaft ist die an den geistigen Auftrag des deutschen Volkes. Dieses Volk wirkt [2] an seinem Schicksal, indem es seine Geschichte in die Offenbarkeit der Übermacht aller weltbildenden Mächte des menschlichen Daseins hineinstellt und sich seine geistige Welt immer neu erkämpft. So [3] ausgesetzt in die äußerste Fragwürdigkeit des eigenen Daseins, will dies Volk ein geistiges Volk sein. Es fordert von sich und für sich in seinen Führern und Hütern die härteste Klarheit des höchsten, weitesten und reichsten Wissens. Eine studentische Jugend, die früh sich in die Mannheit hineinwagt und ihr Wollen über das künftige Geschick der Nation ausspannt, zwingt sich von Grund auf zum Dienst an diesem Willen. Hier wird der Wissensdienst nicht mehr sein dürfen die dumpfe und schnelle Abrichtung zu einem „vornehmen" Beruf. Weil der Staatsmann und Lehrer, der Arzt und Richter, der Pfarrer und der Baumeister das volklich-staatliche Dasein führen und in seinen Grundbezügen zu den weltbildenden Mächten des menschlichen Seins bewachen und scharf halten, deshalb sind diese Berufe und die Erziehung zu ihnen dem Wissensdienst überantwortet. Das Wissen steht nicht im Dienste der Berufe, sondern umgekehrt: Die Berufe erwirken und verwalten jenes höchste und wesentliche Wissen des Volkes um sein ganzes Dasein. Über dieses Wissen ist uns nicht die beruhigte Kenntnisnahme von Wesenheiten und Werten an sich, sondern die schärfste Gefährdung des Daseins inmitten der Übermacht des Seienden. Die Fragwürdigkeit des Seins überhaupt zwingt dem Volk Arbeit und Kampf ab und zwingt es in seinen Staat, dem die Berufe zugehören.

Die drei Bindungen – durch das Volk an das Geschick des Staates im geistigen Auftrag – sind dem deutschen Wesen gleich ursprünglich. Die drei von da entspringenden Dienste – Arbeitsdienst, Wehrdienst und Wissensdienst – sind gleich notwendig und gleichen Ranges.

Anmerkungen:

[1] Dieser Auszug wurde 1938 in der zweiten Auflage des von dem Rechtshistoriker Ernst Forsthoff besorgten, der nationalsozialistischen Geschichtsauffassung verpflichteten Sammelwerkes ›Deutsche Geschichte seit 1918 in Dokumenten‹ abgedruckt (zu Forsthoffs Tätigkeit s.: Gerhard Mauz, Ernst Forsthoff und andere, in: Intellektuelle im Bann des Nationalsozialismus, hrsg. von Karl Corino, Hamburg 1980, S. 193–203). Heidegger war demnach keinesfalls in Ungnade gefallen, sondern galt als geistiger Kronzeuge der „Bewegung", zumal sein Beitrag von den antisemitischen Leitsätzen der deutschen Studentenschaft v. 13. April 1933 und der Rede von Reichsminister Rust zum Festakt der Heidelberger Universität 1936 eingerahmt ist. Der abgedruckte Text ist bis auf die beiden Abweichungen identisch mit dem entsprechenden Teil der gedruckten Originalfassung bzw. dem Wiederabdruck (vgl. Anm. 2 o. S. 9).

[2] Im Wiederabdruck steht hier „wird".

[3] Im Wiederabdruck „. . . erkämpft, so ausgesetzt". Der Satz bekommt mit diesen beiden Änderungen eine neue, den ursprünglichen Sinn entstellende Bedeutung.

EINFÜHRUNG DER FÜHRERVERFASSUNG
AN DEN BADISCHEN HOCHSCHULEN

**5. Schreiben Vorsteher Rektorenkonferenz an den Marburger Rektor
über die geplante Hochschulreform
(21. Aug. 1933)**

Der Rektor[1]   Halle (Saale), den 21. August 1933
der vereinigten Friedrichs-Universität
Halle-Wittenberg
Nr. 1883   Eingangsstempel:
                                                 Universität Marburg
                                                 22. August 1933
Verehrte Magnifizenz![2]

Auf das Schreiben vom 14. August 1933 darf ich Ihnen mitteilen, dass ich inzwischen sehr ausführlich mit Herrn Ministerialdirektor Buttmann[3] gesprochen habe. Herr Buttmann hat sehr grosses Entgegenkommen gezeigt, hat mir aber auch nicht mitteilen können, was für Reformen im einzelnen für die Hochschulen geplant sind. Ich habe mit ihm aber verabredet, dass vor Beginn des Wintersemesters, in der zweiten Hälfte des Oktobers, eine Rektorenkonferenz stattfindet, an der, wenigstens teilweise, Herr Buttmann teilnehmen wird. Auf ihr müssen wir dann festzustellen versuchen, was für Pläne hinsichtlich der Hochschulen schweben. Ein anderer Ausweg bleibt uns zur Zeit leider nicht übrig.

> Mit dem Ausdruck der vorzüglichsten
> Hochachtung und den besten Empfehlungen
> Eure Magnifizenz sehr ergebener
>
> Unterschrift:
> H. Stieve

handschriftliche Bemerkungen des Curators und Prorektors:

> 1. Seiner Magnifizenz nach Rückkehr zur gefl. Kenntnisnahme.
> 2. Wdvrl. alsdann am 1. 10. 33 zwecks einer Besprechung mit den Dekanen

Marburg, den 22. VIII. 1933
Der Rektor der Universität
I.V.
Th.

An
Seine Magnifizenz den Rektor der
Universität
Marburg L.

Anmerkungen:
¹ Hermann Stieve, Professor der Medizin, Rektor der Universität Halle vom
5. Mai bis 18. Nov. 1933. Der jeweilige Hallesche Rektor war damals seit etwa 30 Jahren qua Amt Vorsitzender der (außeramtlichen) deutschen Rektorenkonferenz.
² Walther Merk (1883–1937), seit 1920 o. Professor für bürgerliches Recht in Marburg, vom 15. Okt. 1932 bis 28. Nov. 1933 Rektor der Marburger Universität.
³ Dr. Rudolf Hermann Buttmann, seit 1922 Mitglied der NSDAP, seit 1924 Fraktionsführer der NSDAP in Bayern und Leiter der Hauptabteilung Volksbildung der NSDAP, seit dem 5. Mai 1933 Leiter der kulturpolitischen Abteilung im Reichsinnenministerium. Bis zur Gründung des Reichsministeriums für Wissenschaft, Erziehung und Volksbildung unter Bernhard Rust am 30. April 1934 war das Ressort unter Buttmann für alle bildungspolitischen Fragen auf Reichsebene zuständig.

6. Schreiben Vorsteher Rektorenkonferenz an den Marburger Prorektor über die von Heidegger verfügte Hochschulreform (1. Sept. 1933)

Der Rektor ¹   Halle (Saale), den 1. September 1933
der vereinigten Friedrichs-Universität
Halle-Wittenberg
Nr. 2088   Eingangsstempel:
                                     Universität Marburg
                                     5. September 1933
Sehr verehrter Herr Prorektor!

Besten Dank für Ihr Schreiben vom 24. August. Wie ich inzwischen aus Freiburg erfahren habe, trifft die Nachricht in der Zeitung zu. Der Rektor der Universität Freiburg Heidegger hat an alle Freiburger Professoren ein Rundschreiben gesandt, in dem er sie vor die vollendete Tatsache stellt. Eine Abschrift des Rundschreibens vom 24. August lege ich Ihnen hier bei. Besonders wichtig in diesem Rundschreiben ist die Präambel, von Heidegger selbst verfaßt, in der angekündigt ist, daß noch weitere Verordnungen kommen werden.
Inzwischen sind auch ähnliche Entscheidungen für Bayern gefällt wor-

den. Der Rektor der Universität München[2] hat in Zusammenarbeit mit einigen Münchener Professoren einen Einspruch an das Bayerische Ministerium gesandt[3], dessen Abschrift[4] ich Ihnen hier beilege. Die Antwort auf diesen Einspruch war der Erlaß[5], daß der Rektor von jetzt ab vom Ministerium ernannt wird.

Mit dem Führer des Hochschulverbandes[6] werde ich am 8. und 10. Septbr. in Würzburg zu verhandeln haben. Leider erwarte ich mir von diesen Verhandlungen in der angegebenen Frage zunächst wenig. Die Ministerien stützen sich bei ihren Ausführungen auf die Ratschläge ganz bestimmter Professoren. [. . .] Die einzige Möglichkeit, hier vorzugehen, ist folgende: Die Badenser Universitäten müssen, entsprechend dem Vorgehen der bayerischen Universitäten, gegen den Entscheid des Ministeriums Einspruch erheben. Die Rektorenkonferenz als solche muß sich dann hinter den Einspruch stellen und entsprechend bei dem Reichsministerium des Innern vorstellig werden.

In der zweiten Hälfte des Oktober findet in Berlin eine Rektorenkonferenz statt, und ich werde selbstverständlich als ersten Punkt die Frage der Rektorwahl an den Universitäten behandeln lassen. Ich werde zu der betreffenden Sitzung auch die Herren Prorektoren einladen. Wahrscheinlich wird Herr Ministerialdirektor Buttmann[7] vom Reichsministerium des Innern auch an der Sitzung teilnehmen, und wir werden dann entsprechende Beschlüsse fassen müssen.

Mit dem Ausdruck der vorzüglichsten Hochachtung und besten Empfehlungen verbleibe ich

Ihr stets sehr ergebener

Unterschrift:
H. Stieve

Anmerkungen:

[1] Zu Stieve s. o. Anm. 1 S. 171.

[2] Rektor Leo von Zumbusch, Professor der Medizin, wurde durch den ernannten Rektor Karl Leopold Eschrich am 15. Oktober 1933 abgelöst.

[3] Hans Scheunes (1891–1935), Leiter des bayerischen Unterrichtsministeriums vom 10. März 1933 bis zu seinem Tode.

[4] Abschrift einer undatierten Denkschrift des Rektors der Universität München an den Staatsminister.

[5] Abdruck bei Bernd Martin, Heidegger und die Reform der deutschen Universität 1933, in: Freiburger Universitätsblätter 92 (Juni 1986), S. 65.

[6] Seit dem 1. Juli 1933 Friedrich Schucht, Professor für Geologie und Bodenkunde, Parteimitglied.

[7] Zu Buttmann s. o. Anm. 3, S. 171.

7. Heideggers Bekanntmachung der Führerverfassung an der Freiburger Universität (24. Aug. 1933)

Der Rektor der Universität   Freiburg, den 24. August 1933
Freiburg i. Brsg.
Nr. 8406   Die Verfassungen der badischen
                                               Universitäten und der Techn.
                                               Hochschule Karlsruhe.

An sämtliche Herrn Dozenten und Assistenten:
Hiermit gebe ich die durch Erlass des Herrn Ministers des Kultus, des Unterrichts und der Justiz – Abt. Kultus und Unterricht – vom 21. ds. Mts. festgelegte Neugestaltung der Stellung des Rektors, des Senats und der Dekane zur Kenntnis.

Es ist damit die erste Grundlage geschaffen für den inneren Ausbau der Universität entsprechend den neuen Gesamtaufgaben der wissenschaftlichen Erziehung.

Heidegger

Der Minister des Kultus, des Unterrichts und der Justiz
– Abt. Kultus und Unterricht –

Karlsruhe, den 21. August 1933

Nr. A 22296

Die Verfassungen der badischen Universitäten und der Techn. Hochschule in Karlsruhe bedürfen der Umgestaltung. Die völlige Erneuerung der deutschen Hochschulen kann nur erreicht werden, wenn die Hochschulreform einheitlich und umfassend im ganzen Reiche vorgenommen wird. Bis auf weiteres wird deshalb Nachstehendes verfügt, wobei eine endgültige Regelung – insbesondere auch der Verfassung der Fakultäten (Abteilungen) – vorbehalten bleibt.

I. Der Rektor

1. Der Rektor ist der Führer der Hochschule, ihm stehen alle Befugnisse des seitherigen (engeren und grossen) Senats zu. Er wird vom Minister des Kultus, des Unterrichts und der Justiz aus der Zahl der ordentlichen Professoren ernannt und von ihm vereidigt.
2. Der Rektor hat das Recht, für eine von ihm zu bestimmende Zeit aus

dem Lehrkörper der Hochschule einen Kanzler zu ernennen. Der Kanzler vertritt den Rektor nach dessen näherer Anordnung. Der Rektor kann für einzelne Angelegenheiten oder für einen bestimmten Geschäftskreis Angehörigen der Hochschule die Ausübung seiner Obliegenheiten übertragen und diese insoweit [mit] seiner Vertretung betrauen.

3. Der Rektor kann und soll zur Behandlung der eigentlich wissenschaftlichen und erzieherischen Gesamtaufgaben der Hochschule die Dekane (Abteilungsleiter) zusammenrufen.

4. Der Rektor kann jederzeit den Lehrkörper der Hochschule mit oder ohne deren Assistenten zusammenrufen.

II. Der Senat

1. Als beratende Körperschaft steht dem Rektor der Senat zur Verfügung.

2. Der Senat besteht aus dem Rektor, dem Kanzler, den Dekanen (Abteilungsleitern), den Fakultäten[1] (Abteilungen) und fünf weiteren vom Rektor zu ernennenden Senatoren, von denen zwei aus der Zahl der ordentlichen Professoren, drei aus der Zahl der Honorarprofessoren, den planmässigen oder nicht planmässigen ausserordentlichen Professoren oder der Privatdozenten zu entnehmen sind. Für diese fünf Senatoren sind zugleich Stellvertreter zu ernennen.

3. Der Rektor kann drei weitere Dozenten in den Senat berufen und für sie Stellvertreter ernennen.

4. Zu den Verhandlungen des Senats sind zuzuziehen:

a) Der Führer der Studentenschaft und ein von dem Studentenführer zu bestimmender zweiter Student, soweit es sich um Angelegenheiten handelt, deren Behandlung auch zu den satzungsmässigen Aufgaben der Studentenschaft gehört.

b) Ein vom Rektor zu berufender Vertreter der Universitätsassistenten bzw. der Universitätsbeamten, wenn die Verhandlungen die rechtlichen oder wirtschaftlichen Angelegenheiten der Assistenschaft oder Beamtenschaft der Universität betreffen.

c) Dem Rektor steht es frei, auch in anderen Fällen Angehörige der Dozentenschaft, Assistenten, Beamten oder den Führer oder die Ältesten der Studentenschaft zu den Verhandlungen des Senats zuzuziehen.

5. Der Senat fasst keine Beschlüsse. Abstimmungen erfolgen daher nicht.

III. Die Fakultäten (Abteilungen)

1. Die Geschäfte der Fakultät (Abteilung) führt der Dekan (Abteilungsleiter).

Die Dekane (Abteilungsleiter) und ihre Stellvertreter werden vom Rektor aus der Zahl der ordentlichen Professoren ernannt.

Dem Dekan (Abteilungsleiter) steht in allen Fakultäts-(Abteilungs-)angelegenheiten das alleinige Entscheidungsrecht zu. Die übrigen Mitglieder der Fakultät (Abteilung) können zur Beratung zugezogen werden. In wichtigen Angelegenheiten ist ihre Ansicht einzuholen und schriftlich niederzulegen. Fakultäts-(Abteilungs-)beschlüsse werden nicht gefasst.

2. Der Dekan (Abteilungsleiter) ist allein dem Rektor verantwortlich. Dieser kann die Entscheidung des Dekans beanstanden. Wird keine Einigung zwischen Dekan (Abteilungsleiter) und Rektor erzielt, so entscheidet das Ministerium.

3. Der Geschäftsverkehr der Fakultäten (Abteilungen) mit dem Ministerium geht über den Rektor.

4. Der Dekan (Abteilungsleiter) ist verpflichtet, dem Rektor von allen wichtigen Fakultäts-(Abteilungs-)angelegenheiten Kenntnis zu geben.

5. Der Rektor hat das Recht, an allen Fakultäts-(Abteilungs-)sitzungen teilzunehmen; er kann sich hierbei durch den Kanzler oder einen hierzu besonders ermächtigten Dozenten vertreten lassen. Der Rektor ist zu allen Sitzungen einzuladen.

IV. Schlussbestimmungen

1. Das Amt des Rektors und die vom Rektor übertragenen Ämter können nur aus wichtigen Gründen abgelehnt oder niedergelegt werden. Werden solche Gründe geltend gemacht, so entscheidet über die Ablehnung oder Niederlegung des Rektoramtes das Ministerium, im übrigen der Rektor.

2. Das Amt des nach diesem Erlass erstmalig zu ernennenden Rektors beginnt am 1. Oktober 1933; das Ende seiner Amtszeit wird vom Ministerium bestimmt.

3. Der sonach berufene Rektor hat die ihm nach diesem Erlass zustehenden Ernennungen bis spätestens 20. Oktober 1933 vorzunehmen.

4. Die Amtsdauer der Dekane (Abteilungsleiter) und Senatoren bestimmt der Rektor; er ist befugt, diese jederzeit abzuberufen. Gegen eine die Abberufung aussprechende Entscheidung steht dem betroffenen Dekan (Abteilungsleiter) oder Senator die Beschwerde an das Ministerium zu.

5. Entgegenstehende Bestimmungen werden hiermit ausser Kraft gesetzt; insbesondere treten der engere und der grosse Senat[2] sowie die allgemeine Dozentenversammlung nicht mehr zusammen.

gez. Dr. Wacker[3]

Anmerkungen:

[1] UAF XVIII/1–5, korrigiert mit Erlaß Nr. 27147 vom 16. Okt. 1933, in: ... (Abteilungsleitern) der Fakultäten.

[2] Bisheriges Gremium für die Wahl des Rektors.

[3] Dr. Otto Wacker (1899–1940), 12. 4. 1933 Staatskommissar für das Ministerium des Kultus und des Unterrichts, 25. 4. 1933 Staatskommissar für das Ministerium der Justiz. Blieb bis 1940 badischer Kultusminister, rückte dann zum Abteilungsleiter Hochschulpolitik im Reichserziehungsministerium in Berlin auf.

BEKENNTNIS ZUM „FÜHRER" ADOLF HITLER

8. Aufruf an die Deutschen Studenten (3. Nov. 1933)

Deutsche Studenten *

Die nationalsozialistische Revolution bringt die völlige Umwälzung unseres deutschen Daseins.

An Euch ist es, in diesem Geschehen die immer Drängenden und Bereiten, die immer Zähen und Wachsenden zu bleiben.

Euer Wissenwollen sucht das Wesentliche, Einfache und Große zu erfahren.

Euch verlangt, dem Nächstbedrängenden und Weitestverpflichtenden ausgesetzt zu werden.

Seid hart und echt in Euerem Fordern.

Bleibt klar und sicher in der Ablehnung.

Verkehrt das errungene Wissen nicht zum eitlen Selbstbesitz. Verwahrt es als den notwendigen Urbesitz des führerischen Menschen in den völkischen Berufen des Staates. Ihr könnt nicht mehr die nur „Hörenden" sein. Ihr seid verpflichtet zum Mitwissen und Mithandeln an der Schaffung der künftigen hohen Schule des deutschen Geistes. Jeder muß jede Begabung und Bevorzugung erst bewähren und ins Recht setzen. Das geschieht durch die Macht des kämpferischen Einsatzes im Ringen des ganzen Volkes um sich selbst.

Täglich und stündlich festige sich die Treue des Gefolgschaftswillens. Unaufhörlich wachse Euch der Mut zum Opfer für die Rettung des Wesens und für die Erhöhung der innersten Kraft unseres Volkes in seinem Staat.

Nicht Lehrsätze und „Ideen" seien die Regeln Eures Seins.

Der Führer selbst und allein *ist* die heutige und künftige deutsche Wirklichkeit und ihr Gesetz. Lernet immer tiefer zu wissen: Von nun an fordert jedwedes Ding Entscheidung und alles Tun Verantwortung.

Heil Hitler!
Martin Heidegger, Rektor

* Als Faksimile auf dem Schutzumschlag dieses Bandes.

9. ›Die Universität im nationalsozialistischen Staat‹.
Vortrag Heideggers in Tübingen am 30. Nov. 1933

M. Einer der stärksten nationalsozialistischen Vorkämpfer unter den deutschen Gelehrten, der derzeitige Rektor der Universität Freiburg, Professor Dr. Heidegger, hielt gestern abend im Schillersaal des Museums einen Vortrag über die Universität im nationalsozialistischen Staat. Der Gelehrte stellte fest, daß die Universität bisher ein leeres Gebilde im Staate gewesen und kam bei seinen wissenschaftlichen Untersuchungen zu dem Ergebnis, daß die neue Universität ein Stück des nationalsozialistischen Staates darstellen werde, in dem Dozenten und Studenten als Arbeiter ein gemeinsames Band umschließe, das zur treuen Gefolgschaft und dadurch zur Kameradschaft führt. Prof. Dr. Heidegger bezeichnete eingangs die Universität als wissenschaftliche Hochschule, deren Aufgabe es ist, die auf Grund wissenschaftlicher Forschung gepflegte wissenschaftliche Lehre zur wissenschaftlichen Durchbildung zu bringen. Im Verhältnis zum Staat gilt die Universität als öffentlich rechtliche Körperschaft. Dieses Verhältnis hat seine übliche Deutung erfahren durch Wilhelm von Humboldt, der mitbeteiligt war an der Gründung der Berliner Universität im Jahre 1809, die eine Musteruniversität blieb bis heute. Humboldt schrieb in einem wissenschaftlichen Aufsatz über das Verhältnis von Universität und Staat unter anderem, daß der Staat sich bewußt bleiben müsse, daß er ihr (der Universität) hinderlich sei, deshalb solle er sich nicht hineinmischen. Die Sache würde ohne ihn unendlich besser gehen. Anderseits habe der Staat die Pflicht, die Mittel für die Universität herbeizuschaffen. Die Universität ist durch ihn in dreifacher Weise charakterisiert: 1. gesehen von dem Blickpunkt der Lehrer und Forscher, 2. dem Vorrang der Forschung vor der Lehre, die Lehre muß auf die Forschung gegründet sein und 3. die Universität ist die Hochschule, ist eine Gemeinschaft von Studenten und Dozenten.

Nun war inzwischen bei uns die Revolution. Der Staat hat sich geändert. Diese Revolution war nicht die Übernahme einer im Staate vorhandenen Macht oder politischen Partei, sondern die nationalsozialistische Revolution bedeutet die völlige Umwälzung des gesamten deutschen Daseins. Sie erfaßt auch die Universität. Wie sieht nun die Universität im neuen Staate aus? Der neue Student ist nicht mehr akademischer Bürger, er geht durch den Arbeitsdienst, steht in der SA oder SS, treibt Geländesport. Das Studium heißt jetzt Wissensdienst. Alles wird in Kürze in einen erfreulichen Einklang kommen. Der neue Dozent macht Pläne zur Hochschule, schreibt Broschüren über den neuen Wissenschaftsbegriff, man redet über den politischen Studenten, die politischen Fakultäten, hält Vorlesungen über Volkskunde und Arbeitsdienst. Das ist nichts anderes als das übermalte Alte. Das ist, wenn es hoch kommt, eine äußerliche Übertragung von gewissen Ergebnissen dieser Revolution bei einer sonst in der alten Ruhe dahinschleppenden Innerlichung. Was soll denn noch geschehen? Die Revolution ist doch zu Ende und hat der Evolution Platz gemacht, nach den Worten des Führers selbst. Die Evolution soll die Revolution ablösen. Aber die Revolution in der deutschen Hochschule ist nicht nur nicht zu Ende, sie hat nicht einmal begonnen. Und wenn im Sinne des Führers die Evolution da ist, dann wird sie nur durch Kampf und im Kampf geschehen können. Die Revolution in der deutschen Hochschule hat nichts zu tun mit der Abänderung von Äußerlichkeiten. Die nationalsozialistische Revolution ist und wird werden die völlige Umerziehung der Menschen, der Studenten und nachherkommenden jungen Dozentenschaft. Das kann nicht geschehen abseits der neuen Wirklichkeit, sondern nur so und dann, wenn wir selbst in der neuen Wirklichkeit stehen und sie erfahren. Erfahrbar ist sie nur für den, der den rechten Sinn hat, sie zu erfahren, nicht für den Betrachter, der vielleicht nur nationalsozialistische Literatur liest, um sich im Sprachgebrauch zu unterrichten, sondern für die, die mithandeln, denn die revolutionäre Wirklichkeit ist nichts Vorhandenes, sondern es liegt in ihrem Wesen, daß sie sich erst entrollt, daß sie erst im Anrücken ist. Eine solche Wirklichkeit verlangt ein ganz anderes Verhältnis als zu einem Tatbestand. Wir müssen zuerst nach der neuen Wirklichkeit fragen, uns fragen, ob und wie wir in ihr stehen. Dabei müssen wir uns herausstellen aus dem Gehäuse der überlieferten Formen und Äußerlichkeiten der Universität. Sie sind für uns nur mehr ein behelfsmäßger Aufenthalt. Wir dürfen auch nicht aus Augenblicksanlockungen herumändern, denn die Formen bestimmen sich nach dem, was wir tun in dieser Gemeinschaft. Unser Tun ist tun müssen und bestimmt sich nach dem, was und wer wir sind, unser Sein bestimmt sich nach dem, was und wer wir werden in dieser neuen Wirklichkeit, und unser Werden nach dem, was wir einsetzen, was wir zu vollziehen vermögen. Wir sind uns darüber klar, daß Äußerlichkeiten und Formen nur Sinn haben, soweit sie erwachsen aus dem lebendigen Handeln der Menschen selbst. Daraus ergeben sich folgende Fragen: 1. Welches ist die neue Wirklichkeit? 2. Wie steht der neue Student in dieser Wirklichkeit, wer und was ist er? 3. Wie steht der neue Dozent zu dieser Wirklichkeit, wer und was ist er?

1. Was ist die neue Wirklichkeit? Die Deutschen werden ein geschichtliches Volk, nicht als ob sie keine lange und wechselvolle Geschichte hätten. Geschichte haben bedeutet nicht geschichtlich sein. Geschichtlich sein bedeutet als ganzes Volk wissen, daß Geschichte nicht das Vergangene ist, nicht das Gegenwärtige, sondern das aus hereindrängender Zukunft in die Gegenwart durchdringende Handeln und Fragen. Die Zukunft besteht nicht aus dem, was nicht ist, sie kommt in der wissenden Entscheidung, durch die das Volk zu sich selbst drängt. Geschichtlich sein heißt wissend

sein, um so das Vergangene in seiner verpflichtenden Kraft frei zu machen und in seiner wandelnden Größe zu bewahren. Dieses Wissen ist der Staat selbst. Der Staat ist das erweckende und bindende Gefüge, in das sich fügend das Volk als Ganzes eingesetzt wird. Jene Mächte, die Natur, die Geschichte, die Kunst, die Technik, die Wirtschaft, der Staat selbst werden durchgesetzt. So wird das faßbar, was ein Volk sicher, hell und stark macht. Die Faßbarkeit dieser Mächte ist das Maß der Wahrheit. Geschichtlich werden heißt handeln in den großen Mächten des Daseins, die in den Staat hineingestellt sind. In diesem Geschehen meldet sich an der Anspruch des Volkes auf seinen Staat, auf ein Wissen um sich selbst, um die großen Mächte des Daseins. Dieses Geschehen ist ein unaufhaltsamer Andrang, fast wie ein Zwang, eine der großen inneren Notwendigkeiten, in die das menschliche Herz sich fügt. Nur dadurch ist es möglich, zu einer Größe hinaufzuwachsen. Wir stehen unter dieser Befehlskraft einer neuen Wirklichkeit. Wir fragen nach denen, die diese neue Befehlskraft verstehen, um die Befehle auszuführen. Nur die kommen in Frage, die noch unverbraucht sind, die mit den Wurzeln ihres Seins und Daseins ins Volk hinabreichen, die ein Vorwärtsdrängen in sich verspüren, ein Stürmen, und das ist die deutsche Jugend. Sie besitzt jene Gewißheit ihres Seins. Die echte Jugend muß, und sie weiß sich eingesetzt auf das große Ziel. Diesem entsprach, ein neues Wissen zur Durchführung zu bringen.

2. Wie steht der neue Student in der neuen Wirklichkeit? Der Student ist von Hause aus dazu bestimmt, erst zu lernen, und wir geraten hier an die oft betonte Gefahr, daß man den Studenten allzu ernst nehme und ihn in eine allzu große Wichtigkeit hinaufsteigen lasse. Man sagt, man dürfe das nicht, weil der Student von heute zu primitiv veranlagt sei, was nicht bedeuten soll, daß er erheblich weniger Kenntnisse hat als die Professoren. Primitiv sein heißt aus innerem Drang und Trieb dort stehen, wo die Dinge anfangen, primitiv sein, getrieben sein von inneren Kräften. Gerade deshalb, weil der neue Student primitiv ist, hat er die Berufung zur Durchführung des neuen Wissensanspruchs. Er verlangt von der Dozentenschaft Auskunft über Fragen der Natur, der Philosophie, der Kunst, des Staates usw. Soll er das allein zur Kenntnis nehmen, was bisher immer gelehrt wurde? Er wird sich nicht damit begnügen, was die Dozenten beiläufig und nachträglich als Bekenntnis ihrer Privatmeinung hinzusetzen. Unbeirrbar und unentwegt wird der kommende Student den Wissensanspruch des Volkes in seinem Staat zur Durchsetzung zu bringen versuchen. In diesem Angriff folgt die Jugend der Führung ihres sicheren Willens. Wer dort steht, wo sie angegriffen wird, ist sie [1] mit ihr und ihrem Wollen verbunden. Diese Gefolgschaft in der gemeinsamen Angriffsbewegung erwirkt die neue Kameradschaft. Nicht umgekehrt entsteht auf Grund Kameradschaft Gefolgschaft. Solche Kameradschaft erzieht schon Führer, die mehr tun, weil sie mehr ertragen und mehr

opfern. Die Kameradschaft trägt jeden einzelnen über sich hinaus. Wir kennen diese jungen Menschen, die Festigkeit ihrer Gesichtszüge, die Rücksichtslosigkeit ihrer Rede, ihren stählernen Charakter. Dieser Schlag von Studenten studiert nicht mehr im überkommenen Sinne, er ist jederzeit unterwegs. Dieser Student wird zum Arbeiter. War der Student nicht immer Arbeiter? Man spricht heute vom Arbeiter der Stirn und der Faust. Arbeiter ist hier nur ein großer Sammelname, ein zeitgemäßes Zugeständnis an jene Volksgenossen, die man gemeinhin Arbeiter nannte. Mit der neuen deutschen Wirklichkeit wurde auch das Wesen der Arbeit und des Arbeiters gewandelt. Arbeit ist kein ständischer Begriff, kein Kulturbegriff. Arbeit ist zweideutig, sie ist einmal der Vollzug eines Verhaltens und zweitens das Erarbeiten als Ergebnis jenes Vollzuges. Jedes menschliche Verhalten ist Arbeit. Das Wesentliche liegt weder im Vollzug des Verhaltens noch im Ergebnis, sondern in dem, was dabei eigentlich geschieht. Der Mensch stellt sich als Arbeiter in Auseinandersetzung mit dem Seienden im Ganzen, darin geschieht die Durchsetzung der Mächte Natur, Kunst, Staat usw. Das so verstandene Wesen der Arbeit bestimmt das Dasein der Deutschen und vielleicht das Dasein des Menschen der Erde überhaupt. Unser Dasein beginnt, sich in eine andere Seinsart zu verwandeln. Der nationalsozialistische Staat ist Arbeitsstaat, weil der neue Student sich eingesetzt weiß für die Durchführung des politischen Willensanspruches. Deshalb ist er Arbeiter. Der neue Student studiert, weil er Arbeiter ist, und Studium heißt jetzt Entfaltung des Willens, um jenes Wissen des Volkes zu festigen und zu studieren, kraft dessen er in seinem Staate ein geschichtliches Sein wird. Nach einem Jahrzehnt, vielleicht erst nach einem Menschenalter wird der Schlag dieses neuen Studenten die Hochschule beherrschen. Dann wird der Student nachgerückt sein in die Arbeitsfront der neuen Dozentenschaft.

3. Wie steht der neue Dozent in der neuen deutschen Wirklichkeit? Der neue Wissensanspruch setzt sich für den, der Augen hat zu sehen und Ohren zu hören, überall durch. Als Wissensanspruch ist er zugleich ein Wille zum Lehren, er ist das Suchen nach den Lehrern für dieses Lernenwollen, aber die heutige wissenschaftliche Lehre ist gekennzeichnet durch ihre Ziellosigkeit, die noch notdürftig dem nachkommt, was in der Prüfungsordnung verlangt wird. Dieser Ziellosigkeit der Lehre entspricht die Uferlosigkeit des Sturzes, sie wird als internationaler Fortschritt angesehen, aber diese beiden haben es bewirkt, daß die deutsche Hochschule schon seit Jahrzehnten ohnmächtig geworden ist, ohnmächtig auch gegenüber dem, was sich in den letzten Jahrzehnten in sie hineingedrängt hat. So wurde auf der vorjährigen Hochschulkonferenz noch Klage geführt über die Überfüllung der Hochschule, die einen geordneten Lehrbetrieb beeinträchtige. Es ist umgekehrt, das innere Versagen der Universität ist der Grund, daß die Überfüllung

möglich geworden ist. Es ergibt sich ein Zusammenstoß, was unter der Befehlskraft der neuen deutschen Wirklichkeit sich herbeidrängt. Die Lage ist die, daß man immer noch die Geister sieht und schon zu sehen glaubt, die deutsche Wissenschaft würde in die Barbarei zurücksinken, anstatt die andere Gefahr zu sehen, daß wir wissentlich oder unwissentlich der Durchsetzung des neuen Wissenschaftsanspruchs in den Weg treten können. Es genügt nicht allein, die Neuordnung zu begrüßen, es gilt das Entweder-Oder, sich entscheiden, sich unter die Befehlskraft der neuen Wirklichkeit zu stellen oder mit einer versinkenden Welt unterzusinken.

Wenn wir aus der innersten Erfahrung der neuen Wirklichkeit heraus uns für sie entscheiden, dann beginnt erst der Kampf, beginnt erst die Auseinandersetzung mit dem Wissensanspruch, wie er in der Jugend hervorbricht. Diese Anmeldung treibt zur Besinnung auf das Wesen des Wissens, auf das Wesen der Wissenschaft. Was heißt wissen? Wissen ist Können und Vermögen, ist freies Beherrschen der Regeln und Gesetze der Dinge. Wissen ist handelnde Sicherheit. Wissen ist Entschiedenheit, Entschlossenheit für das Künftige. Der Anspruch auf dieses Wissen ist nicht ein leerer Wunsch, bisher noch vorenthaltene Kenntnisse sich anzueignen, dieser Wissensanspruch ist der Wille zur Verwandlung der Wirklichkeit. Jedes Wissenwollen entfaltet sich als Frage, und es gilt für uns, die wir den Wissensanspruch auszuführen haben, im voraus zu wissen, was uns das wirkliche Fragen bedeutet. Frage ist nicht das ungebundene Spiel bloßer Neugier, nicht das eigensinnige Beharren im Eigensinn um jeden Preis. Der fragende Mut ist in sich höhere Antwort als künstliche Auskunft, als ein künstlich gebautes Gedankensystem. Frage stellt die Macht dem Fragenden entgegen und bringt den Fragenden in die Nähe des Wesens der Dinge. Alles Fragen ist ein Vorausgehen, ein Vorausfragen. Das ist die Grundhaltung und Leistung des echten Lehrens. In der Auseinandersetzung mit dem Wissensanspruch erwächst in uns die ursprüngliche Einsicht in die Bestimmung des Lehrens und die entsprechende Verhaltung des Lernens. Lehren heißt lernen lassen, zum Lernen bringen. Lernen ist nicht die Übernahme und das Verstauen der vorgefundenen Kenntnisse. Lernen ist nicht nehmen, sondern im Grunde ein sich selbst geben. Im Lernen gebe ich mir mich selbst zum Besitz, was ich im Grunde meines Wesens schon weiß und bewahre. Lernen heißt, selbst geben aus dem Urbesitz seines völkischen Daseins und sich selbst inne werden als Mitbesitzer der Wahrheit des Volkes in seinem Staat. Lehren heißt den Schüler so fragen lassen, daß er zum begreifenden Wissen genötigt wird, lehren heißt den Wissenwollenden zurückfinden lassen an die Mächte des völkischen Daseins, damit so ihm die erregende Kraft zuströmt, lehren heißt sicher machen im Wesensblick für das Sein, heißt vorbeigehenlassen am unwesentlichen. Erst aus einem solchen Lehr- und Lernverhältnis als einer inneren Gemeinschaft erwächst die Wissenschaft. Das Wissenswürdige entscheidet, wo die Grenzen des Wissens zu ziehen sind. So wird der Lehrer von selbst hineingebunden in die neue Aufgabe, die den Studenten gestellt ist, den neuen Wissensanspruch zu entfalten und zu klären. So wird der Lehrer zum Arbeiter. Damit stehen Student und Dozent in derselben Angriffsbewegung. Die Gefolgschaft und Kameradschaft kommt von selbst, auch die Kameradschaft unter den Dozenten. Die alte Form des Zusammenseins, die „Kollegialität" wird verschwinden, sie ist etwas Negatives. Mit der Gefolgschaft wird Dozent und Student hineingebunden in den Staat, wird die neue Form sich entwickeln zu einer Wirklichkeit, in der das Verhältnis zum Staat einen anderen Charakter hat. Wir können nicht mehr von einem Verhältnis zum Staat sprechen, weil die Universität selbst Staat geworden, ein Glied der Staatsentfaltung. Damit verschwindet der bisherige Charakter der Universität, sie ist die leere Insel eines leeren Staates. Wir Heutigen stehen in der Erkämpfung der neuen Wirklichkeit. Wir sind nur ein Übergang, nur ein Opfer. Als Kämpfer dieses Kampfes müssen wir ein hartes Geschlecht haben, das an nichts Eigenem mehr hängt, das sich festlegt auf den Grund des Volkes. Der Kampf geht nicht um Personen und Kollegen, auch nicht um leere Äußerlichkeiten und allgemeine Maßnahmen. Jeder echte Kampf trägt bleibende Züge des Bildes der Kämpfenden und ihres Werkes. Nur der Kampf entfaltet die wahren Gesetze zur Verwirklichung der Dinge, den Kampf, den wir wollen, ist wir kämpfen Herz bei Herz[2], Mann bei Mann.

Für die gedankentiefen Ausführungen sprach Studentenführer Steimle dem Vortragenden namens der Studentenschaft den besten Dank aus und versprach getreu beim Führer Adolf Hitler zu stehen und die Fahne hochzuhalten.

Anmerkungen:
[1] Vermutlich ein Druckfehler, „sie" gehört gestrichen.
[2] So im Zeitungsoriginal, vermutlich soll der Text heißen „. . . der Dinge, der Kampf, den wir wollen, ist. Wir kämpfen Herz bei . . .".

10. ›Ruf an die Gebildeten der Welt‹.
Schreiben Heideggers an die Dekane (13. Dez. 1933)

Abschrift

Der Rektor   Freiburg, den 13. Dezember 1933
der
Albert-Ludwigs-Universität
Nr. 12333

An die Herren Dekane.

Die Leipziger „Kundgebung der deutschen Wissenschaft"[1] am 11. November 1933 hat seitens des Reichsministeriums für Volksaufklärung und Propaganda stärkste Beachtung gefunden. Als ein „Markstein" in der Geschichte der deutschen Wissenschaft soll sie der Erinnerung bewahrt bleiben, und ihre Sinngebung soll dem aussenpolitischen Handeln nutzbar gemacht werden. Die zu solcher Auswertung geplanten Massnahmen sind vom Reichsministerium für Volksaufklärung und Propaganda begrüsst und deren beschleunigte Durchführung ist von ihm empfohlen worden. Der vollständige und ausführliche Bericht über den Verlauf der Veranstaltung wird zu einer Denkschrift verarbeitet werden, welche in vornehmster Ausstattung allen Hochschulen des Auslandes, allen bedeutenden ausländischen Gelehrten und den Regierungen der Fremdstaaten überreicht werden soll.

Die Denkschrift wird zu diesem Zweck in deutscher, englischer, französischer, italienischer und spanischer Sprache gedruckt werden.

Sie soll das Wollen der gesamten deutschen Wissenschaft dokumentieren, wie es in dem Schlussmanifest ›Der Ruf an die Gebildeten der Welt‹ seinen Ausdruck findet. Um diesem das erwünschte Gewicht zu geben, sind möglichst viele Unterschriften erforderlich.

Damit nun aber im Ausland jeder Argwohn ausgeschaltet wird, dass nämlich diese Unterschriften rein listenmässig beigefügt worden seien und insofern eine Fälschungsabsicht unterstellt werden könnte, sollen sämtliche Unterschriften im Facsimiledruck erscheinen.

Die Druck- und Versandkosten dieser Denkschrift sind auf nahezu RM 10 000.– zu veranschlagen. Es ergeht darum an alle deutschen Wissenschaftler der Aufruf, diese wichtige Aktion durch freiwillige Beiträge erfolgreich durchführen zu helfen. Daneben wäre es wünschenswert, wenn jede Hochschule aus ihrem Werbefond einen ihrem Ansehen entsprechenden Geldbetrag zur Verfügung stellen würde.

Auf einer beigefügten Sammelliste könnten derartige Eintragungen gemacht werden.

Ferner liegt noch eine Bestell-Liste für den Bezug der Denkschrift selbst bei. Dieselbe wird einst sicher den Wert einer historischen Urkunde erhalten und darf deshalb in keinem Archiv und in keiner Bibliothek fehlen. Sie wird in einer billigen broschierten und in einer vornehm ausgestatteten, gebundenen Ausgabe erscheinen, deren Preis natürlich höher, aber angemessen sein wird. Der Vermerk „broschiert" oder „gebunden" ist beizufügen. Überweisungen werden erbeten auf Stadtbankkonto Dresden Nr. 69517 an „NSLB-Sachsen, Schriften".

Ich bitte, den beiliegenden Text der Entschliessung und das Unterschriftenblatt bei den Herren Kollegen möglichst rasch in Umlauf zu setzen. Es bedarf keines besonderen Hinweises, dass Nichtarier auf dem Unterschriftenblatt nicht erscheinen sollen.

gez. Heidegger

Abschrift

Ruf an die Gebildeten der Welt

Alle Wissenschaft ist unlösbar verbunden mit der geistigen Art des Volkes, aus dem sie erwächst. Voraussetzung erfolgreicher wissenschaftlicher Arbeit ist daher die unbeschränkte geistige Entwicklungsmöglichkeit und die kulturelle Freiheit der Völker. Erst durch das Zusammenwirken der volksgebundenen Wissenschaftspflege der einzelnen Völker ersteht die völkerbindende Macht der Wissenschaft. Unbeschränkte geistige Entwicklung und kulturelle Freiheit der Völker können nur gedeihen auf der Grundlage gleichen Rechts, gleicher Ehre, gleicher politischer Freiheit, also in der Atmosphäre eines wirklichen allgemeinen Friedens.

Aus dieser Überzeugung heraus richtet die deutsche Wissenschaft an die Gebildeten der ganzen Welt den Appell, dem Ringen des durch *Adolf Hitler* geeinten deutschen Volkes um Freiheit, Ehre, Recht und Frieden das gleiche Verständnis entgegenzubringen, welches sie für ihr eigenes Volk erwarten.

Anmerkung:
[1] Heideggers Ansprache auf dieser Kundgebung ist abgedruckt bei Guido Schneeberger, Nachlese zu Heidegger. Dokumente aus seinem Leben und Denken, Bern 1962, S. 148–150.

APOLOGIA PRO VITA SUA –
HEIDEGGER UND DER BEREINIGUNGSAUSSCHUSS

11. ›Aktennotiz über die Besprechung mit Herrn Prof. Dr. Martin Heidegger am Mittwoch, dem 25. 7. 1945.‹ Von Adolf Lampe [1]

Im Anschluß an die am Montag, den 23. VII. gepflogene Aussprache im Bereinigungsausschuß sagte mir Herr H., daß er mich in einer persönlichen Angelegenheit sprechen wolle. Ich erwiderte, daß ich zur Verfügung stünde, und habe den Vorgang sogleich bei der Fortführung der Ausschußbesprechungen mitgeteilt, um darüber hinaus die Konsequenz einer vorläufigen Zurückhaltung in der Äusserung meiner eigenen abschliessenden Stellungnahme zu ziehen.

Am Mittwoch, dem 25. Juni nachmittags, empfing ich den Besuch von Herrn Heidegger. Schon seine ersten Bemerkungen ergaben, daß er gekommen war, weil er neuestens gehört hatte, daß ich persönlichen Anlaß zur Mißstimmung wegen seines Verhaltens mir gegenüber in seiner Rektoratszeit hatte; die Angelegenheit sei ihm längst aus dem Gedächtnis gekommen, er lege nun aber Wert darauf, sie, völlig losgelöst von den jetzt im Bereinigungsausschuß zur Diskussion stehenden Fragen, zu klären. Um der Entstehung irgendwelcher peinlicher Situationen vorzubeugen, bemerkte ich, daß der in Rede stehende, von mir kurz – ebenso wie in der Ausschußsitzung – angedeutete Vorgang mein Urteil in keiner Weise beeinflusse, da ich mich andernfalls selbstverständlich für befangen gehalten haben würde und der Erörterung über die Rektoratsführung von Herrn H. ferngeblieben wäre. Ich nahm von der mir durch Herrn H. bekundeten Bereitschaft zur Bereinigung dieser alten Differenz mit Dank Kenntnis und bat ihn, sie hiernach als auch in persönlicher Hinsicht erledigt zu betrachten.

Anschliessend frug ich Herrn H., ob er unter diesen Umständen zu einer rückhaltlosen Aussprache mit mir bereit sei und begründete meinen dahingehenden Wunsch mit der Feststellung, daß ich in seinem Falle einstweilen zu einer für ihn negativen Entscheidung gekommen sei und gerade deshalb dankbar wäre, wenn er mir Gelegenheit geben wolle, meine Ansichten in offenem Gedankenaustausch mit ihm einer Überprüfung zu unterziehen. Ich versuche die wesentlichsten Punkte dieser etwa zweistündigen Unterredung wiederzugeben.

Zur Begründung meiner Haltung habe ich Herrn H. an einige Vorgänge aus seiner Rektoratszeit erinnert, durch die mir „Ansehen und Würde der Universität" wesentlich beeinträchtigt zu sein scheinen, insbesondere wurde nochmals über die schon in der Sitzung am vergangenen Montag erörterten Aufrufe an die Studentenschaft gesprochen, darüber hinausgehend erwähnte ich in seiner Rektoratszeit ergangene Rundschreiben an die Mitglieder des Lehrkörpers,[2] deren Inhalt ich als empfindliche Beeinträchtigung der vom Hochschullehrer zu fordernden und zu bewahrenden Eigenständigkeit empfunden habe. Als Beispiele nannte ich seine – mir auch in ihrer Logik nicht einleuchtenden – Bemerkungen zur angeblich gebotenen Kürzung der Vorlesungen sowie insbesondere auch seine geradezu persönlich kränkende Kritik am Verhalten der Dozenten im Sprechzimmer.

Unter Berufung auf solche und ähnliche Vorgänge, die zeitlich bis ans Ende seines Rektorats heranreichten, bekannte ich mich zur Auffassung, daß wesentlichsten Universitätsinteressen durch Herrn H. während seines Rektorats Abbruch getan sei, und daß es mir unmöglich erscheine, an diesen Ereignissen jetzt vorbeizugehen; geschähe es, so würde jede Anwendung unsrer Entscheidungsmaßstäbe Dritten gegenüber als grobe Ungerechtigkeit erscheinen müssen.

Nachdrücklich betonte ich, daß der internationale Rang, den Herr H. als Gelehrter einnimmt, nach jeder Richtung hin m. E. nicht als entlastendes, sondern umgekehrt als erschwerendes Moment zu werten sei: *einmal* weil sein Wort weit über die Mauern der Universität, ja über die Grenzen des Reiches hinaus gewirkt habe und damit zu einer wesentlichen Stützung der damals besonders gefährlichen Entwicklungstendenzen im Nationalsozialismus geworden sei; *sodann* weil von einem Gelehrten solchen Rufes eine in höchstem Sinne verantwortungsbewußte Haltung auch in Fragen der Hochschulpolitik als Selbstverständlichkeit verlangt werden müsse.

Von diesem Standorte aus erschien mir die von Herrn H. auf Befragen getroffene Feststellung, daß er Hitlers Buch ›Mein Kampf‹ aus Widerstreben gegen seinen Inhalt nur teilweise habe lesen können als schwere Belastung. Ich verwies in diesem Zusammenhang auf seinen am 3. Nov. 33 in der Freiburger Studentenzeitung veröffentlichten Aufruf an die Studentenschaft,[3] in dem „der Führer selbst und allein als die heutige und künftige deutsche Wirklichkeit und ihr Gesetz" hingestellt wird nach vorangegangener ausdrücklicher Ablehnung von „Lehrsätzen und ‚Ideen'" als „Regeln" des „Seins" der Studenten. Ich glaubte auch sagen zu müssen, daß mir hier ein für mich unlösbarer innerer Widerspruch zu bestehen scheine, und daß ich die zuvor zitierte Feststellung auch mit seiner schon bei der ersten Besprechung abgegebenen Erklärung nicht vereinbaren könne, wonach er alsbald nach Antritt seines Rektorats, spätestens im Juni 1933, erkannt habe, daß die politische Entwicklung im Gegensatz zu seinen eigenen Vorstellungen stehe.

Herr H. hielt mir – unter teilweiser, sachlich unvermeidbarer Wiederholung schon bekannter Argumente – entgegen:

daß er in einer Unterstützung des Nationalsozialismus die einzige und letzte
Möglichkeit gesehen habe, einem Vordringen des Kommunismus Einhalt zu
gebieten;

daß er sein Rektorat nur mit größtem Widerstreben und ausschließlich im
Interesse der Universität angetreten habe;

daß er nur deshalb – trotz ständiger schlechter Erfahrungen – im Amte
geblieben sei, weil er Schlimmeres (etwa den Übergang des Rektorats an
Herrn Aly[4]) habe verhüten wollen;

daß ihm die besonders turbulenten Verhältnisse, unter denen sein Rektorat
zu führen war, zugute gehalten werden müßten;

daß er effektiv viele drohende Gefahren einer noch fataleren Zuspitzung
der Lage abgewendet habe, ohne daß ihm diese Leistungen jetzt als
Aktivum zugerechnet würden;

daß er keinerlei Resonanz für die eigentlichen von ihm verfolgten Ziele im
Kollegenkreise gefunden habe und

daß er späterhin in seinen Vorlesungen, vor allem in seinen Nietzsche-Semi-
naren, deutliche Kritik geübt habe.

Abschliessend habe ich zu bemerken, daß eine sachliche Verständigung
nicht zu erreichen war. Ich sagte Herrn H.,

daß er in seiner Rektoratszeit das Führerprinzip mit einem Radikalismus
durchgehalten habe, der jede – im Senat ja immer wieder von einzelnen
Senatsmitgliedern versuchte – konstruktive Mitarbeit zur Erfolglosigkeit
verurteilte;

daß die volle persönliche Verantwortlichkeit für alles Geschehene mir als
unausweichliche Konsequenz solcher Haltung erscheine, daß also insbesondere keine Berufung auf Quertreibereien oder Übermacht mehr oder
weniger zuständiger anderer Instanzen möglich sei;[5]

daß spätere nur mittelbare Kritik – gerade angesichts der Unangreifbarkeit
seiner persönlichen Stellung als Gelehrter von Weltruf – nicht als Kompensation zu werten sei, daß diese vielmehr nur zu erreichen gewesen sei durch
ein der Entschiedenheit seiner Rektoratsführung entsprechendes offenes
Hervortreten in der Kritik unter Inkaufnahme daraus resultierender persönlicher Gefährdungen.

Herr H. räumte ein, daß die von mir vorgetragenen Erwägungen mich
allerdings hindern müßten, ein bedenkenloses Ja zu seinem Verbleiben im
Amte auszusprechen; anderseits gab er zu bedenken, daß ein negatives
Votum des Ausschußes ihn vogelfrei werden ließe. Diese Feststellung veranlaßte mich nachdrücklich darzulegen, daß alle Ausschußmitglieder ihre
Arbeit als einen allein am deutschen Universitätsinteresse orientierten
Dienst ansähen, und daß ich gewillt sei, aus dieser Einstellung jede gebotene Konsequenz zu ziehen. Im gegebenen Zusammenhang erwähnte ich,
daß mir heute Mittag nach Abschluß unserer Sitzung zu Ohren gekommen

sei, daß Herr Nauck [6] ins Konzentrationslager [7] eingeliefert worden sei. Ich erklärte, daß ich, wenn diese Nachricht sich bestätigen sollte, aus der Kommission ausscheiden würde, da ich selbst die als Denunzianten zu bewertenden und deshalb mit Recht aus dem Verbande der Universität zu entlassenden ehemaligen Kollegen nicht solcher Willkür ausgesetzt wissen wolle, und daß ich selbstverständlich erst recht nicht gewillt sei, irgend etwas zu tun, was ihn, Herrn H., auch nur entfernt einem solchen Schicksal ausliefern könne.

Eine gelegentliche Bemerkung von Herrn H., daß seine Lehrtätigkeit für ihn nicht das letztlich Entscheidende sei, daß es ihm vielmehr vornehmlich darauf ankommen müsse, die – unter nationalsozialistischem Druck nicht zur Veröffentlichung gekommenen – Ergebnisse seiner Arbeit publizieren zu können, veranlasste mich, ihm die Frage vorzulegen, ob er nicht selbst eine Auflösung der gegebenen Schwierigkeiten durch freiwilligen Übergang in eine Honorarprofessur ermöglichen könne. Ich betonte dabei, daß diese Anregung nur ein persönlicher, durch seine wiedergegebene Bemerkung veranlasster Vorschlag sei, wie denn alle von mir angestellten Überlegungen allein von mir zu verantworten seien und in keinem Punkte als Ausschußmeinung gewertet werden dürften.

Eingehende Erörterungen erbrachten folgendes Resultat: Herr H. wünscht, daß der Ausschuß, sofern er nicht zu völlig positiver Entscheidung gelangt, seinerseits die Initiative ergreift und insoweit die Verantwortung übernimmt für daraufhin etwa von ihm, Herrn H., zu ergreifende Maßnahmen. Er ist indessen nicht abgeneigt, im gegebenen Fall in eine Honorarprofessur überzugehen, falls es *zuvor* gelungen ist, eine Zusicherung des Gouvernement Militaire zu erhalten, daß der „Fall H." damit für die Besatzungsmächte als abgeschlossen gilt, sodaß keine weiteren Beeinträchtigungen seiner Forschungsarbeit, insbesondere auch seiner Publikationsmöglichkeit zu gewärtigen sind.

Herr H. bezeichnete die Veranlassung seiner Emeritierung – bei nicht uneingeschränkt positiver Meinungsäußerung der Kommission – als die ihm eigentlich angemessen erscheinende Regelung. Dieser Auffassung konnte ich mich nicht anschliessen.

Die vorstehende Aktennotiz ist für die Teilnehmer an der für den kommenden Freitag in Aussicht genommenen Sitzung bestimmt, in der einige Kollegen um Tatsachenangaben zur weiteren Unterrichtung des Ausschusses gebeten werden sollen. Mit Bezugnahme auf diese Absicht frug ich Herrn H., ob er seinerseits Herren benennen wolle, von denen er eine Stützung seiner eigenen Ausführungen erwarte. Er nannte – unter Hinweis auf den Ausfall wichtigster Zeugen (z. B. der Herren Schadewaldt [8] und von Moellendorff [9]) – die Herren Sauer [10] und Wolf [11]. Ich erwiderte, daß Herr Sauer bereits als Zeuge gebeten werde, und daß ich Herrn Wolf auf eigene

Verantwortung hin von Herrn H.s Wunsch, ihn als Zeugen zugezogen zu sehen, unterrichten wolle. Da es mir durch eine ständige Folge weiterer Besuche unmöglich gemacht wurde, heute noch das Haus zu verlassen, habe ich mich, in nunmehr sachlich verlangter Abweichung von meiner Zusage, entschlossen, morgen früh mit erster Möglichkeit die Kommission zu verständigen, um ihr die Entscheidung zu überlassen.

Die Aktennotiz soll insbesondere dann zur Auswertung des geführten Gesprächs im Interesse der Sache helfen, wenn ich mich genötigt sehen sollte, meine weitere Mitarbeit einzustellen. Ich lege Wert darauf, für diesen Fall vorgreifend schon hier anzuerkennen, daß es sehr gewichtige Gründe für eine menschlich unangreifbare und nützliche Fortführung der Ausschußarbeiten auch dann gibt, wenn Willkürakte gegenüber Kollegen bzw. ehemalige Kollegen vorgekommen sind und weiterhin befürchtet werden müssen. Meine eigene ganz subjektiv bestimmte und unabänderlich festgelegte Stellungnahme kann deshalb nicht als mittelbare Kritik an denjenigen Kollegen aufgefasst werden, die das schwere, dem Ausschuß aufgetragene Amt beizubehalten zu müssen glauben.

Herr Heidegger erhält von mir einen Abdruck dieser Aktennotiz.

Freiburg, den 25. Juli 1945   A. Lampe [12]

Anmerkungen:

[1] Adolf Lampe (1897–1948), seit 1926 außerplanmäßiger Professor für Volkswirtschaftslehre in Freiburg. Lampe hatte nach der Emeritierung von Karl Diehl (1864–1943, seit 1908 Professor für Volkswirtschaftslehre in Freiburg) dessen Lehrstuhl im WS 1933/34 vertreten. Heidegger und der Dekan der Rechts- und Staatswissenschaftlichen Fakultät Wolf opponierten im Frühjahr 1934 heftig gegen das von der Mehrheit der Fakultät befürwortete Anliegen, Lampe erneut mit der Vertretung des Lehrstuhls für das Sommersemester 1934 zu beauftragen. Heidegger sollte diesen Streit, in den auch das Ministerium hineingezogen wurde, zum äußeren Anlaß seiner Demission nehmen. (Ott, Martin Heidegger als Rektor der Universität Freiburg, S. 357, vgl. Anm. 46 o. S. 13.)

[2] Vgl. Dok. Nr. 10.

[3] Vgl. Dok. Nr. 8.

[4] Siehe Anm. 1, Dokument Nr. 1.

[5] So dann doch in der 1945 verfaßten Rechtfertigungsschrift ›Das Rektorat 1933/34. Tatsachen und Gedanken‹ (Anm. 2 o. S. 9), S. 37f.

[6] Ernst-Theodor Nauck (1896–1970), seit 1935 Professor für vergleichende Anatomie in Freiburg.

[7] Für den Freiburger Raum befand sich ein Auffanglager in Betzenhausen, einem westlich an die Stadt grenzenden Dorf. Etwas befremdend mutet die unreflektierte Benutzung des Begriffes durch Lampe an, der eine aktive Rolle im Widerstand gespielt hatte und erst durch den Einmarsch der „Roten Armee" in Berlin aus der Haft befreit worden war (zum Freiburger Widerstandskreis an der Universität siehe die

Darstellung von Christine Blumenberg-Lampe, Das wirtschaftspolitische Programm der „Freiburger Kreise". Entwurf einer freiheitlich-sozialen Nachkriegswirtschaft. Nationalökonomen gegen den Nationalsozialismus, Berlin 1973, und „Wiederhergestellte Ordnungen: Zukunftsentwürfe Freiburger Professoren 1942–1945", in: Freiburger Universitätsblätter 102 [Dezember 1988]).

[8] Wolfgang Schadewaldt (1900–1974), von 1929–1934 Professor für Klassische Philologie in Freiburg, von 1950 bis zu seiner Emeritierung in Tübingen.

[9] Siehe Anm. 54 o. S. 116.

[10] Siehe Anm. 53 o. S. 116.

[11] Siehe Anm. 56 o. S. 117 und den Beitrag von Alexander Hollerbach in diesem Bande.

[12] Eigenhändige Unterschrift: A. Lampe.

12. ›Bericht über das Ergebnis der Verhandlungen im Bereinigungsausschuß vom 11. u. 13. XII. 45‹ (19. Dez. 1945)

a. Gang des Verfahrens

Über den ordentlichen Professor der Philosophie Martin Heidegger hat der Bereinigungsausschuss am 1. 6. 45 sich ausführlich geäussert[1], nachdem er am 23. 7. eine Aussprache mit Herrn Heidegger und am 27. 7. über ihn eine Besprechung mit den Professoren Sauer,[2] Eucken[3] und Wolf[4] gehabt hatte, an der auch der Prorektor Professor Böhm[5] teilnahm. Der Ausschuss kam zu dem Ergebnis: „die beste Lösung wäre nach unserer Ansicht seine Emeritierung, die ihm die Möglichkeit beschränkter Lehrtätigkeit belasse, ihn jedoch aus der aktiven Beteiligung an der Selbstverwaltung, den Prüfungen und Habilitationen entfernen würde. Eines der Mitglieder unserer Kommission[6] ist jedoch der Meinung, dass aus den oben geschilderten Tatsachen noch weitergehende Konsequenzen gezogen werden müssten."

Die Militärregierung hat durch ihre schriftliche Entscheidung vom 28. 9. 45 Herrn Heidegger für disponibel erklärt, während die späteren Rektoren der Universität Metz,[7] Mangold[8] und Süß[9] sämtlich suspendiert wurden. Aus der Auffassung, dass die hierin zum Ausdruck gekommene mildere Beurteilung Heideggers nicht gerechtfertigt sei, sowie unter dem Eindruck von Mitteilungen, wonach Heidegger in Baden-Baden auf Einladung einer französischen Dienststelle philosophische Vorträge halte, haben Herr Böhm am 6. 10. und Herr Lampe am 8. 10. Schreiben an den Rektor[10] der Universität gerichtet. Herr Heidegger hat in einem Schreiben vom 4. 11.[11] an das Rektorat seine Wiedereinsetzung in die Lehrtätigkeit beantragt und daran erinnert, dass er am 8. 10. den Antrag auf Emeritierung bei der Philosophischen Fakultät eingereicht hat. Im Senat ist mehrfach darüber beraten worden, ob für Herrn Heidegger ein Antrag auf Reintegration gestellt werden soll, und hierbei sind Einwände gegen den Inhalt des Gutachtens unseres Ausschusses vom 1. 8. 45 vorgetragen worden, namentlich gegen die Auffassung und Darstellung der Tatsachen. Auf Wunsch des Senats haben Herr Lampe mit Schreiben vom 27. 11. und Herr Eucken mit Schreiben vom 30. 11. ihre Auffassung dargelegt.

Der Reinigungsausschuss hat beschlossen, die in Zweifel gezogenen und die vorgebrachten neuen Tatsachen durch eine neue Erörterung zu klären, und zwar in Gegenwart der Herren Heidegger, Sauer, Eucken und Lampe, der auf seinen Wunsch zu diesen Besprechungen nicht in seiner Eigenschaft als Mitglied des Ausschusses gebeten wurde. Herr Heidegger wurde befragt, ob er die Zuziehung noch weiterer Herren wünsche. Herr Heidegger äusserte lediglich den Wunsch, dass der Herr Rektor teilnehmen möge. Die Anwesenheit des Rektors, des Prorektors und des Dekans der Philosophischen Fakultät war ohnehin vorgesehen. Für den Ausschuss sprach bei der Entscheidung für die nochmalige Verhandlung mit, dass im Juli die Dinge nicht bei gleichzeitiger Anwesenheit von Herrn Heidegger und von allen Herren, die jetzt Einwände gegen das Gutachten vom 1. 8. geäussert haben, erörtert worden waren. Dies erschien damals nicht ratsam, weil die Äusserung des Ausschusses über die Mitglieder der Philosophischen Fakultät recht bald erwartet wurde, und weil bei der herrschenden Stimmung eine weitere Klärung zu jener Zeit nicht zu erwarten stand. Jetzt dagegen schien es uns angezeigt und nicht aussichtslos zu sein, das Unterlassene nachzuholen. Die Besprechungen fanden, geleitet durch den Unterzeichneten, am 11. und 13. Dezember statt. Von den genannten Herren waren die meisten die ganze Zeit hindurch anwesend. Bei der Schlussbesprechung am 13. 12., an der lediglich die Herren Sauer und Lampe nicht teilnehmen konnten, wurde beschlossen: Der Unterzeichnete möge in einem Bericht das Ergebnis der Verhandlungen für die Klärung der tatsächlichen Vorgänge niederlegen. Dies geschieht hiermit. Dieser Bericht geht, wie es in der Schlussbesprechung vereinbart wurde, allen beteiligten Herren zu, sie werden gebeten, sich zu dem Inhalt zu äussern. Darauf wird der Ausschuss zu entscheiden haben, ob die erörterten Vorgänge hinreichend geklärt sind und, wenn er diese Frage bejaht, dem Rektor einen endgültigen Vorschlag für das weitere Vorgehen der Universität machen.

B. *Feststellungen*

I. Baden-Baden 1945

Durch die Erörterungen im Ausschuss konnte die Mitteilung, wonach Herr Heidegger auf Einladung einer französischen Dienststelle in Baden-

Baden philosophische Vorträge halte, geklärt werden. Herr Heidegger ist von den Franzosen lediglich aufgefordert worden, Anfang Oktober in Baden-Baden mit dem französischen Philosophen Sartre zusammenzutreffen. Hierbei wurde ihm freigestellt, an dies Zusammentreffen eine Diskussion über Existenzialphilosophie vor einem grösseren Kreise anzuschliessen. Herr Heidegger hat die Entscheidung hierüber offengelassen. Sartre ist schliesslich nicht nach Baden-Baden gekommen; das Zusammentreffen und die Diskussion haben nicht stattgefunden.

Ausserdem hat die Edition de la Revue Fontaine Herrn Heidegger durch Brief vom 24. 9. 45 den Wunsch ausgesprochen, von ihm irgend eine ältere, in Frankreich noch nicht erschienene Studie oder einen neuen Artikel zu veröffentlichen, der z. B. seine Haltung gegenüber der gegenwärtigen Lage oder gegenüber der Philosophie Frankreichs aussprechen möge. Gegenüber diesem Wunsche hat Herr Heidegger zunächst die Bedingung gestellt, Beiträge der Revue Fontaine nur dann zu überlassen, wenn er sie gleichzeitig in Deutschland veröffentlichen könne. Die Revue hat diese Bedingung angenommen. Zu einem Abschluss der Verhandlung ist es aber nicht gekommen. Unter dem 27. 11. 45 hat die Edition de la Revue Fontaine dann Herrn Heidegger schriftlich gebeten, seine Abhandlung über das Wort Nietzsches: Gott ist tot (das Wesen des Nihilismus) und möglichst auch später noch weitere Artikel veröffentlichen zu dürfen. Hierüber ist Herr Heidegger keine Verpflichtungen eingegangen. Er hat bereits früher den Rektor unterrichtet und nunmehr im Ausschuss erklärt: Die Universität möge entscheiden, ob er jetzt in eine philosophische Diskussion eintreten und etwas veröffentlichen solle; er werde sich diesem Entscheide fügen.

Die erbetene Entscheidung hat nicht der Bereinigungsausschuss, sondern der Senat auszusprechen.

II. Rektorat 1933/34

1. Vorbemerkung

Entscheidend für die Stellungnahme des Ausschusses ist Herrn Heideggers Rektorat. Gerade gegen die Darstellung, welche diese Zeit in dem Bericht vom 1. 8. 45 erfahren hat, sind Einwände gemacht worden. Damals hatte der Ausschuss zwei verschiedene Gesichtspunkte zu beachten: a) unsere Auffassung von dem, was Ansehen und Würde der Universität verlangen, b) die Richtlinien der Militärregierung. Da inzwischen die Militärregierung Herrn Heidegger für disponibel erklärt hat, steht nicht mehr zu befürchten, dass sie diese oder jene Tatsachen schwerer bewerten könne, als wir es für angebracht halten. Wir können also nunmehr ohne andere Rücksicht Ansehen und Würde der Universität massgebend sein lassen. Wir haben diesen Gesichtspunkt aber noch nach einer Richtung auszubauen, die am 1. 8. 45 noch nicht klar formuliert war. Bei der späteren Behandlung der Beamten und Angestellten der Universitätsverwaltung hat nämlich der Ausschuss noch besonders geprüft, „wer seine Amtsstellung oder seine Stellung in der Partei zu seinem persönlichenVorteil oder zur Benachteiligung oder Einschüchterung anderer missbraucht hat".

Um eine zutreffende Darstellung des Heideggerschen Rektorats zu gewinnen, hat der Ausschuss zunächst zahlreiche Einzeltatbestände erörtert, die umstritten waren. Dabei zeigte sich, dass sowohl Herr Heidegger wie die Professoren, welche die Zeit seines Rektorats mit erlebten, nicht mehr alle Einzelheiten jetzt, nach 12 Jahren, noch richtig im Gedächtnis bewahrten. Durch mündliche Aussprache und mit Hilfe der verfügbaren Akten konnten jedoch die meisten Verschiedenheiten der Auffassungen klargestellt werden.

Im folgenden werden, entsprechend dem Gang der Besprechungen im Ausschuss, zunächst Feststellungen über die einzelnen, von uns erörterten Tatbestände gemacht, um dann ein Gesamtbild zu geben, in welcher Weise, mit welchen Absichten und mit welchen Wirkungen Herr Heidegger sein Rektorat geführt hat.

2. Einzelheiten

a) Übernahme des Rektorats

Herr Heidegger ist nicht einstimmig zum Rektor gewählt worden; es sind vielmehr wenige (etwa 2) Stimmen gegen ihn abgegeben worden. Herr Sauer hat Herrn Heidegger kurz vor der Wahl geraten, das Rektorat abzulehnen.[12] Herr Heidegger hat aber den Eindruck, Herr Sauer habe ihm – ebenso wie mehrere andere Kollegen – zugeredet.

b) Judenplakate vom April 1933 [13]

Das Plakat, das etwa den Satz enthielt, „Wenn ein Jude deutsch spricht, lügt er" ist von Herrn v. Moellendorff als Rektor zur Anbringung in der Freiburger Universität abgelehnt worden. Zwei Tage, nachdem Herr Heidegger Rektor geworden war, hat – wie er dem Ausschuss mitgeteilt hat – der Studentenführer v. Tiesenhausen [14] bei ihm von neuem die Anbringung des Plakates verlangt, später ist dasselbe Verlangen aus dem Propagandaministerium telefonisch erfolgt mit der Drohung, die Universität zu schliessen. Beides hat Herr Heidegger abgelehnt.

c) Neo Friburgia

Im Sommer-Semester 1933 wurden gegen die jüdische Studentenverbindung Neo Friburgia Gewalttaten verübt. Sie erregten allgemeines Entsetzen. Es wurde bekannt, dass Mitglieder der nationalsozialistischen Studentenführung massgebend beteiligt waren. Im Senat haben die Herren Sauer und Eucken sowie Prof. Erik Wolf dringende Vorstellungen erhoben, gegen die Missetäter vorzugehen. Herr Heidegger hat als Rektor darauf mit den Achseln gezuckt und nichts erwidert.[15] Ein Disziplinarverfahren hat er nicht eingeleitet. So entstand der Eindruck, er wolle als Nationalsozialist die nationalsozialistischen Studenten, die die Gewalttaten verübt hatten, decken.

Herr Heidegger hat uns mitgeteilt: Er erfuhr als Rektor die Gewalttaten gegen die Neo Friburgia am Tage nach ihrer Begehung. Er liess den zur Studentenführung gehörenden Künzel[16] kommen. Dieser verurteilte das Vorgehen und erklärte, es sei durch die Gaustudentenführung und die Kreisleitung angeordnet worden. Da es sich hiernach nicht um eine lokale Angelegenheit handelte, wandte Herr Heidegger sich an den Minister Wacker in Karlsruhe. Da dieser sich nicht rührte, besprach er im Berliner Kulturministerium[17] die Angelegenheit mit Haupt. Er erreichte, dass der damalige Studentenführer Staebel[18], den er in Berlin verfehlt hatte, nach Freiburg kam und dass die Absicht weiterer Aktionen, namentlich gegen die Katholischen Korporationen Riquaria und Heroynia, aufgegeben wurde. Herr Heidegger war der Auffassung, dass ein Vorgehen gegen die an der Vergewaltigung der Neo Friburgia Beteiligten keine Aussicht haben würde, eben weil es keine lokale Angelegenheit war. Er konnte sich jedoch nicht entschliessen, den Kollegen seine Kenntnisse der Zusammenhänge mitzuteilen. Schriftliche Aufzeichnungen über die Verhandlungen, die Herr Heidegger in dieser Sache geführt hat, sind nicht vorhanden.

d) Verhalten gegen Juden

In diesem Zusammenhang hat das Zerwürfnis Heideggers mit seinem Lehrer Husserl am meisten Beachtung gefunden. Nach Herrn Heideggers Auffassung hat bei diesem Zerwürfnis Husserls jüdische Abstammung keine Bedeutung gehabt, entscheidend seien vielmehr philosophische Meinungsverschiedenheiten gewesen; Husserl sei sehr enttäuscht gewesen, dass Heidegger andere Wege ging, und habe sich bereits 1930 oder 1931 in einem Berliner Vortrage scharf gegen die Heideggersche Philosophie gewandt. Herr Heidegger teilte ferner mit, dass er versucht habe, das für ihn sehr schmerzliche Zerwürfnis durch einen Brief seiner Frau an Frau Husserl zu überwinden. Nach Herrn Euckens Kenntnis hat Husserl die Auffassung gehabt, dass Heidegger sich aus Antisemitismus von ihm abgewandt habe.[19] Im einzelnen machte Herr Eucken hierüber keine weiteren Mitteilungen, da dies nicht im Sinne Husserls liegen würde.

Herr Heidegger hat seit 1933 bei mehreren jüdischen Schülern das Referat über die Doktorarbeit nicht erstattet, so bei den Herren Seidemann, Bergson und Fräulein Weiß. Herr Eucken hat aus der Erzählung von Herrn Seidemann die Überzeugung gewonnen, dass Herr Heidegger ihn aus antisemitischen Beweggründen fallen gelassen habe. Herr Heidegger betont demgegenüber, dass er nur aus taktischen Erwägungen als Rektor sich von Juden zurückgehalten habe. Herr Bergson habe selbst den Wunsch geäussert, Heidegger nicht zu belasten. Für Seidemann und Fräulein Weiß habe er durch Vereinbarung mit Honecker gesorgt, auch das Korreferat erstattet.[20]

Gegenüber dem Herrn Lampe gemachten Mitteilungen, Herr Heidegger habe der Frau Szilasi sein Haus verboten, weil sie Jüdin ist, betont Herr Heidegger, dass ein solches Verbot, wenn es ergangen sei, aus anderen Gründen erfolgt sein müsse. Herr Szilasi habe auch 1945 zweimal hilfsbereit an Herrn Heidegger geschrieben.[21] Herr Ritter hat die Familie Szilasi nach 1933 ausführlich in der Schweiz gesprochen, sie habe bedauert, dass die Verbindung mit dem Hause Heidegger abgerissen war, aber den Grund nicht in einem grundsätzlichen Antisemitismus erblickt, sondern in einer besorgten Zurückhaltung, wie er – Herr Ritter – sie auch bei Herrn Heidegger gegenüber dem Kollegen Pringsheim erlebt habe.

Herr Heidegger erklärt den Widerstand, den er gegen die Berufung Fränkels[22] geleistet hat, als fachlich begründet; er habe auch in Fränkels Hause verkehrt. Herr Eucken war anderer Auffassung. Ihm war berichtet worden, Herr Heidegger habe bei der Aussprache über F. in der Fakultät geäußert: er sei in eine judenfreie Fakultät gekommen und wünsche nicht, dass ein Jude berufen werde. Diese Äusserung habe auch Husserl besonders geschmerzt. Herr Heidegger erklärte, eine solche Äusserung nicht getan zu haben. Die Herren Brie[23] und Ritter wissen nichts von einer derartigen Äusserung Herrn Heideggers. Herr Brie erklärte: Er müsse es wissen, wenn eine solche Äusserung in der Fakultät gefallen wäre.

Herr Heidegger verwies darauf, dass er als Rektor im Sommersemester 1933 beim Ministerium in Karlsruhe sich für die jüdischen Professoren Thannhauser und v. Hevesy eingesetzt habe,[24] und dass Juden während seines Rektorats und noch lange danach seine Vorlesungen und sein Seminar besucht haben. Dem Einwand, dass 1933 die genannten beiden Professoren noch gar keine Schwierigkeiten gehabt hätten, traten der Prorektor und der Rektor entgegen; gerade nach der Erinnerung des Rektors sei, über die damals geltenden gesetzlichen Bestimmungen hinausgehend, beabsichtigt gewesen, gegen Thannhauser in der Klinik Unruhe zu stiften.

Herrn Heideggers weitere Mitteilung, er sei in Parteikreisen sogar als Judenfreund angefeindet worden, wurde durch ein Schreiben des Herrn Beringer bestätigt, dem der Heidelberger nazistische Professor Stein[25] im Winter 1933/34 gesagt hat, Herr Heidegger sei als Rektor untragbar, er habe Juden (oder Halbjuden) zur Teilnahme an einem Lager aufgefordert. Herr Beringer fügte hinzu, dass er selbst von Herrn Heidegger niemals eine antisemitische Äusserung vernommen hat.

Dagegen steht, namentlich nach der Erinnerung von Herrn Eucken fest, dass Herr Heidegger als Rektor in öffentlichen Reden von „der Judenherrschaft in der Systemzeit" und von den Juden als „den Fremden" gesprochen hat.

e) Berufungen

Während des Rektorats 1933/34 ist keine Berufung eines parteimässigen Nationalsozialisten an die Universität Freiburg erfolgt. Die wenigen damals ergangenen Berufungen haben Männer mit einwandfreiem wissenschaftlichen Ansehen nach Freiburg gebracht. Die Meinung des Herrn Sauer, dass Herr Heidegger sich beim Ministerium gegen die Neubesetzung des kirchengeschichtlichen Lehrstuhl in der Theologischen Fakultät ausgesprochen habe, fand in den Akten keine Bestätigung. Herr Sauer selbst erklärte später, es sei möglich, dass er in diesem Punkte vielleicht nicht ganz zuverlässig unterrichtet sei.

f) Rektoratsrede

In seiner Rektoratsrede (Sommer-Semester 1933) hat Herr Heidegger, nachdem er in den vorausgegangenen Jahren schon mehrfach öffentlich zu den Aufgaben der Universität und der Wissenschaft Stellung genommen hatte, einer Auffassung Ausdruck gegeben, die im Gegensatz zu der Doktrin stand, die in herrschenden Parteikreisen und namentlich von Rosenberg verfochten wurde. Diese Äusserungen wurden aber in der Öffentlichkeit weniger beachtet als die gleichzeitig unternommene Anpassung an gewisse Ziele der Nationalsozialistischen Partei, die namentlich in den Worten vom „Wehrdienst, Arbeitsdienst und Wissensdienst" erblickt wurde.[26] Wenn auch damals der Arbeitsdienst noch nicht die ihm später durch das nationalsozialistische Regime gegebene Natur einer Zwangsorganisation mit weltanschaulicher Schulung hatte, so wurde dennoch das Auftreten Heideggers von nationalsozialistischer Seite als ein Bekenntnis zur Partei ausgemünzt. Andererseits haben manche Nationalsozialisten sofort den Zwiespalt zwischen Heideggers Auffassung von Universität und Wissenschaft und der parteiamtlichen Lehre empfunden. Später ist gerade der Inhalt der Rektoratsrede von der Partei lebhaft unterdrückt und bekämpft worden.[27]

g) Andere öffentliche Reden

Am 5. VII. hat Herr Heidegger vor Studenten, von denen viele in S.A.-
Stürmen angetreten waren, eine Ansprache gehalten,[28] die weithin Anstoss
erregte. In ihr kamen Wendungen vor wie: Die geistige Unzulänglichkeit
der Universitäten habe das Eindringen unbrauchbarer, das Niveau drückender Studenten hervorgerufen, und: die Universitäten seien nicht für die
Professoren da, noch weniger für die Zimmervermieter. Herr Heidegger
selbst hat diese Rede als Entgleisung bezeichnet.

Eine Ansprache, die Herr Heidegger etwa im Juni 1933 im Hörsaal 5 vor
einer Dozentenversammlung über neue Aufgaben der Hochschulen gehalten hat, hat Herr Eucken – auch unter dem Eindruck der am Eingang aufgebauten S.A.-Leute und der unakademischen Art des Beifalls – als demagogische Äusserung über Tagesfragen im nationalsozialistischen Geiste
aufgefasst. Herr Ritter hat diese Rede als eine nicht anstössige Behandlung
methodischer Dinge in Erinnerung und zur Bestätigung seiner Auffassung
darauf verwiesen, dass nach der Rede Geheimrat Aschoff[29] sprach, ohne
dabei Herrn Heidegger entgegen zu treten.

h) Aufruf an die Studentenschaft und zur Wahl

Die Freiburger Studenten-Zeitung vom 3. XI. 1933 brachte einen Aufruf
an die Studenten, gezeichnet „Heil Hitler! Martin Heidegger, Rektor", in
dem es heisst: „Der Führer selbst und allein *ist* die heutige und künftige
deutsche Wirklichkeit und ihr Gesetz."[30] In derselben Zeitung erschien am
11. XI. 1933 ein von Herrn Heidegger als Rektor unterschriebener Aufruf
zur Reichstagswahl, die am nächsten Tage stattfinden sollte. Er schliesst mit
den Sätzen: „Am 12. November wählt das deutsche Volk als Ganzes *seine*
Zukunft. Diese ist an den Führer gebunden. Das Volk kann diese Zukunft
nicht so wählen, dass es auf Grund sog. aussenpolitischer Überlegungen mit
Ja stimmt, ohne auch den Führer und die ihm unbedingt verschriebene
Bewegung mit in dieses Ja einzubegreifen. Es gibt nicht Aussenpolitik und
auch noch Innenpolitik. Es gibt nur den einen Willen zum vollen Dasein des
Staates. Diesen Willen hat der Führer im ganzen Volk zum Erwachen gebracht und zum einzigen Entschluss zusammengeschweisst. Keiner kann
fernbleiben am Tage der Bekundung dieses Willens."[31]

Zur Beurteilung dieser Aufrufe hat Herr Lampe vorgebracht, dass Herr Heidegger selbst erklärt habe, er habe bereits im Juni 1933 erkannt, dass „die politische Entwicklung im Gegensatz zu seinen Vorstellungen verlief", und er habe Hitlers ›Mein Kampf‹ aus innerem Wiederstreben nicht gelesen. Herr Heidegger hat demgegenüber erklärt: „Es handle sich keineswegs um eine bewusste Irreführung; er habe lediglich einen Gegensatz erkannt zwischen der politischen Entwicklung und seinen eigenen Vorstellungen, die ihn im Rektorat hinsichtlich seiner Aufgabe in der Universität leiteten, und er habe Hitler nicht danach beurteilt, was er als Schriftsteller oder als Philosoph für einen Eindruck machte, sondern nach seinen Handlungen und Plänen, und er habe bis zum 30. 6. 1934[32] noch fälschlich an Hitler geglaubt, namentlich erwartet, dass er mit dem Hineinwachsen in die grosse Verantwortung die Dinge in einem guten Sinn lenken werde."

i) Hineinnahme von Studentenvertretern in den Senat

Herr Heidegger hat, ohne durch eine neue Universitätsverfassung hierzu gezwungen zu sein, Vertreter der Studentenschaft in den Senat berufen. Nach Herrn Euckens Auffassung ist damit in die Selbstverwaltung der Universität ⟨eine⟩ Bresche geschlagen worden, es sind Parteifunktionäre hineingezogen worden.[33] Herr Heidegger erklärt dagegen, er habe an die wertvollen Kräfte unter den Studenten geglaubt, und gerade von ihnen eine Unterstützung gegen die herrschende Parteidoktrin erwartet, besonders nahe haben ihm Hensel und Vohwinkel[33a] gestanden, und auf solche Menschen habe er gesetzt. Auch nach der Erinnerung anderer Teilnehmer an der Ausschußsitzung bestand im Sommer-Semester 1933 noch kein scharfer Gegensatz zwischen einer parteimässig gebundenen Studentenführung und den hiergegen opponierenden oder wenigstens gleichgültigen Studierenden.

k) Genehmigung eines zur Denunziation von Kommilitonen auffordernden Plakates

Im Juni 1933 wurde in der Universität mit Genehmigung des Rektors ein Plakat der Studentenführung aufgehängt, in dem aufgefordert wurde, Studierende, die kommunistisch tätig gewesen seien, auf der Studentenschaft anzugeben; diese werde sie zu beseitigen wissen. Der Wortlaut des Aufrufes ist nicht mehr feststellbar. Herr Eucken hat damals den Rektor aufgesucht und ihn aufgefordert, die Genehmigung zur Anbringung jenes Aufrufes zurückzuziehen. Dies hat Herr Heidegger abgelehnt. Er selbst hat den Vorgang nicht mehr im Gedächtnis.[34]

l) Hochschulverband und Rektorenkonferenz

Herr Heidegger hat im Sommer-Semester 1933 im Hochschulverband und auf der Rektorenkonferenz eng mit den Rektoren Wolf (Kiel), Neumann (Göttingen) und Krieck (Frankfurt) zusammengearbeitet. Diese Gruppe galt als besonders radikal und aktivistisch nationalsozialistisch.[35] Herr Heidegger hat am 8. V. 1933 durch ein Telegramm dem Frankfurter Rektor Krieck „gute Kampfgenossenschaft" zugesichert. Am 20. 5. 1933 hat er einen vorausgegangenen Schritt des Rektors Wolf (Kiel) unterstützt, der wenige Tage zuvor den Reichskanzler Hitler telegrafisch gebeten hatte, den geplanten Empfang des Vorstandes des Hochschulverbandes zu verschieben, da er noch nicht gleichgeschaltet sei und ihm das schärfste Mißtrauen der deutschen Studentenschaft ausgesprochen sei. Herr Heidegger tat dies durch folgendes Telegramm an den Reichskanzler: „Ich bitte ergebenst um Verschiebung des geplanten Empfanges des Vorstandes des Verbandes der Deutschen Hochschulen bis zu dem Zeitpunkt, in dem die Leitung des Hochschulverbandes im Sinne der gerade hier besonders notwendigen Gleichschaltung vollzogen ist. Heidegger, Rektor der Universität Freiburg."[36]

Er hat dabei zweifellos das parteipolitische Argument der Gleichschaltung für eine Auseinandersetzung im Hochschulverband benutzt. Eine „Denunziation" im Sinne der von unserem Ausschuss im ersten Bericht vom 6. VII. 1945 (Teil I Allgemeines) niedergelegten Grundsätze liegt jedoch nicht vor, da keine einzelne Person angegeben, gefährdet oder benachteiligt wurde. Herr Heidegger hat in den Besprechungen vor dem Ausschuss und auch noch schriftlich in einem Briefe vom 15. 12. 1945[37] sein Verhalten folgendermassen erklärt: Er stand in Opposition gegen den Hochschulverband schon vor 1933, und zwar im Einklange mit Jaspers und seinen eigenen Freunden und Schülern, weil er im Verbande einen vorherrschenden Einfluss des Fach- und Berufsschulwesens und kein rechtes Verständnis für die notwendige innere Wandlung der Universitäten im Sinne einer aus philosophischem Geist stammenden Universitas verspürte. Im Frühjahr 1933 bemerkte er, dass gerade die „alten P.G." unter den Hochschullehrern auf die Fachschule drängten, die dann politisch im Sinne der Partei und ihrer Weltanschauungslehre ausgerichtet werden sollte. Durch die Rektoren Wolf (Kiel) und Neumann (Göttingen) erfuhr er, dass man im preussischen Kultusministerium die Entwicklung der Universität zur Fachschule verhindern wollte und dem „politischen Wissenschaftsbegriff" entgegentrat, der von Rosenberg und Bäumler[38] „weltanschaulich fundiert" wurde. Seine Absicht sei gewesen, innerhalb des Nationalsozialismus und in Bezug auf diesen eine geistige Wandlung in Gang zu bringen, keineswegs die Universität an die Parteidoktrin auszuliefern. Dies bestätige seine am 23. Mai, also we-

nige Tage nach Absendung des Telegramms an Hitler gehaltene Rektoratsrede. Für die Universitas und gegen die Fachschule sei er auch auf der
Erfurter Tagung des Hochschulverbandes offen aufgetreten, zu einer
Stunde, als Herr Eucken noch nicht anwesend war. Dies sei der beherr-
schende Gegensatz auf der Tagung gewesen, nicht etwa eine Front alter
Hochschulverband gegen Partei. Für den alten Hochschulverband seien
auch die Rektoren der Technischen Hochschulen eingetreten, die zum Teil
„alte Kämpfer" waren.

m) Verhältnis zur NSDAP

Herr Heidegger hat sich kurze Zeit nach der Übernahme des Rektorats
zum Eintritt in die NSDAP bereit erklärt.[39] Er meinte, damit im Interesse
der Universität zu handeln. Der Kreisleiter hatte ihn nämlich auf Wunsch
des Ministers zum Eintritt in die Partei aufgefordert mit der Begründung,
dass dadurch der Verkehr des Rektors mit den Partei- und Regierungsstellen erleichtert werde. Herr Heidegger hat aber an seinen Eintritt die Bedingung geknüpft, dass er niemals ein Amt für die Partei übernehme oder sonst
irgendeine Tätigkeit für die Partei ausüben brauche. Diese Bedingung
wurde angenommen.

n) Verhalten zum Lehrkörper der Universität

Die weitaus überwiegende Mehrheit der Professoren wählte Herrn
Heidegger 1933 zum Rektor, weil sie zu ihm das Vertrauen hatte, er werde
die Universität gegenüber unerträglichen Zumutungen der Parteileute
schützen und sein hohes wissenschaftliches Ansehen hierfür in die Waag-
schale werfen. Herrn Heideggers Auffassungen von den Aufgaben der Universität deckten sich aber keineswegs mit denen der meisten Professoren.
So entstand bald ein deutlicher Gegensatz, der durch das Verhalten Herrn
Heideggers eine ungewöhnliche Schärfe erhielt. Er bekämpfte nämlich,
ohne eine echte Diskussion zuzulassen, ihm entgegenstehende Auffassungen als „reaktionär" und suchte ihnen gegenüber Unterstützung bei den
jüngeren Dozenten, den Assistenten und Studierenden. Manche seiner
Äusserungen wirkten geradezu als Aufhetzung. Wiederholte Belehrungen,
die Herr Heidegger den Professoren zuteil werden liess, so über die Länge
der Vorlesungen und über das Verhalten im Sprechzimmer, wurden begreif-
licherweise als Anmassung empfunden. Der Rechts- und Staatswissenschaftlichen Fakultät, mit der die Spannungen besonders scharf waren,
sandte der Rektor im Dezember 1933[40] ein Schreiben, in dem er sie dringend ermahnte, eine andere Haltung einzunehmen, und erklärte, in Zu-

kunft werde die Beurteilung, die ein Kollege erfahre, davon abhängen, wie
er – Herr Heidegger – ihn persönlich einschätze. Eine solche Äusserung
– der Wortlaut liegt nicht mehr vor – mussten jüngere Dozenten oder Habilitanden als eine Bedrohung ihrer Zukunft auffassen.

3. Die Rektoratsführung und die dabei verfolgten Absichten im Ganzen

Das Rektorat 1933/34 bewirkte für die Universität Freiburg eine ungewöhnlich erregte Zeit; es hat ihrem Ansehen und ihrer Würde ernstlich ge-
schadet. Herr Heidegger hat als Rektor sich wissenschaftlich zum Nationalsozialismus bekannt und Bestrebungen verfochten, die als eine Berücksichtigung von Wünschen der nationalsozialistischen Partei aufgefasst wurden
und aufgefasst werden mussten. Unter diesem Druck haben sich zahlreiche
jüngere Dozenten oder Beamte der Universität der nationalsozialistischen
Partei angeschlossen. Herr Heidegger hat auch stark dazu beigetragen, dass
die deutschen Universitäten damals überhaupt gegenüber dem Nationalsozialismus nicht die erforderliche Haltung einnahmen. Äusserungen Heideggers enthielten Anpassungen an die Parteisprache, auch antisemitische
Färbung. Sein Werben um die jüngeren Dozenten, die Assistenten und Studierenden ging so weit, dass es geradezu als eine Aufhetzung gegen die Professoren wirkte. Gegen nationalsozialistische Studierende, die Gewalttaten
verübt hatten, hat Herr Heidegger als Rektor nicht das gebotene Verfahren
eröffnet. Empörenden Aufrufen der Studentenschaft gegen kommunistische Kommilitonen hat er die Genehmigung zur Anbringung in der Universität erteilt und diese Genehmigung trotz Vorstellungen nicht zurückgezogen.

Herr Heidegger selbst hat erklärt, dass er schwere Fehler gemacht habe,
namentlich im Technischen und Personalen der Universitätsverwaltung;
eine Ansprache vor Studierenden bezeichnete er selbst als Entgleisung. Vor
allem sei es sein Fehler gewesen, dass er damals noch an Hitler geglaubt
habe.

Herr Heidegger befand sich 1933/34 gegenüber der Partei und gegenüber
dem Nationalsozialismus in einer widerspruchsvollen „Zwischenstellung“.
Er lehnte den Biologismus der Parteidoktrin ab, billigte jedoch das Soziale
und das Nationale, das nach seiner Überzeugung nicht wesensmässig an die
biologisch-rassische Weltanschauungslehre geknüpft war. Er glaubte, Hitler
werde über die Partei und ihre Doktrin hinauswachsen, und die Bewegung
könne geistig in andere Bahnen gelenkt werden, sodass sich alles auf dem
Boden einer Erneuerung und Sammlung zu einer abendländischen Verantwortung zusammenfinden werde. Der angestrebten Wandlung der Bewegung meinte er, durch ein Mitgehen dienen zu können. In dieser „Zwischen-

stellung" hat Herr Heidegger nicht den rechten Blick für das zulässige Mass erkennen lassen, so, wenn er gegen den Hochschulverband die Notwendigkeit der „Gleichschaltung" ins Treffen führte.

Neben den aus Überzeugung entspringenden Beweggründen für die Übernahme und die Art der Führung des Rektorats haben auch persönliche Eigenheiten und Wünsche mitgesprochen: Herrn Heidegger reizte die Macht. Dabei hat er nicht im Stile irgendeines Parteifunktionärs für sich um einen angemessenen und einträglichen Posten gekämpft. Was ihn anzog, war die Aussicht, einen starken Einfluss auszuüben. Ohne die Berücksichtigung dieser persönlichen Momente wäre Herrn Heideggers anspruchsvolles und intolerantes Verhalten zu den Freiburger Professoren nicht verständlich. Er gebrauchte Wendungen, die als Versuch einer Einschüchterung aufgefasst werden mussten. Sein Auftreten wurde um so schroffer, je mehr er fühlte, die geistigen Kräfte und die Menschen nicht meistern zu können.

Hieraus spricht eine weitere persönliche Eigenschaft Herrn Heideggers, die bei der Rektoratsführung erkennbar ist: Mangel an innerer Sicherheit. Manche seiner Schritte sind nur aus weitgehender Besorgnis zu verstehen, so insbesondere sein Verhalten zu Juden. Der Annahme eines grundsätzlichen Antisemitismus widerspricht es, dass Herr Heidegger für jüdische Professoren als Rektor eingetreten ist, dass er zu dieser Zeit auch mit einigen früheren jüdischen Freunden noch Verkehr gepflegt hat. Aber er hat sich von vielen anderen Juden zurückgehalten, offenbar weil er sonst Ungelegenheiten für sich und seine Stellung befürchtete. Auch die Auffassungen der Frau Heidegger scheinen in dieser Hinsicht von Einfluss gewesen zu sein.

Bei seinen Äusserungen, die der in der Partei herrschenden biologischrassischen Doktrin oder anderen Anforderungen der Partei entgegentraten, hat Herr Heidegger offenbar überschätzt, wieweit sie verstanden und beachtet werden konnten. Er sah nicht, dass sein Mitgehen mit der Partei und jede Anpassung an ihr Vokabular gerade bei seinem wissenschaftlichen Ansehen weit stärker wirkten als die in gelehrter Sprache vorgetragenen Distanzierungen. Da er sich oft nicht entschliessen konnte, in persönlichen Aussprachen seine Beweggründe deutlich zu erklären, konnte auch von den Nächstbeteiligten nicht verstanden werden, was Herr Heidegger anstrebte, und dass er sich um eine innere Wandlung der nationalsozialistischen Bewegung bemühte.

III. Die Zeit nach dem Rektorat

Nach der Niederlegung seines Rektorats am Ende des Wintersemesters 1933/34 ist Herr Heidegger nicht mehr für den Nationalsozialismus eingetreten. Nachdem sein Glaube an Hitler und damit an die Möglichkeit einer

Wandlung der nationalsozialistischen Bewegung mit dem 30. 06. 1934 zerstört war, hat er in vertrauten Gesprächen seine Enttäuschung häufig ausgesprochen, auch in Vorlesungen, Vorträgen und Veröffentlichungen in Fortführung seiner bereits früher eingenommenen philosophischen Grundstellung bewusst vorgebracht, was im Gegensatz zur nationalsozialistischen Weltanschauung stand. Dies wurde in herrschenden Parteikreisen deutlich empfunden; die Möglichkeit einer Einwirkung auf seine Hörer und Leser hat Herr Heidegger aber auch zu dieser Zeit überschätzt; die meisten erkannten die grundsätzliche Stellungnahme gegen die Parteidoktrin höchstens stückweise. Ohnehin hat Herr Heidegger damals den Nationalsozialismus niemals so deutlich und klar bekämpft, wie er einst in der Rektoratszeit für ihn eingetreten war. Wenn er durch Ablehnung des Christentums den Eindruck erwecken konnte, mit der nationalsozialistischen Partei in weltanschaulichen Dingen einig zu gehen, so suchte er allerdings dem entgegen zu wirken, indem er nicht aus der Kirche austrat. Auch äusserlich hat Herr Heidegger sich bemüht, die Entfremdung von der NSDAP sichtbar werden zu lassen, er besuchte keine Parteiversammlungen, trug das Parteiabzeichen nicht mehr [41] und eröffnete seine Vorlesungen und Vorträge nicht mehr mit dem sogenannten deutschen Grusse, den er selbst als Rektor vorgeschrieben hatte. Auch hierin war aber das Abrücken vom Nationalsozialismus und von der Partei nicht annähernd so stark wie das 1933/34 erfolgte Eintreten für die Bewegung und für Hitler selbst.

[v. Dietze] [42]

Anmerkungen:

[1] Zur Entnazifizierung Heideggers grundlegend der Beitrag von Hugo Ott (Anm. 46 o. S. 13). Dort auch, S. 107, Auszug aus dem Gutachten.

[2] Siehe Anm. 53 o. S. 116.

[3] Siehe Anm. 37 o. S. 115.

[4] Siehe Anm. 56 o. S. 117.

[5] Franz Böhm (1895–1977), seit 1934 Dozent für Wirtschafts- und Handelsrecht in Freiburg, am 25. April 1945 zum Prorektor gewählt.

[6] Die Kommission bestand aus den Professoren Constantin von Dietze (1891–1973), Professor für Volkswirtschaftslehre, Adolf Lampe (1897–1948), apl. Professor für Volkswirtschaftslehre, Gerhard Ritter (1888–1967), seit 1925 Professor für Neuere Geschichte. Alle drei waren mit Kriegsende aus Berliner Haft entlassen worden (vgl. Anm. 7 Dok. Nr. 11). Die Kommission wurde erweitert um die Professoren Arthur Allgeier (1882–1952), seit 1919 Professor für Theologie in Freiburg, und Friedrich Oehlkers (1890–1971), seit 1932 Professor für Botanik in Freiburg. Mit dem Kommissionsgutachten war Lampe nicht einverstanden.

[7] Friedrich Metz (1890–1975?), seit 1935 Professor für Geographie in Freiburg, Rektor von 1936 bis 1938.

[8] Otto Mangold (1895–1962), seit 1937 Professor für Zoologie in Freiburg, Rektor von 1938 bis 1940.

[9] Wilhelm Süss (1896–?), seit 1934 Professor für Mathematik in Freiburg, Rektor von 1940 bis Kriegsende.

[10] Sigurd Janssen (1891–1968), seit 1927 Professor für Pharmakologie in Freiburg, wurde nach dem Einmarsch der Franzosen zum neuen Rektor der Universität am 25. April 1945 vom Senat gewählt.

[11] Abdruck bei Moehling (Anm. 37 o. S. 13), S. 264–268.

[12] Heidegger erhielt 52 Stimmen, Moellendorff eine, drei Stimmenthaltungen. Vgl. dazu den Beitrag von Ott, Übernahme des Rektorats (Anm. 46 o. S. 13).

[13] Im Originaltext „1945", handschriftlich verbessert in „1935?", nur „1933" möglich.

[14] Hans von Tiesenhausen wurde am 9. Mai 1933 als Bezirksführer Baden-Süd des Nationalsozialistischen Deutschen Studentenbundes eingesetzt. Zuvor war er „Führer" der Freiburger Studentenschaft und Vorsitzender des Freiburger N.S.D. St.B.

[15] UAF Senatsprotokolle: Sitzung vom 12. Juli 1933. Das Protokoll vermerkt: „Rektor entscheidet: Da die Stellungnahme des Ministeriums in diesem Falle noch nicht erfolgt ist, ist es nicht angebracht, jetzt schon in dieser Sache einzuschreiten. Dieses solle gegebenenfalls erfolgen, sobald die Sache geklärt ist." Es befremdet, daß der Bereinigungsausschuß die Senatsprotokolle nicht ausgewertet hat.

[16] Ernim Künzel wurde am 9. Mai 1933 Nachfolger von Hans von Tiesenhausen (Anm. 14). Schneeberger (Anm. 21 o. S. 11), S. 32.

[17] Da die Plünderungen am 28. Juni stattgefunden hatten, mußte Heidegger zwischen diesem Zeitpunkt und der Senatssitzung vom 12. Juli in Berlin gewesen sein, höchstwahrscheinlich auf der Tagung des Amtes für Wissenschaft der Deutschen Studentenschaft am 10. und 11. Juli 1933. Vgl. den Bericht von Georg Plötner in: Der deutsche Student, Zeitschrift der Deutschen Studentenschaft 1 (1933), S. 35–38.

[18] Oskar Stäbel, Dr. ing. (1901–?), seit dem 4. Febr. 1933 Bundesführer des N.S.D.St.B. und seit dem 27. April 1933 Referent für sämtliche Hochschul- und studentischen Fragen bei der Obersten Leitung der PO (Schneeberger, Dok. Nr. 12 und 35).

[19] Vgl. o. S. 148 f. den Brief Husserls.

[20] Siehe dazu die Ausführungen von Max Müller, o. S. 106.

[21] Ebd., S. 106.

[22] Eduard Fraenkel (1888–1970), seit 1931 Professor für Klassische Philologie in Freiburg. In dem denunziatorischen Gutachten über Eduard Baumgarten, das Heidegger 1933 an den Göttinger Dozentenbund gerichtet hatte, findet sich die folgende Formulierung: „Nachdem Baumgarten bei mir gescheitert war, verkehrte er sehr lebhaft mit dem früher in Göttingen tätig gewesenen und nunmehr hier entlassenen Juden Fränkel" (Karl Jaspers, Notizen zu Martin Heidegger, hrsg. von Hans Saner, München 1978, S. 14, vollständiger Wortlaut auf französisch bei Farias [Anm. 38 o. S. 13], S. 235).

[23] Friedrich Brie (1880–1948), seit 1910 Professor für Englische Sprache und Literatur in Freiburg.

[24] Siehe dazu die Ausführungen von Max Müller o. S. 105; ferner auch den Abschnitt über die politischen Säuberungen bei Bernd Martin, Die Universität Freiburg

im Breisgau im Jahre 1933. Eine Nachlese zu Heideggers Rektorat, in: Zeitschrift für die Geschichte des Oberrheins 136 (1988), S. 469 ff.

[25] Kurt Beringer (1893–1949), seit 1934 Professor für Psychiatrie in Freiburg; Johannes Stein (1896–?), Professor für Innere Medizin in Heidelberg.

[26] Siehe den Beitrag des Vf.: Heidegger und die Reform der deutschen Universität (Anm. 26 o. S. 11).

[27] Vgl. zur Unrichtigkeit dieser Behauptung Dok. Nr. 4.

[28] Nicht zu ermitteln.

[29] Auch dieses Treffen konnte nicht ermittelt werden. Ludwig Aschoff (1866–1942), von 1906 bis 1935 Direktor des Pathologischen Instituts in Freiburg.

[30] Siehe Dok. Nr. 8.

[31] Wortlaut bei Schneeberger Dok. Nr. 129.

[32] Sog. „Röhm-Putsch", Ermordung von mehr als 85 potentiellen Gegnern des Regimes, u. a. auch von Ernst Röhm, dem obersten SA-Führer.

[33] UAF Senatsprotokolle: Heidegger berief den Senat im Sommersemester 1933 lediglich dreimal ein. Nur auf einer Sitzung, am 12. Juli, waren der Führer der Studentenschaft (Künzel, Anm. 16) und ein Amtsleiter zugegen. Im Wintersemester gestattete die „Führerverfassung" ausdrücklich das Hinzuziehen von studentischen Vertretern (vgl. Dok. Nr. 7, Absatz II-4-a).

[33a] Paul Hensel (1907–1975) studierte vom SS 1933 bis zum WS 1936/7 Nationalökonomie in Freiburg, ab 1957 Professor für Volkswirtschaftslehre in Marburg; ein Student namens Vohwinkel war im Universitätsarchiv nicht zu ermitteln.

[34] Vorgang war nicht zu ermitteln.

[35] Siehe o. S. 21.

[36] Siehe Dok. Nr. 2.

[37] Siehe Dok. Nr. 13.

[38] Zu Alfred Rosenberg (1893–1946) s. Reinhard Bollmus, Das Amt Rosenberg und seine Gegner. Studien zum Machtkampf im nationalsozialistischen Herrschaftssystem, Stuttgart 1970. Alfred Baeumler (1887–1968), seit dem Sommersemester 1933 Professor für politische Pädagogik an der Universität in Berlin; s. seine gesammelten hochschulpolitischen Schriften: Männerbund und Wissenschaft, Berlin 1943.

[39] Vgl. dazu Dok. Nr. 1.

[40] Vermutlich handelt es sich um das grundsätzliche Schreiben Heideggers an Dekan Wolf vom 11. Dez. 1933 nach dessen Demissionsgesuch vom 7. Dezember (Auszüge bei Ott, Heidegger als Rektor [Anm. 46 o. S. 13], S. 355f.).

[41] Angeblich trug Heidegger bei seinem Besuch in Rom im April 1936 ostentativ das Parteiabzeichen (Karl Löwith, Mein Leben in Deutschland vor und nach 1933. Ein Bericht, Stuttgart 1986, S. 57).

[42] Eigenhändige Unterschrift: v. Dietze.

13. Schreiben Heideggers an den Vorsitzenden des politischen Bereinigungsausschusses Prof. v. Dietze (15. Dez. 1945)

Abschrift

Prof. Heidegger   Freiburg i. Br., 15. XII. 1945
Freiburg i. Br.
Zähringen-Rödsbud (!) 47

Herrn
Prof. v. D i e t z e ¹,
Vorsitzender des politischen Bereinigungsausschusses der Universität

Sehr geehrter Herr Kollege!

Erlauben Sie mir, dass ich zum letzten Punkt der Besprechung (Hochschulverband und Telegramm) noch einige Erläuterungen gebe und im Anschluss daran noch einiges Grundsätzliche darlege. Ich war am Ende der langen Sitzung bei meinem seit Wochen körperlich labilen Befinden nicht mehr imstande, alles sogleich klar zu übersehen, zumal da mir plötzlich ein Schriftstück vorgelegt wurde, das längst aus meiner Erinnerung verschwunden war, während Herr Eucken seit Wochen diese Dinge gesammelt und nach seiner Erinnerung sich vergegenwärtigt hat. Sie selbst, sehr geehrter Herr Kollege, haben mir zwar sofort das Schriftstück zur nochmaligen ruhigen Überlegung zur Verfügung stellen wollen. Aber ich war zu müde und sah vor allem auf Grund der ganzen Besprechung, dass eine unüberbrückbare Kluft zwischen Herrn Eucken und mir besteht hinsichtlich der Auffassung der Vorgänge und Tatsachen. Die Worte von Herrn Oehlkers haben auch in dieser Hinsicht m. E. das Entscheidende getroffen.

Meine Opposition gegen den Hochschulverband bestand nicht erst seit dem Frühjahr 1933. Auf Grund der bekannten blauen Hefte sah ich seit Jahren im Einklang mit K. Jaspers, meinen Freunden und Schülern, dass auf diesem Wege niemals eine innere Wandlung der deutschen Universität im Sinne einer aus philosophischem Geist stammenden Universitas zu erreichen sei. Die Universitäten gerieten seit Jahren immer mehr unter den Einfluss der „Hochschulen", d. h. das Fach- und Berufsschulwesen bekam mehr und mehr den Vorrang. Unterrichtstechnische, verwaltungstechnische und Gehaltsfragen standen im Vordergrund. Das „Geistige" wurde nur „auch" gelegentlich behandelt.

Ausserdem sah ich seit der Frankfurter Zusammenkunft² im Frühjahr 1933, die ich in der ersten Sitzung des Bereinigungsausschusses erwähnte, dass gerade die „alten Pg." unter den Hochschullehrern vorwiegend aus den Technischen Hochschulen, aus den medizinischen und juristischen Fakultäten kamen und dass diese ganz bewusst auf die Fachschule drängten, die dann politisch ausgerichtet werden sollte im Sinne der Partei und ihrer Weltanschauungslehre.

Gerade diese Tendenz wurde aber sofort und von Grund aus niedergehalten, wenn es gelang, die Wissenschaften geistig-metaphysisch zu begründen, statt sie zu einer „Technik" werden zu lassen, die ein bequemes politisches Instrument werden könnte, was der Einsatz der Wissenschaften im Vierjahresplan und während des Krieges dann deutlich genug zeigte.

Durch den Kieler Rektor Wolf (naturwiss. Fakultät) und den Göttinger Rektor Neumann (philos. Fakultät), die nähere Beziehungen zum preussischen Kultusministerium hatten, wusste ich, dass man im Ministerium die Entwicklung der Universität zur Fachschule verhindern wollte entgegen der von der Partei betriebenen Durchsetzung des „politischen Wissenschaftsbegriffes", der durch Rosenberg und Bäumler „weltanschaulich" fundiert wurde. Rosenberg hat dann schon 1934 im Reichserziehungsministerium den massgebenden Einfluss gewonnen und seine Anhänger in die leitenden Stellungen gebracht. Er bekam auch die Leitung der Dozentenlager in die Hand.

Wenn in dem Telegramm[3] von Gleichschaltung die Rede ist, so habe ich das Wort in dem Sinne gemeint, in dem ich auch den Namen „Nationalsozialismus" verstand; es war nicht und nie meine Absicht, die Universität an die Parteidoktrin auszuliefern, sondern umgekehrt zu versuchen, *innerhalb* des Nationalsozialismus und in bezug auf diesen eine geistige Wandlung in Gang zu bringen. Es entspricht nicht den Tatsachen, zu behaupten, der Nationalsozialismus und die Partei hätten keine geistige Zielsetzung hinsichtlich der Universität und des Wissenschaftsbegriffes gehabt. Sie hatten sie nur zu *entschieden* und beriefen sich auf Nietzsche, nach dessen Lehre die Wahrheit nicht in sich einen eigenen Grund- und Sachgehalt hat, sondern nur ein Mittel des Willens zur Macht ist, das heisst eine blosse „Idee", d. h. eine subjektive Vorstellung. Und das Groteske war und ist ja doch, dass dieser „politische Wissenschaftsbegriff" im Prinzip mit der „Ideen- und Ideologie"-lehre des Marxismus und Kommunismus übereinstimmt.

Und *dagegen* ist meine am 24. Mai,[4] drei Tage nach Absendung des Telegramms gehaltene Rektoratsrede ganz eindeutig und ausdrücklich gerichtet. Und diese Stellungnahme für die Universität gegen die Fachschule habe ich kurze Zeit später auf der Erfurter Tagung offen zum Ausdruck gebracht. Wenn Herr Eucken dessen sich nicht erinnert, dann liegt das daran, dass er m. W. erst am Abend des Vortrages der eigentlichen Tagung in Erfurt eintraf, während die entscheidende Versammlung, in der die Positionen sofort klar wurden, bereits am Nachmittag dieses Vortages stattfand. Ich kam in diese Versammlung kurz nach meiner Ankunft in Erfurt[5] und sprach vorher nicht die Herren Wolf, Neumann und Krieck. Alsbald stand die Frage nach der künftigen Gestalt der deutschen Hochschule im Mittelpunkt der Aussprache. Ich habe damals spontan und leidenschaftlich *gegen* die Fachschule und für die Universitas gesprochen, die als tragende Mitte die philosophische und naturwissenschaftliche Fakultät haben müsse. Die Spaltung, die sich schon an diesem Nachmittag ergab, war nicht diese:

hie alter Hochschulverband   hie n.s. Partei
hie reaktionär   hie revolutionär,

sondern (aus dem Prinzipiellen gedacht)

hie Fachschule   hie Universitas.

Auf der Seite des alten Hochschulverbandes standen die Rektoren der grossen Universitäten Berlin und Leipzig und die der Tech. Hochschulen, die zum Teil „alte Kämpfer" waren.

In den folgenden Jahren haben dann Hitler und Rosenberg die Hochschulen immer betonter „anerkannt". In den Universitäten empfand man das als „Beruhigung" der Lage; die Rektoren wurden zum Reichsparteitag eingeladen. Aber man sah nicht bzw. nur wenige sahen es, dass bei dieser Anerkennung der Wissenschaften nur die Absicht leitend war, die fachliche Leistung und das Spezialistentum der Wissenschaft für die Rüstung einzuspannen und auszunützen.

Ich habe in den Jahren 1935ff. immer wieder gewarnt und habe im Sommer 1938 in einem Vortrag ›Die Begründung des neuzeitlichen Weltbildes durch die Metaphysik‹ dargelegt, dass die Wissenschaften immer mehr der Technik sich ausliefern. Die Partei hat diese Angriffe *sehr genau* verstanden. Anderen Tags erschien ein übler Bericht über den Vortrag im ›Alemannen‹.[6] Am Schluss wurde vermerkt, es sei jetzt keine Zeit mehr für solche philosophischen Wortkünsteleien, es gelte die praktische Arbeit der Wissenschaft für den Vierjahresplan. Die Reportage des Feuilletons wurde in der Zeitung so angelegt, dass im Anschluss an den Bericht über den „interessanten Vortragabend" eine Notiz gebracht wurde, die berichtete, dass z. Zt. in Freiburg die Gesellschaft für Chemie ihre Beratungen abhielte und die Universität sich an dieser Arbeit für den Vierjahresplan beteilige. Der Vortrag des „Prof. Heidegger, der seinen Ruhm nur der Tatsache verdanke, dass er von niemanden verstanden werde und der das Nichts (d. h. unterstellt den Nihilismus) lehre", wurde herabgewürdigt gegenüber der allein „lebenswichtigen" Arbeit der Fachwissenschaft. (Vergl. ›Alemanne‹ zwischen 9. bis 12. Juni 1938.) Obwohl mein Vortrag im Rahmen einer Reihe gehalten wurde, die die medizinische, naturforschende und kunstwissenschaftliche Gesellschaft der Universität gemeinsam veranstalteten, geschah von Seiten der Universität nichts gegen die Herabwürdigung eines Mitgliedes ihres Lehrkörpers. Ich habe die Sache damals hingenommen, weil ich aus der Erfahrung des Rektorats wusste, dass in solchen Fällen gegen die Macht der Parteistellen nichts auszurichten sei. Drei Jahre später wiederholten sich die Anpöbelungen gelegentlich des Hölderlinvortrages im Rahmen der Universitätsvorträge.

Zum Schluss möchte ich noch einiges feststellen hinsichtlich meiner Rektoratsrede. „Gewirkt"[7] hat sie in den ersten Monaten nach Erscheinen 1933 in der Öffentlichkeit des In- und Auslandes und bei der Partei. Sie hat nach beiden Seiten hin im gleichen Sinne „gewirkt". Man hat die Tatsache, *dass* ich die Rede gehalten habe, negativ und positiv ausgeschlachtet, hat sich aber auf den *eigentlichen* Inhalt und die Grundposition der Rede und ihren Zusammenhang mit meinen philosophischen Schriften im Grunde nicht eingelassen. Von der Partei aber (Rosenberg, Krieck u. a.) setzte ab 1934 eine scharfe Opposition gegen den Inhalt der Rede ein. Aus den Abrechnungen des Verlags ist zu ersehen, dass in den folgenden Jahren immer nur wenig Exemplare verkauft wurden. Alle meine Veröffentlichungen seit 1927 waren nach ein oder zwei Jahren vergriffen und mussten neu aufgelegt werden. Die Rektoratsrede, deren Auflage nicht höher war als die meiner Antrittsrede 1929, war im Jahre 1944 noch nicht vergriffen.[8] Die Schrift wurde totgeschwiegen und erschien nirgends in den Verzeichnissen der Literatur zur Universitäts- und Wissenschaftsfrage.

Im Wintersemester 1933/34 hielt ich eine Vorlesung über Platons Lehre von der Wahrheit; (die Auslegung des Höhlengleichnisses). Den wesentlichen Inhalt dieser Vorlesung habe ich unverändert 1941 im hiesigen Verein für das humanistische Gymnasium vorgetragen und im ›Jahrbuch für die geistige Überlieferung‹ veröffentlicht. Die Erwähnung dieses Vortrages und die Veröffentlichung als Sonderdruck wurde verboten.

Ich stand schon 1933/34 in derselben Opposition gegen die n.s. Weltanschauungslehre, war damals aber des Glaubens, dass die Bewegung geistig in andere Bahnen gelenkt werden könne und hielt diesen Versuch vereinbar mit den sozialen und allgemein politischen Tendenzen der Bewegung. Ich glaubte, Hitler werde, nachdem er 1933 in der Verantwortung für das ganze Volk stand, über die Partei und ihre Doktrin hinauswachsen und alles würde sich auf den Boden einer Erneuerung und Sammlung zu einer abendländischen Verantwortung zusammenfinden. Dieser Glaube war ein Irrtum, den ich aus den Vorgängen des 30. Juni 1934[9] erkannte. Er hatte mich aber 1933/34 in die Zwischenstellung gebracht, dass ich das Soziale und Nationale (nicht nationalsozialistische) bejaht und die geistige und metaphysische Grundlegung durch den Biologismus der Parteidoktrin verneinte, weil das Soziale und Nationale, wie ich es sah, nicht wesensmässig an die biologisch-rassische Weltanschauungslehre geknüpft war.

Das Gutachten der Bereinigungskommission hat diese Zwischenstellung, die sich ergab aus einem Mitgehen, das zugleich und einzig eine Wandlung wollte, klar dargestellt.

Ich habe viele Fehler im Technischen und Personalen der Universitätsverwaltung gemacht. Ich habe aber niemals den Geist und das Wesen der Wissenschaft und der Universität an die Partei preisgegeben, sondern die Erneuerung der Universitas versucht.

Ich muss es der Entscheidung der Freiburger Universität überlassen, ob ich ihr noch in irgend einer Weise der Mitarbeit angehören soll oder nicht.

Ich bitte die Universität nur um den Schutz meiner dreissigjährigen philosophischen Arbeit, von der ich allerdings glaube, dass sie eines Tages für das Abendland und die Welt noch etwas zu sagen haben wird.

Im Ertragen des allgemeinen und geistigen Schicksals, in der Sorge um das Geschick unserer beiden in Russland verschollenen Söhne sind meine Kräfte ohnedies in einer Verfassung [10], die vielleicht gerade noch ausreicht, einiges von dem zu vollenden, was mir um der Zukunft der Philosophie willen am Herzen liegt.

Ich möchte Ihnen, sehr geehrter Herr Kollege, nochmals danken für alle Ihre ernsten Bemühungen um eine gerechte Beurteilung und für Ihre Sorge für die Universität.

Ihr sehr ergebener
gez.: M. Heidegger

P. S. Ich erlaube mir, Ihnen meinen Vortrag › Vom Wesen der Wahrheit ‹ zu überreichen, den ich im Winter 1930 zweimal an der hiesigen Universität gehalten habe.

Anmerkungen:

[1] Für die Namen s. Dok. Nr. 12.

[2] Am 25. April 1933, s. Dok. Nr. 1. Zu Heideggers Mitwirken in der von Krieck geführten „Kulturpolitischen Arbeitsgemeinschaft Deutscher Hochschullehrer" s. Farias (Anm. 38 o. S. 13), S. 166. Vermutlich fand das Treffen am 22./23. April in Frankfurt statt. Die Darstellung von Farias, die auf Materialien des Potsdamer Zentralarchivs basiert, bringt keine Klarheit in den zeitlichen Ablauf der von der Arbeitsgemeinschaft durchgeführten Treffen und Aktionen.

[3] Siehe Dok. Nr. 2.

[4] Muß heißen: 27. Mai.

[5] Tagung des Hochschulverbandes am 1. Juni 1933 in Erfurt. Siehe dazu den Beitrag des Vf. zur Freiburger Universität 1933 (Anm. 24, Dok. Nr. 12), S. 464. Nach dem Bericht Heideggers im Senat der Freiburger Universität über den Hochschultag war es zu einer Auseinandersetzung zwischen Eucken und dem Rektor gekommen.

[6] Am 10. Juni 1938. Wie Ott (Heidegger und der Nationalsozialismus, Anm. 46 o. S. 13) nachweisen kann, intervenierte der NS-Dozentenbund sofort zugunsten des Parteigenossen Heidegger.

[7] Zu den Auswirkungen der Rektoratsrede s. den Beitrag des Vf. (Anm. 26 o. S. 11).

[8] Vgl. Dok. Nr. 4. Laut Deutschem Bücherverzeichnis, Band 20, Schrifttum 1936 bis 1940, Leipzig 1942, S. 1091, wurde 1937 das 4. bis 6. Tausend ausgeliefert. Die Angaben bei Farias (S. 249 unter Berufung auf das Bücherverzeichnis) von einer dritten Auflage in Höhe von 5000 Exemplaren sind falsch.

⁹ Sog. „Röhm-Putsch", vgl. Anm. 32 Dok. Nr. 12.

¹⁰ Heidegger erlitt nach der zweitägigen Aussprache im Bereinigungsausschuß
einen psychischen Zusammenbruch und begab sich in psychosomatische Behandlung
nach Badenweiler (Ott, Heidegger und die Universität Freiburg nach 1945 [Anm. 46
o. S. 13], S. 114). Laut Petzet (Anm. 39 o. S. 13) soll Heidegger sich im nachhinein
über den ganzen Vorgang folgendermaßen geäußert haben: „Als ich damals – im
Dezember 1945 – völlig unvorbereitet vor der Fakultät in das Inquisitionsverhör der
dreiundzwanzig Fragen genommen wurde und darauf zusammenbrach, kam der
Dekan der Medizinischen Fakultät, Beringer (der den ganzen Schwindel und die
Absichten der Ankläger durchschaut hatte) zu mir und fuhr mich einfach weg nach
Badenweiler zu Gebsattel" (S. 52).

DER SCHWIERIGE UMGANG MIT DER VERGANGENHEIT

14. ›Das vermeintliche Schlüsseldokument war verfälscht.
Heidegger und die Gleichschaltung der badischen Hochschulen:
Zu einem untauglichen Versuch, den „Führer-Rektor" politisch zu entlasten‹
(Badische Zeitung, 28. Dez. 1988)

Von BERND MARTIN

Die Heidegger-Debatte geht weiter, unter Philosophen wie unter Historikern. Heidegger-Apologeten und Heidegger-Kritiker liegen im Streit. In der Badischen Zeitung vom 10. November hatte Hartmut Tietjen, Mitarbeiter am Heidegger-Nachlaß, eine aktive Mitwirkung des Philosophen an der vom „Führerprinzip" geprägten badischen Hochschulverfassung von 1933 entschieden bestritten: In solchen Behauptungen sah er einen „Skandal der Geschichtswissenschaft".[1] Auf Tietjens Beitrag antwortet jetzt Bernd Martin, Professor für Neuere und Neueste Geschichte an der Universität Freiburg. Sein Befund: Tietjens „Schlüsseldokument" ist ohne Beweiskraft und obendrein durch einen Eingriff an entscheidender Stelle verkürzt [Red. der BZ].

„Entsteht ein neues Heidegger-Bild? Vorwurf der Geschichtsklitterung an die Adresse von Victor Farias und Hugo Ott" oder „Nazi-Vorwurf gegen Heidegger nicht länger haltbar" – unter solchen Überschriften berichteten einige Zeitungen über die Tagung der Martin-Heidegger-Gesellschaft in Meßkirch zum 99. Geburtstag des Philosophen. Hartmut Tietjen, einst letzter Privatsekretär Heideggers bis zu dessen Tode und nunmehr vom Wissenschaftsministerium zum offiziellen Nachlaßverwalter bestellt, hatte ein mehrstündiges Grundsatzreferat gehalten, in welchem er Heidegger von den Verstrickungen in die nationalsozialistische Ideologie und Politik zu befreien versuchte, um ihn schließlich sogar zum Widerstandskämpfer zu erheben.

„Unser radikaler Rektor Heidegger"

Mit Hilfe neuer Schlüsseldokumente, so Tietjen, lasse sich der Beweis erbringen, Heidegger habe mit der Entstehung der Führerverfassung an den badischen Hochschulen nicht das geringste zu tun gehabt, ja dieser Reform sogar ablehnend gegenübergestanden. Diese Themen und sein Hauptanliegen einer Neubewertung von Heideggers politischer Rolle wiederholte der Meßkircher Festredner in einem Artikel in der Badischen Zeitung (10. 11.

1988), mutete indes dem Freiburger Publikum die Behauptung, der Philosoph zähle zu den Männern des deutschen Widerstandes gegen den Nationalsozialismus, (noch) nicht zu.

Bislang galt es unter Historikern, die sich mit der Materie befaßt haben, als gesichertes Wissen, daß Heidegger im Jahre 1933 bei der Gleichschaltung der Hochschulen aktiv mitgewirkt hat. Diese Erkenntnis gründet auf mehrfach ausgebreiteten, zahlreichen Fakten, von denen nur die wichtigsten hier noch einmal aufgeführt sind:

– Vom ersten Tag seiner Amtsführung an praktiziert Heidegger an der Freiburger Universität das „Führerprinzip" offen und versucht, ihm auch reichsweite Geltung zu verschaffen. „Es mache den Eindruck, als ob er ganz für sich, nach dem Prinzip des Führertums fuhrwerken wolle" (Eucken zu Prorektor Sauer am 13. 5. 1933). Auf der Berliner Rektorenkonferenz am 8. Juni strebt Heidegger im Zusammenwirken mit drei weiteren, nationalsozialistisch eingestellten Amtskollegen danach, das parlamentarische Prinzip der Versammlung durch Abwahl des Vorstandes zugunsten des neuen Gefolgschaftsprinzips zu zerstören.

– Am 22. August, einen Tag nach Erlaß der neuen badischen Führerverfassung für die Hochschulen, notiert Prorektor Sauer in seinem Tagebuch: „Finis universitatum! – das Ende der Universitäten – und das hat uns dieser Narr von Heidegger eingebrockt, den wir zum Rektor gewählt haben, daß er uns neue Geistigkeit der Hochschulen bringe."

– Am 24. August teilt Rektor Heidegger die neue Verfassung dem Freiburger Lehrkörper mit. In einem Vorspann bekennt er sich explizit zu deren Inhalt: „Es ist damit die erste Grundlage geschaffen für den inneren Ausbau der Universität entsprechend den neuen Gesamtaufgaben der wissenschaftlichen Erziehung."

– Am 1. September bezichtigt der Sprecher der deutschen Rektorenschaft – in einem Schreiben an den Marburger Prorektor – Heidegger des Alleingangs in Sachen Hochschulreform: „Der Rektor der Universität Freiburg Heidegger hat an alle Freiburger Professoren ein Rundschreiben gesandt, in dem er sie vor die vollendete Tatsache stellt. Eine Abschrift des Rundschreibens vom 24. August lege ich Ihnen hier bei. Besonders wichtig in diesem Rundschreiben ist die Präambel, von Heidegger selbst verfaßt, in der angekündigt ist, daß noch weitere Verordnungen kommen werden."

– Am 1. Oktober 1933 schreibt der Freiburger Historiker Ritter an seinen Berliner Kollegen Oncken: „Unsere neue Hochschulverfassung werden Sie gelesen haben. Natürlich geht sie in letzter Linie auf unseren radikalen Rektor Heidegger zurück."

Im September 1945, im Gutachten über Heidegger für den Bereinigungsausschuß, heißt es: „Auch die Tatsache, daß er eifrig Mitarbeit leistete an der Umwandlung der Universitätsverfassung im Sinne des neuen ‚Führerprinzips', an der Einführung äußerer Formen des Hitlerismus ..., änderte nichts an dieser gegenseitigen Entfremdung" (gemeint ist: zwischen Partei und Heidegger). In seiner mündlichen und schriftlichen Verteidigung weist Heidegger diesen Vorwurf der Mitarbeit nicht zurück – im Gegenteil.

Erdrückendes Beweismaterial

– Etwa zur gleichen Zeit bekennt er sich selbst, ausgerechnet in seiner Rechtfertigungsschrift „Das Rektorat. Tatsachen und Gedanken" zur Mittäterschaft: „Den beiden von Heidelberg (gemeint sind: Anregungen aus parteigebundenen Kreisen zur Umbesetzung Freiburger Lehrstühle) und von der Fachschultendenz drohende Gefahren versuchte ich durch den Vorschlag der Verfassungsänderung zu begegnen. Sie sollte es ermöglichen, die Dekanate so zu besetzen, daß das Wesen der Fakultäten und die Einheit der Universität gerettet werden konnten."

Angesichts dieses erdrückenden Beweismaterials gelangten Historiker zu der Aussage, Heidegger habe maßgeblichen Anteil an der badischen Führerverfassung und somit an der Umgestaltung der Hochschulen im nationalsozialistischen Sinne gehabt. Eine alleinige Urheberschaft des Freiburger Rektors läßt sich bei der augenblicklichen Quellenlage nicht nachweisen und wurde in dieser Form auch nicht behauptet. Entscheidende „Schlüsseldokumente", dies ein methodisches Problem der Forschung, fehlen in der Zeitgeschichte häufig – wie zum Beispiel auch ein Befehl Hitlers zur Vernichtung der Juden –, sind aber bei eindeutiger Beweislage letztendlich auch irrelevant. Heidegger hat als prominentester der damaligen deutschen Rektoren sich eindeutig zur Umgestaltung der Universitäten nach dem „Führerprinzip" bekannt und – mehr noch – die geistige Führung bei dieser Reform beansprucht. Anders als seine damaligen Kollegen, der Heidelberger Rektor, der Historiker Andreas, oder der Münchner, der Mediziner Zumbusch, hat er damals keinerlei Bedenken vorgebracht und sich auch nach dem Zusammenbruch 1945 nie von diesem Reformwerk distanziert. Der Grad der Mitwirkung mag daher umstritten bleiben, die Mitwirkung als solche ist hingegen unbestreitbar.

Aus welchen Gründen und mit welchem Beweismaterial versucht nunmehr Hartmut Tietjen eine gesicherte historische Erkenntnis in Frage zu stellen, ja sogar den Historikern skandalöses Vorgehen vorzuwerfen? Am 26. September 1989 jährt sich Heideggers Geburtstag zum 100. Male. Bei den geplanten Feierlichkeiten (etwa an der Freiburger Universität und in Meßkirch) soll Heidegger als Deutschlands größter Philosoph dieses Jahrhunderts mit einem unbedenklichen politischen Leumund der Welt präsentiert werden. Dabei fühlen sich die „offiziellen" Nachlaßverwalter empfindlich gestört von einigen Freiburger Historikern und einigen „Abtrünnigen" aus dem Fach Philosophie, die hartnäckig an den oben aufgeführten Erkenntnissen über die Amtsführung des Philosophen im Rektorat festhalten. Indem man diese Erkenntnisse als „Geschichtsklitterung" brandmarkt oder doch zumindest ernsthaft in Zweifel zieht, hofft man, den „Führer-Rektor" politisch zu entlasten und damit endlich die lästigen Fragen nach einem Zusammenhang zwischen Heideggers philosophischem Denken und politischem Handeln loszuwerden.

Doch sollte der Philosoph dank der eilfertigen und sehr durchsichtigen Bemühungen seiner ihm nach wie vor blind ergebenen Bewunderer im nächsten Jahr tatsächlich der braunen Asche wie ein Phoenix entsteigen, wird der philosophische Höhenflug schnell wieder in einer politischen Bauchlandung enden. Denn die Schwingen des Geistes, der dem damaligen Sein seinen eigenen Sinn geben wollte – sie bleiben braun eingefärbt und verklebt.

Die angeblichen „Schlüsseldokumente" zur Revision des Heidegger-Bildes entpuppen sich nämlich bei näherem Hinsehen als nicht stichhaltiges oder gar manipuliertes Quellenmaterial. Das vermeintliche Wunder bergende Dossier im Karlsruher Generallandesarchiv „Die Verfassung der Universitäten. Teil II 1931–1940" (Tietjen gibt den irreführenden Titel „Hochschulverfassung Baden" an) bietet zur Entstehungsgeschichte der Führerverfassung einige neue, kleinere Details, enthält indes nichts, was Heidegger entlastet. Die unmittelbare Vorgeschichte dieses badischen Alleingangs, was die Akten wenigstens erneut belegen, bleibt nach wie vor im dunkeln. Einer neuen Spur, die auf Interesse der Reichswehr an einer Intensivierung der Wehrforschungen an den Universitäten und somit an deren strafferer Anbindung an den Staat verweist, ging Tietjen allerdings gar nicht erst nach.

Umdatiert und überklebt

Tietjen behauptet, ein Brief aus Heidelberger Parteikreisen, der „als Schlüsseldokument betrachtet werden muß", habe das Karlsruher Kultusministerium zum Handeln bewogen. Dieser Brief empfiehlt dringend die Führerverfassung an den deutschen Hochschulen und entwirft ein entsprechendes Modell. Das Dokument nun verwundert in mehrfacher Hinsicht, und es verwundert um so mehr, daß Tietjen an ihm nichts Ungewöhnliches auffiel. Denn das Handschreiben ist von unberufener Hand in einer wesentlichen, ausgerechnet Heidegger betreffenden Aussage verfälscht und damit nicht genug – auch noch umdatiert worden [vgl. Abb. unten].

Zumindest die Umdatierung hätte jedem aufmerksamen Leser auffallen müssen. Das ursprüngliche Datum 2. VII. wurde um einen Strich erweitert, und somit wurde aus dem Juli der August 1933. Möglicherweise hat der Briefschreiber selbst diese Änderung vorgenommen, denn das Ministerium bestätigte den Eingang per Dienststempel am 9. August 1933. Doch die im Schreiben angesprochenen Vorgänge, die anstehende Rektorwahl in Heidelberg und der bereits gehaltene Vortrag Heideggers an der Universität Heidelberg verweisen auf den 8. Juli 1933 beziehungsweise den 30. Juni 1933. Ganz abgesehen davon bezieht sich der Briefschreiber selbst auf Gedanken, die er sich „am vorigen Sonntag, den 25. Juni" gemacht habe. Das Schreiben kam daher, wenn es tatsächlich erst am 2. August abgeschickt wurde, viel zu spät, um – wie Tietjen argumentiert – die Heidelberger Rektorwahl zu beeinflussen. Dort war längst der dem Nationalsozialismus gegenüber äußerst aufgeschlossene Jurist Groh zum Rektor gewählt worden.

Äußerlich sehr auffällig, doch inhaltlich schwieriger zu lösen war jedoch die zweite, eindeutig nachträglich an dem Dokument angebrachte Verfälschung. Das Handschreiben, Vor- und Rückseite eines Briefbogens, wies einen Einlegefalz auf, der jeweils zwei Zeilen verdeckte. Dieser Falz war fest verklebt und nur in sachkundiger und mühsamer Arbeit durch den Konservator des Archivs zu lösen. Dabei kam auf der Rückseite des Bogens – welch ein Wunder – die folgende Briefstelle zum Vorschein: „Dozentenschaft und Studentenschaft haben am Freitag hier die klare und in sich folgerichtige Kampfansage des Rektors der Freiburger Universität vernommen. Herr Heidegger ist dabei, wenn auch von ganz anderen Gesichtspunkten ausgehend, zumal aus seinem Lehr- und Lernbegriff, imgrunde zu ganz gleichen Ergebnissen gekommen wie ich" (gemeint ist: zur „Führerverfassung" an den Hochschulen).

Warnzeichen für blinde Apologeten

Es ist wohl selbstverständlich, daß die versuchte Tilgung dieser belastenden Briefstelle nicht auf Heideggers Gegner zurückgehen kann. Eine Beteiligung des Archivs an solchen Machenschaften ist nach Aussagen des leitenden Direktors, Professor Schwarzmaier, mit Sicherheit auszuschließen – sie widerspräche überdies auch der Berufsehre eines jeden Archivars. Eine Manipulation des Schriftstücks durch Besucher schließt der Archivdirektor ebenfalls weitgehend aus. Es bleibt als Faktum: Die eindeutige Verfälschung des Quellenmaterials zugunsten Heideggers, bislang immer nur gemutmaßt, wird ausgerechnet in dem von Tietjen als Schlüssel zur Entlastung des Philosophen benutzten Dokument faßbar.

Selbst wenn Tietjen mit solchen Recherchen überfordert war, hätte er allein bei flüchtiger Lektüre bemerken müssen, daß dieser Brief nicht, wie von ihm behauptet, aus „Parteikreisen" stammt. Es fehlt jeder Hinweis dar-

Lücke im Text: Die Heidegger belastende Stelle des Briefs vom 2. 7. 33 war durch einen Klebefalz verdeckt. Der Archiv-Konservator brachte folgenden Text zutage: „Dozentenschaft und Studentenschaft haben am Freitag hier die klare und in sich folgerichtige Kampfansage des Rektors der Freiburger Universität vernommen. Herr Heidegger ist dabei, wenn auch von ganz anderen Gesichtspunkten ausgehend, zumal aus seinem Lehr- und Lernbegriff, imgrunde zu ganz gleichen Ergebnissen gekommen wie ich . . .". [Schreiben aus Aktenband Generallandesarchiv Karlsruhe 235/4908. – Anm. der Verlags-Red.]

auf. Der ganze Charakter des Briefes spricht viel eher dafür, daß es sich um eine private Meinungsäußerung handelt. Der Verfasser des Schriftstücks (den Tietjen vermutlich wegen der schwer lesbaren Unterschrift nicht zu identifizieren vermochte und daher verschwieg) war der Regierungsrat a. D. Dr. Alfred Zintgraff, der 1933 an der Universität Heidelberg einen Lehrauftrag für Mandats- und Kolonialpolitik innehatte. Das vermeintliche Schlüsseldokument, ein privates Schreiben, taugt also nicht, um die Vorgeschichte der Führerverfassung aufzuhellen; statt dessen offenbart es einen manipulierten Eingriff im Sinne einer Apologie Heideggers.

Tietjen behauptet, Heidegger habe die neue Verfassung in einem Schreiben an die Professorin für Philosophie Blochmann „ein verhängnisvolles Instrument" genannt. In Meßkirch kam diesem Beleg sogar eine Schlüsselfunktion zu, er wurde von den meisten Zeitungen aufgegriffen und im Sinne einer Entlastung Heideggers gedeutet.

Die Originalquelle, wiedergegeben in einem Schreiben von Heideggers Sohn Hermann an den Autor dieses Beitrags vom 28. Juni 1985, lautet wie folgt: „Mein Vater schrieb damals (am 30. August 1933 in einem ebenfalls noch gesperrten Privatbrief) über die neue Verfassung der Hochschule: ‚Danach haben Rektor und Dekane große Vollmachten u. noch größere Verantwortung – aber das Größte dabei ist jetzt der Mangel an Menschen –; ohne diese wird die neue Verfassung zu einem verhängnisvollen ‚Instrument'. Alles hängt an der Erziehung der Hochschullehrer – sie als erste Erzieher müssen sich zuvor selbst erziehen und dafür eine sichere und stetige Form finden. Sonst könnte das Ganze an lauter Organisation ersticken.'" Ein weiterer Kommentar erübrigt sich wohl angesichts dieses freimütigen Bekenntnisses zum hohen Rang des Reformwerks.

Der „Skandal der Geschichtswissenschaft", von dem Hartmut Tietjen in seinem Artikel sprach, wird zum Menetekel, zum Warnzeichen für die auf blinde Apologie Heideggers bedachten Nachlaßverwalter. „Gewogen und zu leicht befunden …"

Anmerkung:
¹ Tietjens Zeitungsartikel ist überschrieben: ›Wie das „Führerprinzip" an Badens Hochschulen kam. Die Mitwirkung Martin Heideggers an der Universitätsverfassung, immer wieder als historische Tatsache dargestellt – gehört sie ins Reich der Legende?‹ – Zu dem hier wiederabgedruckten Artikel Bernd Martins hat Hartmut Tietjen in einem Leserbrief Stellung genommen: ›Viel Lärm um nichts‹, Badische Zeitung, 17. Januar 1989.

QUELLENVERZEICHNIS

Verlautbarungen

1. Hannah Arendt: a) Aus einem Brief von Hannah Arendt an Karl Jaspers vom 9. Juli 1946 (Hannah Arendt war Schülerin von Karl Jaspers, hatte jedoch zuvor bei Heidegger in Marburg 1924/5 studiert), in: Lotte Köhler und Hans Saner (Hrsg.), Hannah Arendt – Karl Jaspers. Briefwechsel 1926–1969, R. Piper GmbH & Co. KG Verlag, München 1985, S. 84, 725, 730 und 732. b) Hannah Arendt, Martin Heidegger ist achtzig Jahre alt, in: Dies., Menschen in finsteren Zeiten, R. Piper GmbH & Co. KG Verlag, München 1989 (im Druck).

2. Paul Celan: Aus: Gesammelte Werke in fünf Bänden, Bd. 2, © Suhrkamp Verlag Frankfurt am Main 1983, S. 255 f. Dort überschrieben mit ›Todtnauberg‹.

3. François Fédier: Trois Attaques Contre Heidegger – Guido Schneeberger, Nachlese zu Heidegger, Bern 1962; Theodor W. Adorno, Jargon der Eigentlichkeit, Frankfurt a. M. 1964; Paul Hühnerfeld, In Sachen Heidegger, München 1961, in: Critique 234 (November 1966), S. 899–901, deutsche Übersetzung bei: Beda Allemann, Martin Heidegger und die Politik, in: Merkur 235 (1967), S. 971 ff.

4. Hans-Georg Gadamer: Zurück von Syracus. Heidegger und Frankreich, in: Stuttgarter Zeitung v. 15. Februar 1988, S. 8.

5. Hermann Heimpel: Aus: Günther Neske (Hrsg.), Erinnerung an Martin Heidegger, Pfullingen 1977, S. 116.

6. Edmund Husserl: Aus einem Brief Edmund Husserls an Dietrich Mahnke v. 4. 5. 1933 (Dietrich Mahnke [1884–1939], Professor für Philosophie in Marburg und ältester Schüler Husserls). Quelle: Universitätsbibliothek Marburg an der Lahn, Handschriften und Rara-Abteilung, Nachlaß D. Mahnke (MS 862). Kürzere Teilveröffentlichung bei Hugo Ott, Martin Heidegger und der Nationalsozialismus, in: Annemarie Gethmann-Siefert und Otto Pöggeler (Hrsg.), Heidegger und die praktische Philosophie, Frankfurt a. M. 1988, S. 69. Die Übertragung der Kurzschrift Husserls besorgte freundlicherweise Hans-Rainer Sepp vom Husserl-Archiv der Universität Freiburg i. Br.

7. Karl Jaspers: Gesamtwiedergabe des Briefes Jaspers–Oehlkers, wie er sich im Nachlaß Lampe, Bestand I-256-028, Archiv für Christlich-Demokratische Politik, befindet. Diese für einen breiteren Kreis, u. a. auch Heidegger selbst, bestimmte Version umfaßt die Abschnitte 1, 2 und 6. Hier erweitert um den Punkt 3 des Gutachtens, erstmals veröffentlicht bei Hugo Ott, Martin Heidegger und der Nationalsozialismus, in: Annemarie Gethmann-Siefert und Otto Pöggeler (Hrsg.), Heidegger und die praktische Philosophie, Frankfurt a. M. 1988, S. 76. Ferner erweitert um die Punkte 4 und 5, die dem Gesamtabdruck entnommen sind, wie er nunmehr vorliegt bei Hugo Ott, Martin Heidegger. Unterwegs zu seiner Biographie, Frankfurt a. M.: Campus Verlag GmbH 1988, S. 316 f.

8. Ernst Jünger: Aus: Richard Wisser (Hrsg.), Martin Heidegger im Gespräch, Beitrag von E. Jünger, Freiburg i. Br. 1970, S. 24 und S. 25.

9. Karl Löwith: Mein Leben in Deutschland vor und nach 1933. Ein Bericht. Vorwort von Reinhart Koselleck, Stuttgart: J. B. Metzler Verlag 1986, S. 35 und 44f.

10. Georg Lukács: Die Zerstörung der Vernunft (1954), Werke, Bd. 9, Berlin (Ost): Aufbau-Verlag 1962, S. 452 f.

11. Herbert Marcuse: Aus einem Brief Herbert Marcuses an Martin Heidegger v. 28. August 1947, in: Pflasterstrand 209 (1987), S. 47 (H. Marcuse hatte 1928 bis 1932 bei Heidegger in Freiburg studiert) bzw. vollständiger Wortlaut eines Briefes Herbert Marcuses an Martin Heidegger vom 13. Mai 1948, in: Pflasterstrand 209 (1987), S. 48.

12. Ludwig Marcuse: Aus einem Leserbrief Ludwig Marcuses an den ›Spiegel‹ v. 7. März 1966.

13. Robert Minder: a) Heidegger und Hebel oder die Sprache von Meßkirch, in: Ders., Dichter in der Gesellschaft – Erfahrungen mit deutscher und französischer Literatur, © Insel Verlag Frankfurt am Main 1966, S. 240. – b) A Propos De Heidegger, in: Critique 237 (1967), S. 286. (In Erwiderung auf François Fédier, s. o. S. 144 ff.)

14. Gerhard Ritter: a) Aus einem Brief Gerhard Ritters an Nicolai Hartmann vom 15. März 1937. b) Aus einem Brief Gerhard Ritters an Karl Jaspers v. 28. Januar 1946. (Für das Schreiben Jaspers–Oehlkers s. o. S. 150 ff.) Beide Briefe in: Gerhard Ritter. Ein politischer Historiker in seinen Briefen, hrsg. von Klaus Schwabe und Rolf Reichardt, Boppard: Harald Boldt-Verlag GmbH 1984, S. 319 und S. 408 f.

15. Gerd Tellenbach: Aus erinnerter Zeitgeschichte, Freiburg i. Br.: Wagnersche Verlagsbuchhandlung 1981, S. 40 f.

16. Carl Friedrich Frhr. von Weizsäcker: Aus: Richard Wisser (Hrsg.), Martin Heidegger im Gespräch, Beitrag von C. F. Frhr. v. Weizsäcker, Freiburg i. Br. 1970, S. 13 und 14. (Vollständiger Wortlaut.)

Historische Dokumente

1. Hauptstaatsarchiv Stuttgart EA 3/150 PA Heidegger. Teilabdruck bei Hugo Ott, Martin Heidegger und der Nationalsozialismus, in: Heidegger und die praktische Philosophie, hrsg. von Annemarie Gethmann-Siefert und Otto Pöggeler, Frankfurt a. M. 1988, S. 67f.

2. Universitätsarchiv Freiburg i. Br. VI/1-51.

3. Universitätsarchiv Freiburg i. Br. II/1-32. Zuerst veröffentlicht bei Bernd Martin, Die Universität Freiburg i. Br. im Jahre 1933. Eine Nachlese zu Heideggers Rektorat, in: Zeitschrift für Geschichte des Oberrheins 136 (1988), S. 445–477.

4. Dieser Auszug aus der Rektoratsrede v. 27. Mai 1933 wurde 1938 in der zweiten Auflage des von dem Rechtshistoriker Ernst Forsthoff besorgten, der nationalsozialistischen Geschichtsauffassung verpflichteten Sammelwerkes ›Deutsche Geschichte seit 1918 in Dokumenten‹ abgedruckt.

5. Universitätsarchiv Marburg an der Lahn 305a, acc. 1975/79, Nr. 64. Zuerst

veröffentlicht bei Bernd Martin, Heidegger und die Reform der deutschen Universität 1933, in: Freiburger Universitätsblätter 92 (Juni 1986), S. 60.

6. Universitätsarchiv Marburg an der Lahn 305a, acc. 1975/79, Nr. 64. Erstveröffentlichung wie Dokument Nr. 5.

7. Universitätsarchiv Marburg an der Lahn, 305a, acc. 1975/79, Nr. 64; auch Universitätsarchiv Freiburg (UAF) XVIII/1-5 und XVIII/2-9. Erstveröffentlichung wie Dokumente Nr. 5 und 6.

8. Freiburger Studentenzeitung [. . .] VIII. Semester (XV), Nr. 1, 3. November 1933, S. 1. Original im Nachlaß Lampe, Bestand I-256-034, Konrad-Adenauer-Stiftung, Archiv für Christlich-Demokratische Politik. Abdruck auch bei Guido Schneeberger, Nachlese zu Heidegger. Dokumente zu seinem Leben und Denken, Bern 1962, S. 135f.

9. Tübinger Chronik v. 1. Dezember 1933, freundlicherweise vom Universitätsarchiv Tübingen am 17. 7. 1985 dem Hrsg. zur Verfügung gestellt. Inzwischen große Teile in französischer Übersetzung bei Farias (Anm. 38 o. S. 13), S. 156–162.

10. Adenauer-Stiftung, Archiv für Christlich-Demokratische Politik, Bestand I-256-034, Nachlaß Lampe. Zum ganzen Vorgang s. a. Farias, S. 175f.

11. Adenauer-Stiftung, Archiv für Christlich-Demokratische Politik, Bestand I-256-028, Nachlaß Lampe.

12. Ebenda.

13. Ebenda. Auszugsweise bei Moehling (Anm. 37 o. S. 13), S. 269–272.

14. Badische Zeitung v. 28. Dez. 1988, Nr. 300, S. 13.

PERSONENREGISTER

ABBILDUNGEN

Personalfragebogen Martin Heidegger (Vorderseite/Rückseite)
Fragebogen des 'Reichsministeriums für Wissenschaft, Erziehung und Volksbildung', Berlin (gegründet 1. 5. 1934), angefordert von sämtlichen an Hochschulen des Deutschen Reiches tätigen Professoren, Dozenten und Assistenten. – Autograph M. Heidegger, eingereicht im Verlaufe des Jahres 1935; eine eindeutige Datierung ist nicht möglich. – R 21/10007 Bundesarchiv Koblenz. Mit freundlicher Genehmigung des BA Koblenz.

Porträtfoto Martin Heidegger
Frontispizseite des ›Freiburger Universitätsführers‹ (Hrsg. von der Freiburger Studentenschaft, Sommersemester 1933) – mit zeitgenössischer, erläuternder Fußnote.

Kollegiengebäude der Universität, Teilansicht der Südfassade, 1936
Portal mit Stiftungsinschrift; der Schriftzug darüber – „Dem ewigen Deutschtum" – kam 1936 hinzu. Vgl. auch unten.

Kollegiengebäude der Universität, Gesamtansicht, 1936
Die oberste Etage des 1906 eingeweihten Kollegiengebäudes der Freiburger Universität (heute Kollegiengebäude I) brannte 1934 aus. Erhalten blieben der Leitspruch an der Außenfassade der Aula „Die Wahrheit wird euch frei machen" sowie der in den Stein gemeißelte Universitätspatron Hieronymus an der Westseite und die Stiftungsinschrift an der Südseite über dem Portal. – Nach dem Wiederaufbau 1936 fügte man an dem neuen Obergeschoß einen Reichsadler mit Hakenkreuz (Westseite, heute ausgeschlagen) sowie die Inschrift „Dem ewigen Deutschtum" hinzu (Südseite). – Diese Neugestaltung fand also einige Zeit nach dem Rektorat Heideggers statt. – Alle drei Fotos mit freundlicher Genehmigung des Stadtarchivs Freiburg i. Br.

3811

Dienstlaufbahn:

25. III. 1915 Hauptlehrer an 2. Univ. Freiburg i. B.

1919/23 [...] am [...] Univ. Freiburg i. B.

1923/28 o. Prof. in Marburg a/L.

1928 ff. o. Prof. in Freiburg i. B.

Wissenschaft, Auszeichnungen:

Titel, Orden und Ehrenzeichen:

Vereidigt am:
29. X. 34

Bildungsgang:

Besonderes Forschungsgebiet:

Vater:
_____ Zuname
_____ Vorname
_____ Stand
_____ Wohnort

Mutter:
21. III. 58 Geburtsdatum
_____ Vorname

Ehefrau:
_____ Zuname
_____ Vorname (Rufname unterstreichen)
3. III. 1893 Geburtstag
20. III. 1917 Trauungstag
_____ arisch Religion

Heidegger Zuname

Vorname (Rufname unterstreichen)
26. IX. 1889 Geburtstag
_____ Geburtsort
_____ Religion
arisch

Jetzige Anschrift:
(In Blei ausfüllen)

Kinder:
(Namen und Geburtstage)

1. [...] 20. I. 1919
2. [...] 21. VIII. 1920
3.
4.
5.
6.

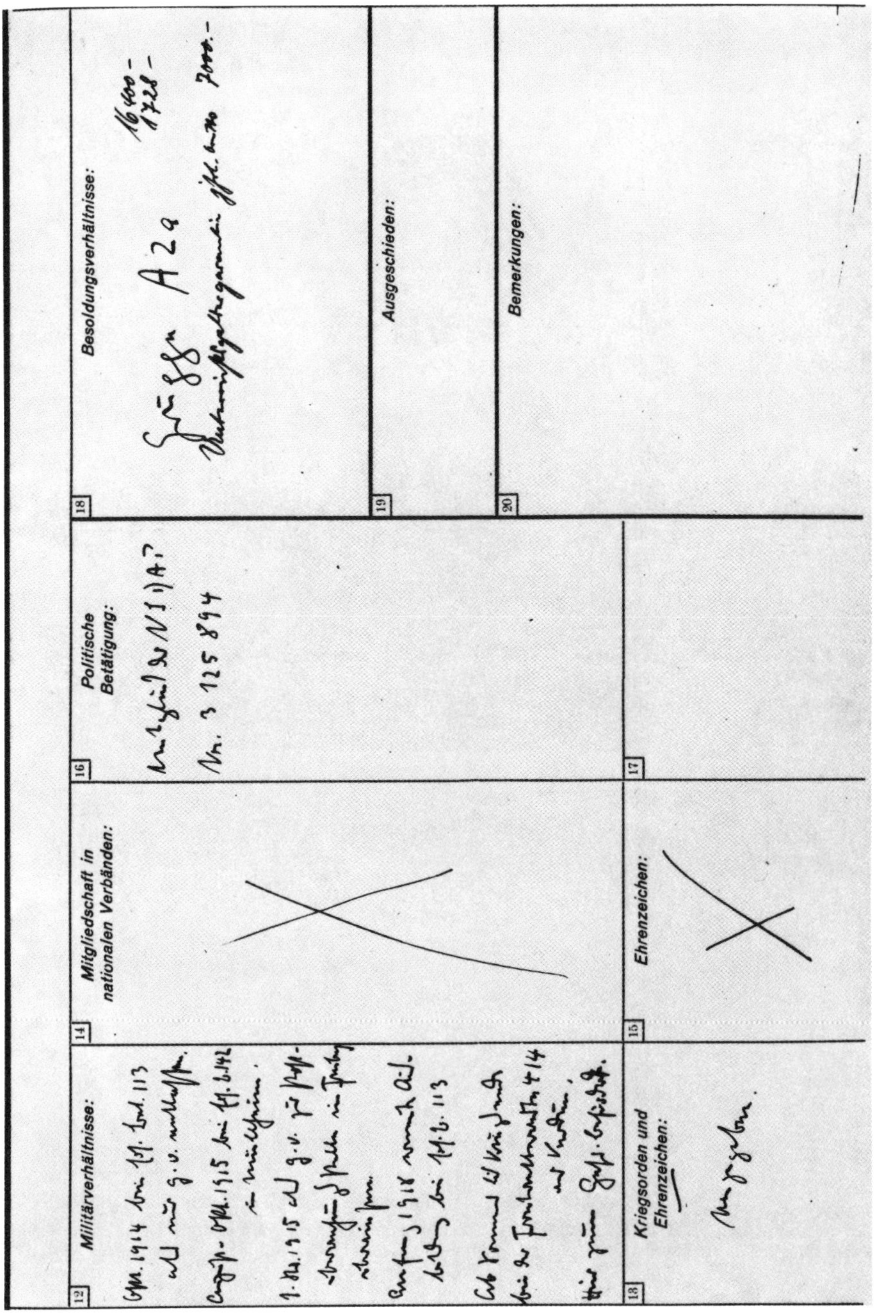

12 Militärverhältnisse:

[handwritten entries, partly illegible]

14 Mitgliedschaft in nationalen Verbänden:

15 Ehrenzeichen:

16 Politische Betätigung:

Mitglied der NSDAP?
Nr. 3 125 894

17

18 Kriegsorden und Ehrenzeichen:

[handwritten, illegible]

18 Besoldungsverhältnisse:

[handwritten] A 2 a

19 Ausgeschieden:

20 Bemerkungen:

Aufn. Lichtkunst

Professor Dr. Martin Heidegger, Rektor

Im Zuge der allgemeinen Gleichschaltung wurde Professor Dr. Martin Heidegger am 21. April 1933 zum Rektor der Universität Freiburg im Breisgau gewählt.